Capital humano,
gestão pública e competitividade

Capital humano,
gestão pública e competitividade

editora | Adriana Wilner

organizadores | Maria Tereza Leme Fleury
Maria Rita Loureiro | Fernando Luiz Abrucio
Rodrigo Bandeira-de-Mello

Copyright © 2016, Editora FGV

Direitos desta edição reservados à
Editora FGV
Rua Jornalista Orlando Dantas, 37
22231-010 | Rio de Janeiro, RJ | Brasil
Tels.: 0800-021-7777 | 21-3799-4427
Fax: 21-3799-4430
editora@fgv.br | pedidoseditora@fgv.br
www.fgv.br/editora

Impresso no Brasil | *Printed in Brazil*

Todos os direitos reservados. A reprodução não autorizada desta publicação, no todo ou em parte, constitui violação do copyright (Lei nº 9.610/98).

Os conceitos emitidos neste livro são de inteira responsabilidade do(s) autor(es).

1ª edição – 2016

Coordenação editorial e copidesque: Ronald Polito
Revisão: Victor da Rosa e Marco Antonio Corrêa
Projeto de capa e miolo e diagramação: Ilustrarte Design e Produção Editorial

Ficha catalográfica elaborada pela
Biblioteca Mario Henrique Simonsen/FGV

Capital humano, gestão pública e competitividade / Adriana Wilner (editora); (organizadores) Maria Tereza Leme Fleury...[et al.]. - Rio de Janeiro : FGV Editora, 2016.
256 p.

Inclui bibliografia.
ISBN: 978-85-225-1833-3

1. Administração pública. 2. Administradores de empresas – Treinamento. 3. Concorrência. 4. Capital humano. 5. Reforma administrativa. 6. Políticas públicas. 7. Transparência na administração pública. I. Wilner, Adriana. II. Fleury, Maria Tereza Leme. III. Fundação Getulio Vargas.

CDD – 351

Sumário

Apresentação	7
Parte 1 — Formação de gestores	11
1. A formação do administrador de empresas no Brasil *Carlos Osmar Bertero e Rafael Alcadipani da Silveira*	13
2. Os desafios para cursos nas áreas públicas do Brasil *Ana Cristina Braga Martes, Clovis Bueno de Azevedo,* *Marta Ferreira Santos Farah, Maria Rita Loureiro e Ricardo Bresler*	25
Parte 2 — Tendências da administração pública no Brasil	37
3. Os benefícios da nova gestão pública *Regina Silvia Pacheco*	39
4. A Reforma Gerencial no Brasil: impactos e desafios *Luiz Carlos Bresser-Pereira*	55
5. Um balanço da administração pública federal brasileira: de FHC a Lula *Fernando Luiz Abrucio*	71
Parte 3 — Transparência e controles democráticos	87
6. Portais do governo na internet: mais transparência? *Otávio Prado, Manuella Maia Ribeiro e Eduardo Diniz*	89
7. A corrupção: desvendando mitos e compreendendo a realidade *Francisco Fonseca*	101

8. Como a administração pública é fiscalizada no Brasil 113
   Rogério Bastos Arantes, Maria Rita Loureiro, Cláudio Couto e Marco Antonio C. Teixeira

Parte 4 — Gestão e políticas públicas 129

9. A política pública nos estudos em administração pública no Brasil 131
   Marta Ferreira Santos Farah
10. Melhor governança reduz corrupção nos municípios 145
    George Avelino, Lorena G. Barberia e Ciro Biderman
11. Como a gestão escolar pode fazer a diferença 157
    Fernando Luiz Abrucio

Parte 5 — Competitividade internacional 171

12. O que leva à internacionalização dos *clusters* 173
    Sergio Bulgacov, Sieglinde K. da Cunha, Yára Lúcia Mazziotti Bulgacov e João Carlos da Cunha
13. Os investimentos preferidos pelos gestores estrangeiros na América Latina 189
    João Luiz Piccioni Junior, Hsia Hua Sheng e Mayra Ivanoff Lora
14. Como a localização influencia o desempenho das empresas 201
    Luiz Artur Ledur Brito e Flávio Carvalho de Vasconcelos
15. Como inovam as multinacionais brasileiras 215
    Afonso Fleury, Maria Tereza Leme Fleury e Felipe Mendes Borini
16. Estratégia de operações em um ambiente de mudanças 229
    Ely Laureano Paiva e Luciana Vieira
17. A influência do governo na internacionalização das empresas brasileiras 237
    Rodrigo Bandeira-de-Mello

Posfácio 249

Sobre os autores 253

Apresentação

Celebramos os 60 anos da Escola de Administração de Empresas de São Paulo da Fundação Getulio Vargas (FGV-Eaesp) com a publicação de duas coletâneas, com 32 artigos do nosso corpo acadêmico, que lançam luzes sobre questões essenciais para o desenvolvimento das empresas, do país e da sociedade brasileira. Ao mesmo tempo, apontam os próximos desafios e possíveis formas de enfrentá-los, de forma realista, não a partir de modelos prontos, mas tendo como ponto de partida o conhecimento das peculiaridades do Brasil, baseado em fortes pesquisas empíricas.

Para que essas pesquisas e reflexões pudessem chegar a um público mais amplo, os artigos foram adaptados de livros e estudos divulgados nas melhores revistas acadêmicas nacionais e internacionais. Dessa forma, a FGV-Eaesp espera poder contribuir para o desenvolvimento de organizações públicas e privadas e para o aperfeiçoamento da realidade institucional do país.

Os capítulos das coletâneas mostram a relevância da escola como polo de geração de conhecimento, nas cinco áreas que a fazem ser reconhecida como um *think thank* internacional: educação e capital humano, qualidade da gestão pública, competitividade internacional, políticas de desenvolvimento e economia verde e inclusiva.

Nesta coletânea, os três primeiros temas — capital humano, gestão pública e competitividade — são destrinchados. Os dois artigos da primeira parte, sobre formação de gestores, analisam como a complexidade em administrar cresceu, incluindo não apenas boa formação técnica como também capacidade de gerenciar atores com interesses e expectativas diversas. "A formação do administrador de empresas no Brasil", de Carlos Osmar Bertero e Rafael Alcadipani da Silveira, trata do gestor de empresas privadas, enquanto "Os desafios para cursos nas áreas públicas do Brasil", de Ana Cristina Braga Martes, Clovis Bueno de Azevedo, Marta Ferreira Santos Farah, Maria Rita Loureiro e Ricardo Bresler, debruça-se sobre o gestor que serve a organizações do Estado, do terceiro setor e organismos internacionais.

Na segunda parte, "Tendências da administração pública no Brasil", apresentamos três artigos que trazem as conquistas recentes e os próximos passos/desafios para a gestão pública no país. Em "Os benefícios da nova gestão pública", Regina Silvia Pacheco analisa a chamada nova gestão pública e a importância da gestão por resultados para produzir governos voltados aos cidadãos. Em "A reforma gerencial no Brasil: impactos e desafios", Luiz Carlos Bresser-Pereira oferece um balanço dos últimos avanços em gestão pública e propõe que se estabeleça uma estratégia nacional de desenvolvimento para o Brasil, em que a burocracia ganhe autonomia e responsabilidade. Em "Um balanço da administração pública federal brasileira: de FHC a Lula", Fernando Luiz Abrucio discute as transformações não só da gestão, como também das políticas públicas e do controle, temas que entraram no centro da agenda pública e precisam ser articulados com a questão da gestão. O artigo também destaca o peso de variáveis como o federalismo e a relação política e administração para se melhorar a administração pública do país, não apenas no plano nacional, como no âmbito subnacional.

Ainda em gestão pública, a terceira parte desta coletânea tem como foco a questão da transparência e dos controles democráticos. Ao fazer uma anatomia sobre os importantes avanços que aconteceram nos últimos governos no país, os três artigos sobre a temática colocam questões importantes para que se possa caminhar além. "Portais do governo na internet: mais transparência?", de Otávio Prado, Manuella Maia Ribeiro e Eduardo Diniz, mostra que a tecnologia pode ser ilusória para os controles democráticos se não houver mecanismos institucionais que obriguem os governantes a prestar contas. "A corrupção: desvendando mitos e compreendendo a realidade", de Francisco Fonseca, ajuda a compreender a raiz da corrupção no Brasil e questiona se é possível dar mais passos na transparência do Estado enquanto a vida política permanecer essencialmente privatizada. "Como a administração pública é fiscalizada no Brasil", de Rogério Bastos Arantes, Maria Rita Loureiro, Cláudio Couto e Marco Antonio C. Teixeira, revela que os vários mecanismos e formas de controle não operam de forma coordenada e aponta para o fato de ter havido um avanço de controles efetuados por órgãos não eletivos (como o TCU e a CGU), algo que trouxe aspectos positivos, mas que, se levado ao exagero, contém riscos de fragilizar a democracia no país.

Apresentação

Para completar os trabalhos sobre administração pública, a quarta parte é destinada a como melhorar a gestão das políticas públicas. Em "A política pública nos estudos em administração pública no Brasil", Marta Ferreira Santos Farah defende uma abordagem multidisciplinar capaz de articular os estudos de políticas públicas com a análise organizacional. A questão do protagonismo local no combate à corrupção é tratada em "Melhor governança reduz corrupção nos municípios", de George Avelino, Lorena G. Barberia e Ciro Biderman. E o último artigo desta parte, "Como a gestão escolar pode fazer a diferença", de Fernando Luiz Abrucio, traz a necessidade de desenvolvimento da capacidade gestora de burocratas das secretarias de educação e, sobretudo, de diretores escolares, mostrando como esses atores podem ser estratégicos para a melhoria do processo pedagógico.

A quinta e última parte tem como temática a competitividade internacional, com seis artigos que sugerem, a partir de diferentes aspectos, caminhos viáveis para aumentar a competitividade das empresas brasileiras em um cenário global cada vez mais complexo. "O que leva à internacionalização dos *clusters*", de Sergio Bulgacov, Sieglinde K. da Cunha, Yára Lúcia Mazziotti Bulgacov e João Carlos da Cunha, descobre quais são os fatores que fazem com que as empresas nacionais, juntas, alcancem o mercado internacional. "Os investimentos preferidos pelos gestores estrangeiros na América Latina", de João Luiz Piccioni Junior, Hsia Hua Sheng e Mayra Ivanoff Lora, possibilita a compreensão do comportamento dos investidores estrangeiros, em comparação com os brasileiros. "Como a localização influencia o desempenho das empresas", de Luiz Artur Ledur Brito e Flávio Carvalho de Vasconcelos, traz os contextos em que o efeito-país tem um papel importante no desempenho das empresas. "Como inovam as multinacionais brasileiras", de Afonso Fleury, Maria Tereza Leme Fleury e Felipe Mendes Borini, revela que as multinacionais brasileiras que inovam o fazem não por modelos preestabelecidos, mas pelo desenvolvimento de competências a partir dos recursos e contingências locais. "Estratégia de operações em um ambiente de mudanças", de Ely Laureano Paiva e Luciana Vieira, aponta para as formas como empresas e setores podem melhorar sua inserção competitiva em cadeias globais, passando a oferecer produtos de maior valor agregado. Por fim, "A influência do governo na internacionalização das empresas brasileiras", de Rodrigo Bandeira-de-Mello, traz evidências relevantes da influência política e governamental na inserção internacional das companhias do país.

Adriana Wilner
Fernando Luiz Abrucio

PARTE 1

Formação de gestores

1 A formação do administrador de empresas no Brasil

Ainda sabemos pouco como educar um profissional numa profissão tão complexa

Carlos Osmar Bertero
Rafael Alcadipani da Silveira

1. A importância do tema

O século passado viu o aparecimento de uma nova profissão: a de administrador ou gestor de empresas. O administrador público era profissão mais antiga, já que sua ascensão se fez pelo surgimento do Estado-nação a partir da Europa Ocidental desde o início dos séculos XV e XVI. O local de aparecimento do administrador de empresas foi predominantemente os Estados Unidos. Lá isto ocorreu com a Segunda Revolução Industrial, iniciada naquele país nas duas últimas décadas do século XIX.

A profissão esteve ligada ao aparecimento de grandes empresas, o que não acontecera com a Primeira Revolução Industrial, marcada por negócios de porte pequeno e médio. Outro fator decisivo foi a fragmentação do capital das empresas, com a consequente eliminação do acionista controlador. Na ausência de proprietários controladores, abriu-se espaço para o aparecimento do novo profissional, que ganhou importância crescente.

É de alguma forma surpreendente que o Brasil tenha desenvolvido essa profissão a partir de meados do século passado, quando ainda dávamos os primeiros passos no processo de industrialização. Nosso país acabou por ter cursos de formação de administradores de empresas antes que a maioria dos países da Europa Ocidental os tivesse. Mesmo não reproduzindo as condições dos Estados Unidos, uma vez que nossas empresas possuíam a figura do acionista controlador — quase sempre sendo empresas familiares — e estavam ainda nos primeiros momentos da industrialização, logramos ter cursos no final da década de 1950 e início dos anos 1960.

O presente artigo traz uma evolução da formação em administração no Brasil, destacando seu escopo e limites. É uma profissão complexa, em que se deve atender a um grande número de interesses, do empresário à sociedade. E os cursos de graduação vêm sendo criticados por não conseguirem dar conta dessa amplitude, ou nem mesmo da parte instrumental da carreira. São desafios que precisam ser enfrentados, e vêm sendo, por cursos como o da Escola de Administração de Empresas de São Paulo da Fundação Getulio Vargas (FGV-Eaesp), que tem ocupado uma posição de vanguarda para lidar com as diversas questões da profissão.

2. A evolução da formação do administrador no Brasil

2.1 O contexto político-econômico

O momento em que os cursos de administração de empresas se iniciam no Brasil é marcado pelo nacional-desenvolvimentismo, que, de maneira ampla, acabou por englobar o período que se inicia com Getúlio Vargas na década de 1930 e se estende até o final dos governos militares no final da década de 1970. O nacional-desenvolvimentismo implicava ter o Estado como formulador de política econômica e também como implementador ou executor dessa política. O Estado regulamentava, legislava, fomentava e atuava como empresário. O período foi de criação de centenas de empresas estatais federais, sem levar em conta a reprodução do modelo nos níveis estadual e municipal.

O nacional-desenvolvimentismo amalgamou-se com o cepalismo, levando a um modelo de industrialização por substituição de importações. Isso implicou uma política comercial protecionista, com grandes barreiras alfandegárias e um governo ativo como fomentador. Organizações como a Caixa Econômica Federal, o Banco do Brasil e o então recém-criado Banco Nacional de Desenvolvimento Econômico (BNDE) foram importantes instrumentos do Estado na implementação do nacional-desenvolvimentismo.

Portanto, o que tínhamos era uma política econômica capitaneada pelo Estado, em que o intervencionismo era um dado e o mercado era entendido como útil e necessário, desde que submetido a controles estatais. Os resultados do nacional-desenvolvimentismo foram retumbantes. Transformou-se um país de perfil rural no início do século XX num país onde o produto industrial brasileiro chegou a ser o 15º do mundo e onde ergueu-se um parque industrial em que praticamente tudo se produzia.

O modelo veio a se esgotar na medida em que as condições mundiais para que prosperasse se esgotaram. Ao final do governo de Ernesto Geisel, os sinais de cansaço eram visíveis. O crescimento foi mantido à custa de pesado endividamento externo e inflação crescente, que se transformaria em hiperinflação com estagnação econômica na década seguinte. Caminhamos de uma sociedade onde 75% da população vivia em áreas rurais, em 1900, para uma sociedade onde cerca de 80% da população passou a ser urbana, em meados de 1980.

Em resumo, tínhamos uma economia em que o Estado formulava política econômica, criava suas próprias empresas estatais, apoiava e fomentava o empresariado nacional, particularmente o empresariado industrial, e em que também se estimulava o investimento estrangeiro. O resultado foi a expansão de subsidiárias de multinacionais, a partir do final da Segunda Guerra Mundial. Não é de estranhar que os investimentos estrangeiros tenham sido liderados por multinacionais norte-americanas. O que também foi importante para que o governo dos Estados Unidos apoiasse um projeto como o que levou à criação, em São Paulo, da Escola de Administração de Empresas da Fundação Getulio Vargas, que ministrou suas primeiras aulas em setembro de 1954.

2.2 O surgimento dos primeiros cursos

Os cursos de administração de empresas não se criaram sem que houvesse resistência e oposição de segmentos da sociedade. Levantou-se o argumento de que cursos de direito, economia e contabilidade já vinham preparando administradores de empresas de há muito. Houve até curiosa reserva de parte do empresariado que alegava ser a gestão de empresas, naturalmente familiares, atribuição dos proprietários. Para eles, os futuros gestores seriam necessariamente os herdeiros, o que eliminava o argumento a favor da profissionalização do gestor.

O que na época se concebia como formação adequada de um administrador de empresas ligava-se à noção de que a administração teria um caráter científico. Como a engenharia, a medicina, a odontologia e outras profissões existentes, a prática profissional apoiava-se num corpo de conhecimentos dotado de caráter científico para assegurar a competência do profissional. O caminho tomado pela administração entre nós, como uma ciência social aplicada, abraça essa concepção.

Os primeiros cursos de administração voltados especificamente à formação de gestores de empresa no Brasil foram na Escola Superior de Administração de Negócios (Esan), uma iniciativa pioneira que antecedeu a Fundação Getulio Vargas e a Universidade de São Paulo (USP). A Esan foi criada pelo padre jesuíta Roberto Saboia de Medeiros no final de 1940, integrada à mantenedora Fundação Educacional Inaciana Padre Saboia de Medeiros.

Chama atenção que essa escola tenha adotado, no início, metodologia de ensino inspirada na experiência da Harvard Business School. O fato de um jesuíta brasileiro, que não era particularmente interessado em gestão de negócios, como demonstrado em sua biografia, ter chegado a aproximar-se da escola de administração de Harvard é inegavelmente notável. Também é digno de nota que o itinerário desta escola pioneira até hoje aguarda um estudo mais aprofundado.

Depois, tivemos a Escola de Administração de Empresas de São Paulo (Eaesp) da Fundação Getulio Vargas, com cursos iniciados em 1954. A Eaesp teve suas primeiras atividades marcadas pelo oferecimento de um curso não acadêmico, voltado para profissionais de administração. Dada a novidade, o curso foi frequentado em suas primeiras duas décadas por administradores profissionais e também por empresários.

O fato de se iniciar a Eaesp com um curso que hoje designaríamos como de educação executiva mostra o intento da FGV e da Missão Universitária da Michigan State University, que instalou a escola, de criar no Brasil a nova profissão de administrador de empresas. A experiência foi bem-sucedida e ao longo de seis décadas de existência a escola tem contribuído para a formação de profissionais de administração por meio de diversos cursos. Além de cursos profissionalizantes, a Eaesp, a partir dos anos 1960, integra-se ao movimento brasileiro de desenvolvimento da pós-graduação *stricto sensu*, com seus programas de mestrado e doutorado formando quadros de pesquisadores e docentes.

Antes da Eaesp, a Fundação Getulio Vargas criou no Rio de Janeiro, em 1951, sua primeira escola de administração, que foi a Escola Brasileira de Administração Pública (Ebap), voltada exclusivamente à gestão pública. Só no início deste século, a escola do Rio de Janeiro teve seu perfil alterado com a inclusão em suas atividades de programas e cursos voltados à administração de empresas, o que lhe valeu também uma mudança de nome, passando a Escola Brasileira de Administração Pública e de Empresas (Ebape).

A terceira atividade pioneira foi a da Faculdade de Economia, Administração e Contabilidade da USP que iniciou o curso de graduação em administração em 1962. A criação na USP da referida faculdade remonta à década de 1940. Mas foi apenas no final da década seguinte que se inicia um movimento liderado pelo professor Ruy Aguiar da Silva Leme de reorganização do Departamento de Administração da Faculdade.

O resultado é que, sem ter tido, como a Eaesp da Fundação Getulio Vargas, a presença de uma missão universitária residente de professores norte-americanos, a FEA da USP acabou com um currículo igualmente influenciado pela experiência norte-americana. Sendo uma universidade pública, a USP protelou o início de seu curso de graduação até que o Congresso Nacional regulamentasse a profissão de administrador, o que ocorreu em 1965.

Caberia aqui uma reflexão sobre o itinerário dos cursos de graduação em administração em nosso país. Atualmente trata-se do maior número, tanto em termos absolutos como percentuais, de matrículas na graduação. Se tivermos hoje 7 milhões de matrículas, cerca de 14% serão em administração, o que nos leva a respeitáveis e assustadores 980 mil ou quase um milhão de matriculados.

Resta a questão de saber se isso significa uma difusão e uma legitimidade social tão enraizada da profissão de administrador de empresas. Aqui a cautela deve prevalecer e deve-se reconhecer que o curso de graduação em administração tornou-se mais um curso genérico ou de educação geral, sem vínculos necessários com o futuro exercício da profissão de administrador.

Sob esse aspecto há uma grande diferença entre os cursos de administração e os de outros cursos profissionais mais tradicionais, como direito, engenharia e medicina. Poucos médicos e engenheiros, advogados nem tanto, fazem o curso como forma de adquirir uma educação geral, sem que pretendam se dedicar à profissão de médico ou engenheiro. No caso da administração, deve-se reconhecer que percentual bem reduzido do milhão de estudantes matriculados se tornará de fato profissional de administração de empresas. O volume das matrículas, paradoxalmente, conspira contra a profissionalização.

2.3 A influência do modelo norte-americano

Os três cursos pioneiros tinham um denominador comum, a influência de programas de formação em administração de negócios norte-americanos. A Esan teve no padre Roberto Saboia de Medeiros liderança inspiradora, que o levou a buscar a Harvard Business School como modelo a ser emulado. A FGV-Eaesp foi instalada com o apoio de uma Missão Universitária da Michigan State University, que geriu academicamente a escola durante os primeiros 10 anos de existência. E o Departamento de Administração da FEA/USP sofreu influências da então cátedra de engenharia da produção da Escola Politécnica daquela universidade e de um conjunto de escolas de negócios norte-americanas que foram visitadas pelo professor Ruy Leme.

O fato de os três programas pioneiros terem optado claramente por um modelo norte-americano de ensino de administração de negócios deve ser entendido como o resultado, entre outros fatores, da ascensão dos Estados Unidos como maior economia do mundo e líder inconteste do bloco ocidental após o final da Segunda Guerra Mundial. Isso fazia com que a administração empresarial daquele país fosse considerada eficaz não só na prática, mas igualmente na formação de gestores.

Havia no Brasil alguma influência preexistente, oriunda da Itália e da França, e que se fazia presente em cursos de direito, economia e contabilidade. Chegou-se a cogitar, no caso da Fundação Getulio Vargas, uma opção italiana que levaria à aproximação com a Università Commerciale Luigi Bocconi, mas que foi categoricamente descartada.

Mas a influência norte-americana, por mais marcante que tenha sido, não levou a que os cursos de graduação nas três escolas — e posteriormente noutros cursos que foram criados no país — fossem uma réplica literal do que se ensinava nos Estados Unidos. Houve um processo de aculturação que acabou por resultar em cursos híbridos. A marca brasileira ficou por conta da inclusão de ciências sociais nos currículos de formação de administradores de empresas. Além disso, a utilização de casos retratando empresas brasileiras e experiências empresariais de nosso país desde cedo começou a gerar um patrimônio de material de ensino claramente brasileiro.

2.4 Os caminhos alternativos de formação

Seria incompleta a tentativa de esboçar os elementos que levaram à constituição do profissional de administração de empresas se nos cingíssemos aos cursos de graduação em administração. Na formação de gestores sempre houve grande importância da prática e, também, da incorporação de pessoas oriundas de outras formações que não a de administração.

É importante ressaltar que, após mais de um século de cursos de administração, profissionais de engenharia, não só no Brasil mas noutras partes do mundo, constituem importante percentual dos administradores de empresas. Escolas de engenharia, economia e direito coexistem com escolas de administração, formando profissionais. Mais recentemente, a sofisticação das finanças e do mercado financeiro, juntamente com o desenvolvimento da microinformática, abriu as portas para profissionais com formação em matemática e em geociências.

O aporte de conhecimentos e de práticas de administração de empresas não se explica sem a participação e a criatividade das próprias empresas. Um ceticismo com relação à formação de administradores em cursos regulares levou a um levantamento das técnicas, conceitos e modelos de gestão que tiveram origem nas próprias empresas, e não na academia. Não é possível desconsiderar a relevância das contribuições oriundas da prática empresarial para o desenvolvimento da profissão e dos profissionais de administração de negócios.

Além de empresas industriais, comerciais e prestadoras de serviços, não se deve ignorar a importância das empresas de consultoria como transmissoras de tecnologia administrativa. Empresas de consultoria em administração de negócios tendem a trabalhar principalmente com "pacotes", ou seja, produtos acabados que servem, com pequenas adaptações, a diversas empresas-cliente.

A consultoria tornou-se importante instrumento de administração à medida que se avançou pelo século passado até os nossos dias. Quando as primeiras surgiram, na década de 1920, muitos pensaram que elas teriam um destino declinante, na medida em que administradores capacitados se formassem ao longo de um processo de escolarização. Isto não aconteceu, evidentemente. Atualmente, o consultor é companheiro inseparável dos profissionais de administração que dirigem um negócio.

As razões para trabalhar com uma consultoria externa são várias, mas o importante é que poucas empresas hoje são geridas sem contratar permanente ou episodicamente consultores externos. E firmas de consultoria têm sido capazes não só de traduzir teorias em instrumentos de gestão, como são frequentemente geradoras de cabedal teórico.

As críticas aos cursos de administração são quase contemporâneas à sua criação nos Estados Unidos. Lá no final da década de 1940, foram tomadas iniciativas importantes para a revisão dos cursos. Os grandes escândalos envolvendo problemas sérios de governança — que causaram danos a acionistas, consumidores e empregados — e as mudanças na estrutura e nos processos das empresas levaram a que escolas e cursos de administração fossem considerados não preparados adequadamente a formar gestores de empresas. Essas críticas e esforços de mudança também chegaram a algumas escolas brasileiras — entre elas a Eaesp —, que passaram a rever e reformular seus cursos.

2.5 O papel da educação executiva

O termo educação executiva é mais recente do que a oferta de cursos a profissionais que já estejam atuando nas empresas. Programas de curta duração dirigidos a gestores de empresas já são encontrados desde o início das escolas de negócios nos Estados Unidos. Lá, cursos genericamente chamados de Executive Development Courses eram oferecidos durante as férias de verão, quando as atividades da academia estavam em recesso. Isto dava à educação executiva de então um caráter residual entre as tarefas das escolas de negócios.

No Brasil, a Eaesp ministrou suas primeiras aulas num curso, até hoje existente, chamado de Curso Intensivo de Administração (CIA), em setembro de 1954, antes que se oferecesse um curso de graduação.

Mas a verdadeira explosão de cursos de educação executiva se intensificou a partir da década de 1980. Uma das razões é que o ritmo de mudanças na sociedade, na economia e nas empresas acelerou-se bastante em passado recente, o que tem levado a um rápido envelhecimento dos saberes que possamos ter adquirido, seja em cursos regulares, seja no exercício da atividade profissional. Isso faz com que a educação executiva não tenha mais necessariamente um papel supletivo, mas passe a ser vista como complemento indispensável a um aprendizado que nunca se encerra. A expressão educação continuada (*continuing education*) chegou a ser utilizada como sinônimo de educação executiva nas décadas de 1960 e 1970.

Além de promover a atualização (*refreshment*), a educação executiva assumiu em nosso país mais recentemente papel de formação. O motivo está na adaptação, realizada por diversas escolas de negócios brasileiras, do Master of Business Administration (MBA) norte-americano às condições de nosso país. Na verdade, aproveitou-se a regulamentação feita pelas autoridades educacionais da pós-graduação em dois grandes grupos, *stricto sensu* e *lato sensu*, e acabou-se por encaixar o MBA brasileiro como curso de especialização na categoria *lato sensu*.

A partir da década de 1990, assistiu-se a uma verdadeira explosão desse tipo de curso entre nós. Não se possuem informações sobre o número exato de matrículas em MBAs do país, mas não seria descabido colocar o número entre 90 e 100 mil matriculados ou mestrandos de MBAs.

3. Um olhar à frente

Ao esboçarmos a trajetória do aparecimento da profissão de administrador de empresas, somos forçados a reconhecer que permanece uma grande questão central na formação: trata-se de atividade que se apreende pela escolarização ou a prática tem importância fundamental, chegando a ser considerada por alguns autores até mais importante? Há quem diga que os alunos que melhor aproveitam e mais contribuem para os cursos de administração de negócios são os que menos precisariam frequentá-los.

Críticas ao MBA norte-americano, que se estenderam também aos da Europa, apontam as limitações de se tentar formar administradores de negócios apenas em escolas. Afirmam que o fato de um grande número de alunos de MBA nunca ter vivido profissionalmente numa empresa é um sério obstáculo ao seu próprio aproveitamento. O que os cursos e escolas ensinam são técnicas de administração, mas realmente como administrar, como gerir ou simplesmente *management* não são ensinados e nem poderiam ser.

Não adentrando nesse debate, mas não deixando de registrá-lo, fica a constatação de que ainda sabemos pouco como formar um profissional numa profissão tão complexa. Tal complexidade pode ser encontrada no atual discurso profissional em que o gestor de uma empresa é apresentado não só como um técnico, mas como um profissional social que deve ser capaz de atender a um grande número de atores com interesses e expectativas diversas, não necessariamente convergentes e por vezes conflitantes.

Quando se diz àqueles que se preparam para uma carreira como gestor de empresas que eles ou elas devem satisfazer e atender a todos os *stakeholders* (acionistas, empregados, consumidores, fornecedores, a sociedade), se está a propor-lhes uma tarefa simplesmente hercúlea. Cinicamente, a maioria procuraria simplesmente manter o emprego, o salário e a bonificação ao final de cada exercício fiscal.

Para enfrentar tamanha tarefa, várias coisas vêm sendo feitas: cursos de graduação e pós-graduação profissionalizantes de administração, aproveitamento de profissionais formados noutras áreas — e estas são muitas, dada a diversidade e a complexidade das tarefas de gestão; é possível e necessário não apenas pessoas com formação em ciências exatas, mas igualmente em ciências sociais e comportamentais. E ainda vêm surgindo cursos de atualização, que assumem os diversos formatos oferecidos como educação executiva.

Mas a tarefa ainda parece a meio caminho. Veja-se que organizações acreditadoras como a AACSB ainda adotam procedimentos de Assurance of Learning para se certificarem de que aquilo que é ensinado realmente pode ser usado para o exercício e o aprimoramento da prática da gestão.

Não seria adequado concluir este artigo sem indagar sobre os limites da profissão de administrador de empresas. Nos Estados Unidos, na virada entre os séculos XIX e XX, que marcou naquele país o florescimento da Segunda Revolução Industrial, o contexto era de tensões entre acionistas, empregados — representados por fortes sindicatos — e governo. A grande empresa, sob a forma jurídica de sociedade anônima, assumia função econômica decisiva com as inevitáveis repercussões sociais e políticas. Era lícito que se perguntasse: quem controla ou deve controlar a sociedade anônima?

O professor Rakesh Khurana explica, em texto recente, como em meio a essas tensões emergiu o *manager* praticante do *management*, ou seja, o profissional de administração como o que acabou por efetivamente controlar a sociedade anônima. Os desdobramentos foram cursos de administração, MBAs, educação executiva, revistas especializadas, um mundo editorial voltado à gestão de negócios, empresas de consultoria em administração e aquilo que posteriormente os mais críticos chamariam de *management industry*.

Mas a conclusão de Khurana é sombria. O profissional de administração de empresas nos Estados Unidos não realizou o seu propósito, que era no início de "altíssimos objetivos" (*higher aims*), para no final das contas se tornar um grupo social de mãos de aluguel (*hired hands*) a serviço não da sociedade como um todo, mas subordinado aos interesses de um dos *stakeholders*, o *stockholder* ou acionista, ou simplesmente o proprietário.

Essa mudança teria ocorrido a partir do final da década de 1970, quando fica claro que os interesses de acionistas acabam por se tornar centrais nas empresas, subordinando os administradores de profissão a atender prioritariamente esses interesses. Teorias que surgiram naquela época, como a teoria da agência e em certa medida a teoria dos custos de transação (TCT), carregam a marca de uma gestão empresarial voltada aos interesses hegemônicos de acionistas. Parece-nos que esse quadro chega aos nossos dias e representa consequentemente uma importante limitação a um papel que no início da corrida os administradores desenharam para si. Isso pelo menos nos Estados Unidos.

Seria oportuno perguntar: o que aconteceu no Brasil? Em nosso país, as tensões pela disputa do controle da grande empresa sempre foram mais a exceção do que a regra. Empresas brasileiras são claramente controladas por número reduzido de acionistas, frequentemente em alianças familiares. Isso tem grande repercussão sobre a profissão de administrador.

A primeira conclusão é que problemas de agência, ou seja, de divergência entre objetivos de acionistas e administradores, com o conflito subsequente, não podem ocorrer numa sociedade anônima em que o capital não é fragmentado e há um acionista controlador. Caso haja conflito ou divergência, o administrador será substituído. E este, que entre nós talvez nunca tenha sonhado tão alto como os seus similares americanos na alvorada da profissão, já nasce subalterno e com vocação de preposto. Portanto, o administrador brasileiro desde sempre internalizou que a aprovação — quando não a formulação — da estratégia do negócio e as decisões fundamentais não lhe cabem, mas são da alçada do acionista controlador.

Essas limitações não impediram que se formassem em nosso país importantes e competentes profissionais de administração que vêm servindo às empresas, e, na medida em que uma empresa possui também importante dimensão pública, embora formalmente privada, servindo à sociedade mais ampla.

Em meio a tarefas tão complexas, a Eaesp, onde a primeira aula foi ministrada em 14 de setembro de 1954, tem atuado pioneiramente e sempre numa posição de destaque e vanguarda nos diversos ramos que contribuem para a formação de administradores de empresas. Já passaram por ela várias gerações de administradores e de professores. Alguns fundadores ainda estão entre nós e muitos outros no natural processo sucessório se juntaram para prosseguimento da tarefa. Fica ao final a mensagem de que a tarefa é difícil, mas se deposita esperança na competência e no empenho dos que deverão conduzi-la nas próximas décadas.

Para ir além

ALCADIPANI, Rafael; BERTERO, Carlos O. Guerra Fria e ensino do *management* no Brasil: o caso da FGV/Eaesp. *Revista de Administração de Empresas*, São Paulo, v. 53, n. 2, p. 284-299, 2012.

AUGIER, Mie; MARCH, James G. *The roots, rituals, and rhetorics of change*: North American business schools after the Second World War. Stanford: Stanford University Press, 2011.

BREVE nota sobre as origens da Faculdade de Economia, Administração e Ciências Contábeis da Universidade de São Paulo. Disponível em: <www.fea.usp.br/conteudo.php?i=4>.

CARDOSO, Fernando Henrique. *Empresário industrial e desenvolvimento econômico*. São Paulo: Difusão Europeia do Livro, 1964.

KHURANA, Rakesh. *From higher aims to hired hands*: the social transformation of American business schools and the unfulfilled promise of management as a profession. Princeton: Princeton University Press, 2007.

MINTZBERG, Henry. *Managers not MBAs*: a hard look at the soft practice of managing and management development. San Francisco: Berrett Koehler Publishers, 2005.

ONZOÑO, Santiago Iñigues de. *The learning curve*: how business schools are re-inventing education. Londres: Palgrave Macmillan, 2011.

TAYLOR, Donald A. *Institution building in business administration*: the Brazilian experience. East Lansing, Michigan: Michigan University Press, 1968.

VIZEU, Fábio. *Management no Brasil em perspectiva histórica*: o projeto do IDORT nas décadas de 1930 e 1940. Tese (doutorado em administração) — Escola de Administração de Empresas de São Paulo, Fundação Getulio Vargas, São Paulo, 2008.

2 Os desafios para cursos nas áreas públicas do Brasil

A proposta de reformulação da graduação em administração pública da Fundação Getulio Vargas de São Paulo

Ana Cristina Braga Martes
Clovis Bueno de Azevedo
Marta Ferreira Santos Farah
Maria Rita Loureiro
Ricardo Bresler

1. A importância do tema

As profundas transformações por que passou o Brasil nas últimas três décadas, que levaram à democratização e a uma maior integração do país à economia global, têm exigido mudanças substanciais na gestão do Estado. Além disso, a emergência de organizações não governamentais, realizando variadas funções públicas, tem igualmente demandado novas competências profissionais e trazido grandes desafios para a formação de gestores públicos.

Esses profissionais devem apresentar não só alto desempenho técnico, mas também capacidade de liderança e disposição para conduzir organizações estatais e públicas não estatais, sejam estas nacionais, internacionais ou transnacionais, orientando-se para o desenvolvimento de um Estado mais democrático e de uma sociedade menos desigual e injusta. Os gestores públicos devem, ainda, ser capazes de participar de forma ativa da formulação de políticas públicas, assim como de sua implementação e avaliação. Devem, finalmente, ser capazes de enfrentar o desafio da articulação intergovernamental, intersetorial e interorganizacional, em um cenário em que as políticas públicas envolvem cada vez mais a participação de diversos atores, governamentais e não governamentais.

Consciente desses desafios, a Fundação Getulio Vargas de São Paulo reformulou seu curso de administração pública, criado há mais de 40 anos em contexto histórico bastante diverso do que enfrentamos hoje.

A seguir, apresentamos uma breve retomada do projeto pioneiro de criação da FGV no Rio de Janeiro, ainda nos anos 1940, e do curso de administração pública, instalado na Escola de Administração de Empresas de São Paulo no final dos anos 1960, bem como das dificuldades geradas pelo modelo adotado, ao longo do tempo. Na segunda parte apresentamos as principais mudanças que estão sendo promovidas no curso de administração pública, bem como as ideias que dão sustentação ao novo projeto pedagógico.

2. A evolução do curso de administração pública na FGV

A criação da Fundação Getulio Vargas (FGV), em 1944, no Rio de Janeiro, constituiu um desdobramento das metas de racionalização e profissionalização da administração pública, associadas ao Departamento Administrativo do Serviço Público (Dasp), órgão no qual foi idealizada essa Fundação. Essa instituição tinha objetivos específicos e inovadores: o ensino e pesquisa na área de ciências sociais aplicadas, com ênfase em economia e em administração.

O ensino, considerado elemento indispensável à preparação de quadros para um serviço público moderno e eficiente, deveria se associar à pesquisa, vista como subsídio necessário à implantação de uma nova e moderna administração pública no Brasil. De fato, além da criação, em 1952, do Instituto Brasileiro de Economia (Ibre) — órgão que produziu importantes pesquisas econômicas no país e difundiu as inovadoras técnicas keynesianas de contabilidade nacional e índices de preços —, a FGV instalou, também em 1952, a primeira escola de graduação em administração pública do país (Ebap), com o objetivo de preparar administradores públicos para os três níveis de governo.

Nesse mesmo período, iniciou-se o processo de sensibilização da comunidade de empresários industriais para a criação de uma nova instituição universitária voltada para a administração de empresas, com o propósito de preparar bons administradores para o desenvolvimento do país. Assim, em 1954 foi instalada em São Paulo a Escola de Administração de Empresas de São Paulo (FGV-Eaesp), a primeira escola de administração de empresas do país.

A escolha da cidade de São Paulo decorreu do fato de nesse local se encontrar, então, o polo mais dinâmico da economia nacional e seu braço mais "moderno". Houve importante apoio do mundo empresarial privado, do governo federal e, ainda, do governo americano por meio do Acordo MEC-Usaid, para a nova escola, permitindo a formação de professores em cursos de pós-graduação nos Estados Unidos.

Na Eaesp, criou-se também — na década seguinte — um curso de graduação em administração pública. Para a instalação do curso de graduação em administração pública (AP) foi decisiva a contribuição do governo do estado de São Paulo, por meio de um convênio cujo objetivo era formar profissionais nessa área em São Paulo.

Tratava-se de um momento de grandes alterações na administração pública brasileira, após a mudança de regime, em 1964. Tais alterações se orientaram para a busca da eficiência no setor público e foram acompanhadas pela criação de um aparato estatal dotado de maior agilidade, atuando por meio de entidades da administração indireta: as fundações, as empresas públicas e as sociedades de economia mista. Como parte desse mesmo processo, também o governo paulista procurava imprimir mudanças à máquina administrativa do estado.

O curso de AP mantinha a concepção pedagógica generalista presente no curso de administração de empresas (AE) e também procurava articular a formação humanista com a formação técnica. Essa articulação constituiu e constitui ainda hoje uma das marcas da Eaesp, sendo parte integrante da identidade do curso e um dos valores com que docentes, alunos, ex-alunos e funcionários da escola se identificam. Desde o início do curso de graduação até novembro de 2010, momento de elaboração desta nova proposta do curso de administração pública, a Eaesp formou 100 turmas em AE e 76 turmas em AP, envolvendo aproximadamente 10 mil e 3 mil alunos, respectivamente.

Além do curso de graduação, diversos outros cursos foram implantados, no nível de pós-graduação acadêmica e de especialização. A pós-graduação *stricto sensu* na Eaesp inicia-se em 1966 e em 1976 nasce o curso de mestrado em AP, como uma área de especialização do mestrado em AE, com foco em planejamento urbano. Esse foco buscava sintonia com as questões urbanas que emergiam à época no país, ao formar planejadores urbanos capazes de contribuir para o enfrentamento desses problemas.

O curso de mestrado em AP tornou-se independente do curso de mestrado em AE na década de 1980, com a constituição de nova área de estudos, a de finanças públicas, também resultante de questões apresentadas pela realidade brasileira na época. No início dos anos 1990, o curso de mestrado passou a se denominar administração pública e governo, diferenciando-se do mestrado em AE. Em 2002 finalmente nasceu o doutorado em administração pública e governo e, em 2008, o curso de mestrado profissional em gestão de políticas públicas (MPGPP) obteve aprovação pela Capes, reforçando a atuação da Eaesp na área pública.

Esse breve relato da história da FGV destaca seu compromisso com o objetivo de formar quadros capazes de liderar mudanças fundamentais no aparelho e na direção do Estado. Desde 1969, quando se criou a área pública na Eaesp, até o momento, foram introduzidas várias mudanças no perfil do curso de graduação, com o objetivo de ajustá-lo às demandas externas e também às diretrizes do MEC. No entanto, elas não conduziram plenamente o curso de graduação em AP aos resultados que se pretendia alcançar. Duas razões principais podem explicar as dificuldades. A primeira diz respeito ao processo de seleção de estudantes com vocação para a área de AP e a segunda à própria identidade da área.

O vestibular unificado, com a oferta de 150 vagas semestrais para AE e 50 vagas semestrais para AP, permitia ao aluno escolher AP como segunda opção. Isso resultava no ingresso em AP daqueles que estavam interessados em AE, mas que, não obtendo avaliação suficiente para ingresso na primeira opção, decidiam cursar AP, por valorizarem o ingresso na Eaesp (na "GV", tal como é conhecida). Havia possibilidade de completar o currículo com disciplinas eletivas, e o diploma obtido na FGV tem sido fator de empregabilidade mais importante que a área cursada (habilitação ou linha de formação específica, em AE ou AP). Isso resultava em turmas de AP nas quais parte substantiva dos alunos não se interessava realmente pelos assuntos públicos, mas sim pelo mundo dos negócios privados.

Diante desse processo de seleção adversa, considerou-se a necessidade de reorganizar o ensino da administração pública para melhor recrutar e formar estudantes que pretendem trabalhar, de fato, no setor público estatal e não estatal, no terceiro setor ou mesmo em organismos internacionais. Para tanto, desde inícios de 2009, começou-se a elaborar, no então recém-criado departamento de gestão pública na Eaesp, uma proposta de renovação do reconhecimento do curso de AP junto ao MEC, tendo como um de seus primeiros pilares um processo de seleção específica para ingresso, buscando alunos com um perfil diferenciado. Do mesmo modo, decidiu-se instituir uma estrutura e uma matriz curricular claramente focadas na área pública e tendo como referência um espaço mais amplo do que o exclusivamente estatal.

3. Formulação de um novo curso e seus impactos

Em sintonia com a missão da FGV e os objetivos da Eaesp, o novo curso de AP visa

> formar jovens comprometidos com o bem comum e a promoção do interesse público, dispostos a administrar ou assessorar organizações do Estado, entidades públicas não estatais, organizações de advocacia política ou de responsabilização social da sociedade civil, organizações internacionais ou, ainda, interessados na carreira política.

O curso se propõe a alternar meios de ensino e aprendizagem, fazendo com que os estudantes passem por períodos de aprendizagem em salas de aula e fora de sala de aula. Com essa finalidade, optamos pela estrutura curricular mista, semestral e bimestral, mas preferencialmente bimestral. Todavia, para evitar o risco de fragmentação que a estrutura bimestral pode induzir, estabelecemos temas transversais para cada semestre, de modo que os alunos cursam disciplinas cujo conteúdo converge para a discussão de temas centrais, e com os quais os alunos também trabalham nas oficinas, o que será explicado adiante.

Visando aproximar a graduação da pós-graduação, o curso prevê que alunos de doutorado sejam incorporados como instrutores nas diversas formas de aprendizagem, especialmente na condução das oficinas temáticas e instrumentais e nos projetos de conexão da Eaesp (períodos de imersão em que o aluno entre em contato com políticas, programas, projetos e práticas públicas fora da sala de aula). Por meio do contato com alunos do doutorado, os graduandos podem iniciar uma aproximação com a pós-graduação. Essa opção propicia maior envolvimento dos doutorandos com a graduação e contribui, ainda, para a qualificação dos alunos de doutorado na função docente.

Também está incluída na proposta do novo curso a integração com o Mestrado Profissional em Gestão de Políticas Públicas e a possibilidade de formação em Y, conforme a "lógica do 4 +1" do Protocolo de Bolonha, isto é, depois de quatro anos de graduação, realiza-se mais um ano no mestrado profissional.

Além da integração vertical com a pós-graduação, há uma integração dos alunos de graduação em administração pública com os demais alunos, dos cursos de graduação da FGV/RJ (Ebape, ciências sociais, história e economia) e da FGV/SP (Eesp — economia e Edesp — direito), possibilitando-se a matrícula em disciplinas dos outros cursos, aproveitando as competências de cada área.

3.1 O perfil do egresso do curso de graduação na área pública

O gestor de organizações públicas e *policy maker* deve acompanhar as transformações ocorridas na sociedade e no Estado, tanto no Brasil como no exterior. É necessário formar jovens capazes de responder aos desafios de gestão de organizações complexas, em um contexto globalizado. Ao lado da capacidade de estabelecer vínculos internacionais, eles devem ser capazes de preservar e valorizar as especificidades nacionais, assim como as identidades e diversidades regionais e locais. Devem estar preocupados com o desenvolvimento sustentável, atentos aos desafios de geração de empregos, da redução das desigualdades sociais, com os problemas ecológicos e, fundamentalmente, comprometidos com o processo de construção de instituições democráticas.

Assim, o novo curso de graduação pretende formar profissionais preparados para atuar:
1) nas esferas federal, estadual e municipal, tendo em vista o domínio das novas exigências estabelecidas a partir da Constituição de 1988;
2) em organismos internacionais e supranacionais, propiciando uma compreensão dos mecanismos e das instituições internacionais envolvidas nos processos de governança global;
3) no terceiro setor, propiciando contato direto com a realidade dessas organizações (nacionais e internacionais), analisando os desafios específicos contidos nas disciplinas eletivas, ou ainda durante as imersões previstas no curso;
4) na direção política e governamental das instituições, entidades e órgãos públicos, integrantes do Poder Executivo e Legislativo.

Em consonância com as diretrizes curriculares estabelecidas pelo Conselho Nacional da Educação, espera-se que o egresso do curso seja capaz de: aprender continuamente, a partir de uma base sólida de conhecimentos; dominar os aspectos técnicos de sua área de atuação; pensar de maneira autônoma, não reproduzindo de maneira acrítica conhecimentos acumulados; diagnosticar problemas com rapidez e precisão; contribuir para a solução de problemas de maneira criativa e socialmente responsável; agir considerando continuamente a perspectiva estratégica; ter como foco resultados, sem perder a visão do todo; estabelecer e sustentar relacionamentos; articular-se politicamente; transitar na diversidade, respeitando diferenças e desestimulando desigualdades; sustentar suas posições de maneira firme e articulada, negociando de maneira objetiva, focada e respeitosa; dar e receber *feedback* de maneira construtiva; trabalhar em rede, mobilizando relacionamentos horizontais e verticais e mantendo o espírito de equipe; lidar com a complexidade, ambiguidade e mudança contínua, características do atual ambiente organizacional; articular uma visão sofisticada do mundo contemporâneo a uma compreensão profunda da realidade brasileira; situar-se de maneira proativa num ambiente internacionalizado; tomar decisões e implementá-las de maneira ética e socialmente responsável, utilizando recursos de maneira responsável.

3.2 Estrutura do curso

O novo curso foi desenhado de modo a conter 10 blocos temáticos:
a) Humanidades (filosofia política, ética e cidadania, teoria sociológica, cultura e psicologia);
b) Métodos (matemática, estatística, teoria das decisões, tecnologia da informação e governo, comunicação);
c) Estado e Sociedade (teoria política, relações entre Estado e sociedade, análise das instituições políticas; relações entre Estado, empresas e organizações do terceiro setor, arranjos produtivos e políticas públicas);
d) Direito (constitucional, administrativo e tributário);
e) Gestão (elaboração, implementação, monitoramento e avaliação de políticas e projetos públicos, gestão de operações e processos, técnicas de planejamento, qualidade e produtividade dos serviços públicos, gestão de pessoas, marketing público, compras e licitações);
f) Controle (auditoria, controladoria, ouvidoria, contabilidade pública e finanças e orçamento público);
g) Administração Pública e Reforma do Estado;
h) Economia (desenvolvimento econômico e sustentabilidade, macroeconomia, microeconomia do setor público, planejamento, regulação e direito econômico);

i) Brasil (interpretações do Brasil, formação e desafios para a sociedade, a economia, a política e a administração pública);
j) Mundo (globalização e relações internacionais, instituições e organismos internacionais e supranacionais, blocos regionais).

Há um tema transversal para cada semestre, com a finalidade de unificar os conteúdos bimestrais. Esses temas são também tratados em oficinas, diferenciadas em oficinas temáticas e instrumentais.

3.3 Atividades complementares e suas inovações pedagógicas

Além de aulas e seminários, a estrutura curricular contempla também oficinas, ou seja, atividades desenvolvidas dentro ou fora da própria instituição, em horário distinto daquele de aulas. O principal objetivo das oficinas instrumentais é complementar e/ou aprimorar o nível de conhecimento dos alunos sobre interpretação de texto, língua portuguesa, matemática, estatística e microeconomia. No caso das oficinas temáticas, o intuito é integrar as disciplinas do semestre em um único tema convergente, tema esse que será trabalhado com a colaboração de alunos do doutorado. Nessas oficinas, os alunos realizam pesquisas, trabalhos de campo, leituras e relatórios, monitorados pelos doutorandos, de forma a aprofundar os conteúdos aprendidos em sala de aula e buscar aprimoramento das habilidades dos alunos.

As oficinas também devem ser utilizadas para se promover a presença sistemática dos gestores públicos em nossa instituição, para relatar e discutir com alunos e professores do curso suas experiências concretas na gestão de organizações estatais e não estatais, bem como sua participação no processo de formulação, implementação e avaliação de políticas públicas. O planejamento de curso prevê que as oficinas sejam mantidas no decorrer do semestre, durante os dois primeiros anos, auxiliando na unificação dos conteúdos, e que ocorram no período da tarde. As disciplinas são ministradas no período da manhã.

Outra inovação do curso, visando articular a aprendizagem teórica e prática, encontra-se nas atividades chamadas de imersão profissional, em órgãos e entidades públicos inseridos nas três esferas de governo, organizações multilaterais e internacionais, organizações não governamentais, além dos Programas de Conexão, de dois tipos: Conexão Local e Conexão Internacional Sul — entre países da América Latina, Ásia, África e Oceania. Essas atividades devem ser desenvolvidas a partir do segundo ano, preferencialmente no mês de julho.

Detalhando um pouco mais, planeja-se que os alunos realizem vários tipos de imersão, uma nos governos subnacionais, outra no governo federal e, ainda, em organizações não governamentais. O principal objetivo das imersões é fazer com que eles desenvolvam a capacidade de reflexão crítica sobre a experiência obtida durante o período de observação, junto a servidores da área pública.

Nas atividades de imersão, os alunos devem observar e analisar o dia a dia do funcionamento de um órgão ou entidade pública municipal/estadual e nacional, acompanhar projetos e eventualmente ajudar a encontrar soluções para as questões e problemas detectados. Os alunos da pós-graduação devem auxiliar na preparação dos alunos de graduação que irão realizar as imersões, acompanhar seu andamento e ajudá-los na elaboração de um relatório de campo, a ser entregue para fins de avaliação da atividade.

Por sua vez, a atividade de Conexão Local tem por objetivo levar os estudantes a conhecerem, *in locu*, a diversidade da realidade local brasileira, por intermédio de uma pesquisa de campo. A pesquisa ocorre durante um período de vivência em alguma experiência de desenvolvimento local e de gestão pública. Pretende-se favorecer o conhecimento prático de técnicas de gestão em regiões e contextos os mais variados e complexos; incentivar atitudes mais humanistas e colaborativas; promover a troca de saberes entre estudantes, gestores públicos, comunidades, associações, empresários e técnicos locais; e incentivar reflexões e discussões em torno de questões e realidades concretas.

Na Conexão Local, os estudantes de graduação, em duplas, são supervisionados por professores e estudantes de pós-graduação. O supervisor é responsável pelo trabalho de preparação, pré-visita de campo, supervisão do relatório final (pós-campo). O supervisor acompanha também os primeiros dias da pesquisa de campo. O relatório final da visita de campo é um instrumento de avaliação do aprendizado das duplas e visa registrar a experiência visitada.

A Conexão Internacional Sul (CIS) oferece, aos alunos, a oportunidade de acompanharem projetos e programas sociais voltados para os países do sul. Entende-se por sul, para os fins dessa atividade, a América Latina e Caribe, Ásia, África e Oceania. Seus principais objetivos são: promover maior compreensão de problemas ligados à desigualdade social e às novas formas de desenvolvimento, bem como potencializar o ideal de solidariedade e sensibilidade dos alunos para esses problemas, colocando-os em contato com a realidade desses países, seja *in locu*, ou por meio de centros e organismos internacionais voltados para esses temas e regiões.

Ao mesmo tempo que a CIS responde ao ideal dos estudantes de se solidarizar com os problemas socioeconômicos dos países do sul, o curso oferece instrumentos de gestão e políticas públicas que permitam compreender e lidar com realidades difíceis e complexas. A ideia é que sejam disponibilizados instrumentos que possam ajudar a transformar ideal em ação, como parte do compromisso de aplicar conhecimentos à resolução de desafios reais e contribuir para gerar inovações que possam ajudar a responder aos atuais desafios para o desenvolvimento.

A CIS está inteiramente alinhada à estratégia recém-definida pela Eaesp de aumentar sua presença na América Latina. As parcerias, firmadas com universidades, centros de pesquisa, ONGs e governos, contribuem para reafirmar os passos da instituição. Considerando a possibilidade de uma atuação mais concreta no cenário científico internacional, nas experiências de governo, do terceiro setor e de organismos internacionais, a CIS se propõe a desenvolver esforços integrados e transdisciplinares entre instâncias diversas da FGV, para ampliar a atuação e parcerias com os países do sul.

Essas parcerias também pretendem contribuir para a formação de quadros capacitados para atuarem em instituições públicas brasileiras no exterior. Finalmente, considerando a crescente importância da promoção da diversidade cultural como fator de desenvolvimento, a CIS proporciona ao aluno a oportunidade de observar e lidar com diferenças culturais que impactam a gestão, assim como as políticas públicas.

A CIS também tem como objetivo contribuir para o intercâmbio de professores e o desenvolvimento de pesquisas, com utilização de redes e alianças já existentes, como o Centro Latinoamericano de Administración para el Desarrollo (Clad). A ampliação das oportunidades de pesquisas em parceria visa também construir campos comuns de interesses para o desenvolvimento econômico social dos países envolvidos. Dessa forma, pode-se ainda conceber futuras ações para integrar projetos que atendam a demandas dos países que compõem a Conexão Internacional Sul.

3.4 Trabalho de conclusão

O trabalho de conclusão de curso pode se basear em uma monografia, em atividade integrante do Programa de Iniciação à Pesquisa coordenado pelo GV pesquisa ou em outra atividade integrante do currículo do curso. O Regulamento do Trabalho de Conclusão de Curso estabelece quais outras atividades podem servir de base ao TCC: modalidades específicas das atividades complementares, que supõem maior dedicação por parte do aluno, assim como atividades curriculares que estimulem a inovação no setor público estatal e não estatal, no terceiro setor, bem como em organismos internacionais. Ao ampliar o leque de atividades que podem servir de base ao TCC, o currículo garante maior flexibilidade no desenvolvimento dessa etapa crucial da formação do aluno.

3.5 Forma de acesso ao curso

Tendo em vista a proposta de formação orientada para o compromisso com a expansão da justiça social e valores de cidadania, a redução das desigualdades socioeconômicas e o interesse em compreender e intervir na esfera pública, devem ser valorizadas as seguintes habilidades do candidato ao ingresso: capacidade de interpretação, síntese e raciocínio lógico, capacidade de estabelecer pontes e conexões de forma crítica e analítica, sensibilidade às especificidades de diferentes realidades e culturas e predisposição para a tomada de decisões.

Tendo em vista, ainda, as características do corpo discente que almejamos alcançar para formar um corpo heterogêneo (faixa etária, origem socioeconômica e étnico-racial) com ingresso de candidatos provenientes das redes pública e privada, e de todas as regiões do país (quiçá da América Latina), enfrentamos o desafio de testar tais habilidades por meio de um processo seletivo que, por um lado, seja capaz de avaliar o aprendizado obtido no ensino médio (exigências curriculares do MEC) e, por outro, não impeça o acesso de determinados segmentos sociais ao curso.

Os conhecimentos testados no vestibular são aqueles adquiridos no decorrer do ensino médio, com ênfase na formação humanista. Para tanto, foi dado peso 4 (quatro) a uma redação sobre Brasil contemporâneo, que envolve mais a avaliação do raciocínio crítico do que do acúmulo de saberes característico do padrão excludente do ensino brasileiro. Desse modo, foi possível dar oportunidades iguais para candidatos do ensino público e privado e de diferentes regiões do Brasil, como veremos a seguir.

4. Um olhar à frente: os resultados da implementação do curso

O curso teve sua primeira turma iniciada em fevereiro de 2012. Já foram selecionadas três turmas, totalizando 150 alunos, dos quais 15 deles estudaram em escolas públicas. Esse resultado foi obtido graças à política de bolsas integrais e ao formato mais humanista e generalista do vestibular. Além disso, 14 alunos são de fora do estado de São Paulo, aumentando a diversidade regional do curso. Destaque-se ainda o crescimento da procura no processo seletivo, que passou de três candidatos por vaga na primeira turma para sete candidatos por vaga no vestibular do final de 2013.

O sucesso do curso da nova proposta de graduação em administração pública faz com que a FGV-Eaesp mantenha e aprimore seus históricos compromissos com o desenvolvimento do país, com a democracia e com a sociedade brasileira, formando profissionais capazes de compreender, gerir e conduzir, de modo competente e responsável, as organizações públicas, estatais ou não estatais, nacionais e internacionais.

Para ir além

ESCOLA DE ADMINISTRAÇÃO DE EMPRESAS DE SÃO PAULO DA FUNDAÇÃO GETULIO VARGAS. *Catálogo*. São Paulo, s.d.

FARAH, Marta Ferreira Santos (Org.). *Projeto pedagógico*: curso de graduação em administração (2006). Fundação Getulio Vargas, Escola de Administração de Empresas de São Paulo, São Paulo: FGV-Eaesp, 2006.

FISCHER, Tânia. Administração pública como área de conhecimento em ensino: a trajetória brasileira. *Revista de Administração de Empresas*, v. 24, n. 4, p. 278-288, 1984.

LOUREIRO, Maria Rita. *Economistas no governo*. Gestão econômica e democracia. Rio de Janeiro: Editora FGV, 1997.

PARTE 2

Tendências da administração pública no Brasil

3 Os benefícios da nova gestão pública

A mensuração de resultados permite ao Estado prover serviços aos cidadãos com qualidade, agilidade e eficiência

Regina Silvia Pacheco

1. A importância do tema

A organização do Estado moderno, sobretudo a partir da metade do século XIX, constituiu grande avanço em comparação ao patrimonialismo, ao permitir a separação entre a *res publica* e o que era privado ou do rei. Durante cerca de 100 anos, foram sendo constituídas burocracias de Estado, recrutadas por mérito, remuneradas por salários — e não beneficiadas por prebendas — e com atuação pautada por regras impessoais previamente definidas. Tal modelo acompanhou a enorme expansão do Estado no período, que passou da garantia à ordem e aos contratos ao imenso estado do bem-estar social. Mudou também, no período, a ordem política sob a qual atuava esse Estado, do liberalismo conservador à democracia de massas.

Nos países desenvolvidos, sobretudo na Europa, o Estado foi ator fundamental na extensão dos direitos sociais durante o século XX, fazendo parte da aliança fordista que sustentou o crescimento, especialmente nos "30 gloriosos anos" após o fim da Segunda Guerra Mundial. A burocracia se expandiu e gozou de prestígio social. Serviços públicos universais promoveram elevação da qualidade de vida e contribuíram para os ganhos de produtividade e contenção do custo do trabalho. Sociedades se desenvolveram com base em solidariedade e inclusão social.

Mas o cenário mudou a partir de meados dos anos 1970 (ou antes, já a partir de maio de 1968). Autores progressistas e conservadores começaram a apontar os excessos da burocracia, a invasão do Estado sobre as decisões privadas, a ineficiência, a padronização excessiva, o desperdício de recursos e de talentos. O paradigma burocrático começou a ser questionado.

A partir daí, multiplicaram-se pressões e questionamentos sobre o Estado e a burocracia, tendo como pano de fundo processos econômicos, sociais e políticos. Pressões advindas de fenômenos econômicos trouxeram à tona a crise fiscal do Estado, o fim do crédito internacional barato e a ampliação da competição em escala global. Fenômenos sociais tiveram impacto sobre o Estado e suas políticas públicas: mudança nos padrões demográficos (envelhecimento da população) e no perfil familiar (famílias monoparentais); novos problemas complexos como violência, drogas, juventude sem perspectivas, Aids; intensificação das migrações.

Inovações tecnológicas também se desdobraram em pressões sobre o Estado, tanto em seu funcionamento (novas tecnologias de informação e comunicação alterando formas de trabalho e de relacionamento, novas aplicações em saúde e consequente aumento do gasto público, opinião pública mais informada e exigente) quanto em sua dimensão política (questionamento da política tradicional, proliferação dos grupos de causa única, anseios de aprofundamento da democracia, perda de legitimidade dos governos e da burocracia). Como resultado dessas diferentes pressões sobre o Estado, passou a ser questionado o paradigma clássico da burocracia.

As mudanças, ainda em curso, que ocorrem simultaneamente em um grande conjunto de países — de distintas tradições político-administrativas e governados por diferentes partidos políticos —, vêm sendo englobadas sob a denominação de "nova gestão pública". O objetivo do presente capítulo é sistematizar essas transformações e apontar as tendências atuais da gestão pública. Buscaremos desenvolver a tese de que a nova gestão pública tem contribuído para melhorar a qualidade da ação governamental e tornar mais efetiva a ação do Estado, especialmente no que se refere à prestação de serviços públicos.

2. A evolução da "nova gestão pública"

Em face da crise de legitimidade do Estado e de problemas crescentes de déficit, iniciativas pioneiras de reforma foram lançadas por Margareth Thatcher, no Reino Unido, e Ronald Reagan, nos Estados Unidos. Essas iniciativas combinaram medidas de ajuste à introdução de técnicas de gestão privada, ao que se denominou *managerialism*. Um influente autor inglês, Christopher Hood, cunhou a expressão *new public management* (NPM), e liderou as críticas às reformas. Inicialmente conduzidas por governos de orientação neoliberal, as reformas foram identificadas ao campo conservador.

Em outros casos, no entanto, as reformas foram iniciadas por governos trabalhistas, como na Nova Zelândia entre 1984 e 1990, ou na Austrália, de1983 a 1996. Na maioria dos países, as diretrizes das reformas não foram abandonadas quando houve alternância no poder — seja dos conservadores aos liberais ou no sentido oposto.

A ampla denominação *new public managment* abriga conteúdos e trajetórias distintas e que evoluíram ao longo das últimas três décadas de reformas empreendidas. A orientação inicial marcadamente voltada à busca de eficiência e à redução do gasto público foi sendo alterada em direção ao foco em resultados, qualidade dos serviços prestados e empoderamento do cidadão.

Ao longo das reorientações, o "Estado hierárquico" (baseado no paradigma tradicional) inicialmente cedeu lugar ao "Estado terceirizado" (que externalizou a prestação de serviços por meio de contratos com prestadores privados com e sem fins lucrativos, abrindo mão de seu papel de coordenação). Mais recentemente, as tendências apontam para o Estado-rede — quando o Estado trabalha em parceria internamente (coordenação intragovernamental) e com ampla gama de atores não estatais, e desempenha a liderança estratégica dessa rede, em busca da maximização do valor público criado.

Essa fase mais recente de reformas é norteada pelos princípios da "boa governança": engajamento dos cidadãos, transparência, *accountability*, inclusão social, comportamento ético e honesto, equidade, habilidade para colaborar, liderança e sustentabilidade. Há assim grande distância percorrida entre as primeiras medidas voltadas à redução do tamanho do Estado e as iniciativas atuais de melhoria de desempenho das organizações públicas. Portanto, a agenda contemporânea da nova gestão pública não pode ser tomada como sinônimo do *new public management* da era Thatcher-Reagan.

3. Os impactos da reforma no mundo

Após cerca de três décadas de implementação, o conteúdo da agenda de reformas pode hoje ser resumido a partir dos traços comuns observados nos países da OCDE:

— a administração pública tem se tornado mais eficiente e transparente, menos voltada para si própria e mais para o usuário; ou seja, mais flexível e focada em resultados;

— os governos têm se tornados mais abertos, transparentes e acessíveis, utilizando um amplo leque de medidas como consultas públicas e outras formas de interação com a sociedade para o estabelecimento de políticas públicas; 90% dos países-membros da OCDE adotaram lei de liberdade de acesso à informação e ouvidorias; 50% publicaram padrões de atendimento aos usuários de serviços públicos;

— a maioria dos países introduziu mecanismos de orçamento e gestão baseados em resultados; 72% dos países incluem dados relativos a desempenho não financeiro em seus documentos orçamentários;

— a introdução do orçamento e gestão por desempenho, aliada às inovações tecnológicas, tem levado a mudanças nas formas de controle; as principais tendências são a mudança do controle *ex ante* para o controle *ex post* e o desenvolvimento de novas formas de controle interno. Há uma mudança do *controle sistemático mas ineficiente* sobre regularidade e legalidade de transações individuais para *formas mais eficientes, ainda que com maior dispersão*, de verificação sobre a operação adequada dos sistemas;

— os governos têm empreendido mudanças na macroestrutura, com a criação de novos formatos organizacionais e a multiplicação das *agencies* ou *arm's--length public bodies*, aos quais são concedidos graus variados de autonomia em troca de responsabilização por resultados. Com isso, surgem novos problemas de coordenação e de ação coletiva;

— adoção de mecanismos de mercado ou quase-mercado como *vouchers* ou competição de resultados; nos casos mais bem-sucedidos em termos de melhoria dos serviços prestados, tais inovações são acompanhadas por princípios-

-chave de boa governança, evitando a confusão entre ganhos privados e interesse público e não obscurecendo os princípios da responsabilidade pública e da *accountability*;

— mudanças na natureza do emprego público e nas relações contratuais entre Estado e seus funcionários. Em muitos países, os vínculos empregatícios dos funcionários públicos têm se tornado mais próximos dos do setor privado, por meio de alterações no *status* legal do vínculo e das condições do emprego. Políticas de individualização das relações contratuais têm se tornado comuns; hoje, dois terços dos países da OCDE utilizam contratos individuais de trabalho com base em resultados e alguma forma de remuneração variável por desempenho;

— a emergência de um novo grupo de atores, além dos políticos e burocratas: os dirigentes públicos com competências exclusivas e específicas de direção e o "direito a gerenciar", com base no princípio da responsabilidade por resultados, estabelecida a partir da contratualização prévia de resultados e de critérios de racionalidade econômica. Vários países revisaram seus estatutos da função pública, destacando um estatuto específico para os ocupantes dos cargos de direção, passando a contratá-los com base em resultados, e admitindo ingressos laterais (de não funcionários) em postos de direção.

4. Os pilares da reforma

No centro das reformas está o desafio de melhoria do desempenho das organizações públicas. Com esse objetivo, muitos países têm utilizado acordos de resultados entre órgãos formuladores de políticas públicas e entidades voltadas à prestação de serviços. Tais acordos têm por base o par "autonomia × responsabilização", por meio do qual a entidade prestadora de serviços se compromete a obter determinados resultados, em troca de algum grau de flexibilidade em sua gestão.

Em vários desses países, a adoção do acordo de resultados (ou contrato de gestão) faz parte de um movimento mais amplo de revisão da macroestrutura do aparelho do Estado. Tal processo vem sendo chamado de *agencification*, ou seja, a individualização de entidades voltadas a propósitos específicos (genericamente chamadas de *agencies*), com gestão mais flexível do que os órgãos da administração direta — *departments*, ministérios ou secretarias de Estado. Os objetivos visados são: facilitar a adoção de mecanismos de mensuração de resultados, responder a novas questões e à diversificação dos serviços demandados, adotar medidas de incentivos ao desempenho, promover a *accountability* — transparência e responsabilização por resultados.

Entre uma *agency* e seu ministério supervisor, as relações são guiadas por um acordo de resultados. Por meio de metas pré-acordadas entre as partes, a serem alcançadas pela entidade prestadora do serviço em troca de um grau maior de flexibilidade, a contratualização de resultados no setor público substitui o controle clássico político (pela hierarquia) e burocrático (pelo cumprimento de normas) pelo controle baseado em resultados e por uma forma de competição administrada que dá visibilidade aos resultados alcançados.

A experiência tem avançado, apesar dos receios frequentes que algumas agências possuem de perder autonomia (ao ter que se comprometer com resultados a entregar), e muitos ministérios de perder controle (ao conceder autonomia à agência vinculada).

As lições extraídas da experiência internacional indicam a importância de tornar públicos os compromissos e os resultados alcançados. A transparência ajuda a mudar mentalidades, ganhar adeptos e promover uma competição saudável pelo prestígio derivado do alcance de bons resultados. Não se trata, na maior parte das experiências em curso, de competir por mais recursos financeiros; o aspecto mobilizador de energias é a disputa em termos de prestígio e reputação profissional — além da satisfação de contribuir com resultados palpáveis para a diminuição dos problemas sociais, econômicos ou ambientais.

A mensuração de resultados constitui um dos pilares das reformas em curso em diversos países nas últimas duas ou três décadas, sendo a base para outras inovações como agencificação, contratualização de resultados, remuneração variável por desempenho, parcerias, Estado-rede e outras. As polêmicas em torno da aplicação desta ferramenta de gestão no setor público são intensas — tanto entre críticos como entre defensores e adeptos.

Para alguns autores, a mensuração de desempenho no setor público tem contribuído para o alcance de múltiplos objetivos, entre eles a transparência de custos e de resultados, a melhoria da qualidade dos serviços prestados, a motivação dos funcionários, sendo um dos pilares mais importantes da nova governança em torno do Estado-rede. Para seus críticos, no entanto, trata-se de uma transposição indevida de instrumento desenvolvido para a gestão empresarial, que gera graves distorções quando aplicado ao setor público.

Apesar da polêmica, as experiências de mensuração de desempenho e contratualização de resultados têm-se expandido tanto em outros países como no

Brasil. Diferentes governos vêm procurando aperfeiçoar metas e indicadores e enfrentando as dificuldades introduzidas por essa nova forma de gestão.

A mensuração de desempenho é central nas mudanças em curso. É uma ferramenta que vem sendo parte de um conjunto abrangente de mudanças que incluem a definição prévia de resultados a alcançar e o reconhecimento do papel do gestor público — a quem é concedida maior autonomia e exigido maior comprometimento.

A montante, tais inovações requerem o recurso ao planejamento estratégico, a fim de que sejam clareados os objetivos e fixados os resultados visados; a jusante, são desenvolvidas novas formas de controle, menos baseadas no controle formal de procedimentos, e mais voltadas à comparação de resultados obtidos por organizações similares, com maior transparência quanto ao uso dos recursos públicos. Esta é também a base para o desenvolvimento de novas formas de relacionamento entre entidades públicas e parceiros não estatais ou privados.

5. A reforma no Brasil

5.1 Formulação e evolução da reforma

O Estado brasileiro vem passando por várias transformações nas últimas décadas, que abrangem desde seu papel e áreas de intervenção até sua forma de organização e funcionamento. A agenda de reformas foi introduzida no Brasil em 1995, por meio do Plano Diretor da Reforma do Aparelho do Estado (PDRAE), elaborado pelo Ministério da Administração Federal e Reforma do Estado (Mare, 1995), sob a liderança de Bresser-Pereira.

Inspirado nos avanços da reforma gerencial em outros países, e atento para as especificidades do caso brasileiro, o Plano Diretor propôs aperfeiçoar e consolidar os quadros permanentes da burocracia e ao mesmo tempo desenvolver o gerenciamento no setor público. Em outros termos, seu objetivo foi fortalecer o núcleo estratégico e desenvolver práticas gerenciais, por meio do estabelecimento de compromissos de resultados a alcançar em troca de maior flexibilidade administrativa.

O Plano Diretor estabeleceu uma proposta abrangente para a macroestrutura, baseada na distinção entre quatro setores do Estado: núcleo estratégico, atividades exclusivas, atividades não exclusivas e produção de bens para o mercado. Essa proposta destacou, para cada setor, a forma de propriedade (pública não estatal, privada e estatal) e a forma de administração (burocrática ou gerencial), conforme sintetizado no quadro a seguir.

Quadro 1
Proposta para a macroestrutura estabelecida pelo Plano Diretor

	Forma de Propriedade			Forma de Administração	
	Estatal	Pública não estatal	Privada	Burocrática	Gerencial
Núcleo estratégico Legislativo, Judiciário, Presidência, Cúpula dos Ministérios, Forças Armadas	●				●
Atividades exclusivas Controle, Fiscalização, Subsídios, Seguridade	●				●
Ativid. não exclusivas Universidades, Hospitais, Centros de Pesquisa, Museus	Publicização	●			●
Produção para o mercado Empresas estatais		Privatização	●		●

Fonte: PDRAE.

Assim, separava-se a formulação de políticas da provisão de serviços públicos e, ao mesmo tempo, identificavam-se duas formas de administração, a burocrática e a gerencial. Essa proposta foi inovadora, definindo e ampliando o conceito de núcleo estratégico do Estado, separando os setores de atividades exclusivas e não exclusivas do Estado, e delineando um setor de propriedade pública não estatal. A articulação entre cada um desses setores e o núcleo estratégico se dá por meio da contratualização de resultados — em substituição à subordinação hierárquica ou política até então prevalecente.

As atividades não exclusivas do Estado (onde não há poder de Estado implicado) são consideradas, no Plano Diretor, "necessariamente públicas" — por estarem vinculadas a direitos fundamentais (saúde, educação, cultura) ou gerarem externalidades que não devem ser apropriadas privadamente (pesquisa, tecnologia) —, não podendo, portanto, ser privatizadas. Tais atividades devem ser financiadas pelo Estado. Mas seu estatuto jurídico passa a ser, segundo a proposta, o de organizações não estatais, dotadas de maior autonomia de gestão, que lhes possibilite prover melhores serviços.

A proposta articula autonomia e responsabilização, por meio da celebração de contratos de gestão entre as entidades públicas não estatais e o núcleo estratégico do Estado, responsável pela formulação das políticas públicas. O contrato de gestão firmado com o núcleo estratégico é também o instrumento por meio do qual se concede autonomia às agências executivas, título concedido às organizações estatais que atuam no setor de atividades exclusivas do Estado. O Plano Diretor adota a contratualização de resultados como estratégia tanto para a melhoria dos resultados alcançados pelas organizações públicas (via maior autonomia, clareza de propósitos e mensuração de seus resultados) como para a *accountability* destas organizações (por meio da publicização de informações que possibilitem o controle social).

Uma das principais mudanças propostas pela reforma administrativa é a de substituir a desconfiança generalizada nos administradores públicos (e políticos) por um grau, ainda que limitado, de confiança. Nesse caso, a maior autonomia para administrar é balanceada pelo compromisso com os resultados a serem atingidos, e pela transparência das informações sobre desempenho institucional — por meio do contrato de gestão. Trata-se da mudança sobre *o que controlar*: o controle não será mais exclusivamente sobre *processos*, mas fundamentalmente sobre *resultados* (entendendo a legalidade dos atos administrativos como requisito necessário, mas não suficiente, para a *accountability*).

O Plano Diretor elencou novas formas de controle, combinando os imperativos da democracia e da eficiência. Segundo o PDRAE, num mundo em rápida transformação, a busca da eficiência é mais garantida via controle de resultados, em substituição ao controle tradicional de procedimentos. E, em sociedades cada vez mais democráticas, os espaços abertos à participação e ao controle social são mais efetivos do que os controles exclusivamente internos à burocracia.

Para as organizações públicas não estatais, a proposta é de adotar cumulativamente três tipos de controle: o controle social direto (via conselhos de administração), o controle de desempenho e resultados (via contratos de gestão) e o controle pela competição administrada (via quase-mercados). Isto representa uma grande inovação na forma de conceber os controles na gestão pública, tradicionalmente voltados a impor regulamentações detalhadas e extensas, em que se reconhece apenas uma forma de controle, de tipo burocrático.

Na área de gestão de recursos humanos, o Plano Diretor assumiu uma dupla agenda: a de completar a constituição dos corpos burocráticos permanentes do Estado, essenciais ao fortalecimento do núcleo estratégico, e ao mesmo tempo de introduzir os princípios da administração gerencial. Assim, o Mare adotou a política de concursos anuais de ingresso para as carreiras típicas de Estado e promoveu a revisão das estruturas de várias carreiras; introduziu a remuneração variável por desempenho; intensificou a capacitação de servidores; praticou política salarial de valorização dos quadros qualificados, visando diminuir as distorções de remuneração com relação ao setor privado.

Nesse campo, as propostas suscitaram grandes polêmicas, especialmente quanto à submissão do preceito da estabilidade à avaliação periódica de desempenho do funcionário. Tal proposta baseou-se em novo conceito de profissionalização dos servidores públicos, substituindo a relação de tutela, que acompanhava a noção de estabilidade rígida, pela relação baseada em avaliação de desempenho.[1]

O Plano Diretor enfrentou o tema dos chamados DAS (cargos de livre nomeação). Buscou garantir a ocupação dos DAS inferiores (DAS 1 a 4) para servidores de carreira, definindo percentuais a serem observados em cada órgão federal — mas não obteve sucesso dentro do governo, dada a heterogeneidade da situação encontrada nos ministérios. Para os DAS superiores (DAS 5 e 6), encarou tais posições como postos de direção, esperando de seus ocupantes, funcionários ou não, um forte compromisso com resultados.

Ao longo da última década, as propostas contidas no Plano Diretor foram sendo incorporadas às agendas dos governos subnacionais, especialmente na esfera estadual. O Consad, fórum que reúne os secretários estaduais de administração, constituiu-se num importante espaço de veiculação dessas ideias.

5.2 Polêmicas e problemas frequentes

Apesar de vários autores ressaltarem a importância da gestão por resultados para a melhoria do desempenho do setor público, eles apontam também polêmicas e problemas frequentes associados a essa nova forma de gestão. Tais dificuldades não têm justificado o abandono do modelo; ao contrário, têm le-

---

[1] A possibilidade de demissão por insuficiência de desempenho foi aprovada por meio da Emenda Constitucional nº 19, em maio de 1998. Passada mais de uma década, o instituto ainda não é aplicável, pois ainda não foi aprovada a legislação que define as carreiras típicas de Estado, que merecem tratamento diferenciado de acordo com a proposta aprovada.

vado ao seu aprofundamento, buscando corrigir rotas e superar os obstáculos identificados.

Parte dos problemas relacionados à mensuração de desempenho pode ser atribuída à adoção prematura ou isolada apenas dessa ferramenta, sem que as demais inovações na gestão estejam presentes. O grande risco é que a mensuração se torne um fim em si mesmo, desvinculada do objetivo maior que é a melhoria do serviço público prestado ao cidadão.

Além desse aspecto, é possível sintetizar as polêmicas em torno da mensuração de resultados em três grupos de temas: a discussão em torno do que mensurar — produtos (*outputs*) ou impactos (*outcomes*); a adoção de sanções positivas e negativas; e a vinculação de parte da remuneração individual ao desempenho.

A defesa da mensuração de impactos (*outcomes*) tem levado alguns analistas, tanto no Brasil como em outros países, a criticar boa parte das experiências em curso, já que a maioria delas se inicia pela mensuração mais simples de produtos ou atividades ligados à prestação de determinados serviços (*outputs*).

Para alguns autores, tal debate é inócuo, já que ambas as opções apresentam vantagens e inconvenientes. Na mensuração de impactos, é difícil estabelecer relações de causalidade entre as ações empreendidas e o resultado observado — é difícil isolar, entre as inúmeras variáveis que afetam a situação, aquelas diretamente ligadas aos serviços prestados por uma determinada organização pública; por vezes, as ações requerem longo tempo de maturação para que os impactos possam ser observáveis; os impactos desejados podem depender de mudanças substanciais no comportamento dos cidadãos. Por outro lado, mensurar produtos pode levar a um foco excessivo no curto prazo.

Quanto às vantagens, a mensuração de *outputs* permite conhecer o que é efetivamente produzido com os recursos públicos; já a preocupação com *outcomes* ou impactos permite indagar sobre a eficácia e utilidade daquilo que é produzido. A resposta a esse debate talvez deva ser pragmática: governos devem começar pelos serviços prestados, cuja mensuração é mais fácil, e ir evoluindo em direção aos impactos, por meio da construção da cadeia lógica que liga ações aos objetivos visados, relacionando ações, resultados intermediários e impactos.

Na área de saúde, há já um desenvolvimento considerável da mensuração de resultados, com indicadores de produto e de resultados intermediários já testados; as cadeias lógicas entre produtos e impactos estão mais claramente estabelecidas e aceitas. Na educação, as iniciativas são mais recentes e menos consensuais: têm-se multiplicado as políticas onde a mensuração de impactos é adotada via avaliação externa do rendimento dos alunos, as quais, na maior parte dos casos, têm sido alvo de fortes reações contrárias por parte dos sindicatos de professores.

No Brasil, o setor de saúde parece muito mais preparado para conviver com a mensuração de resultados do que a área da educação, talvez porque a própria lógica de remuneração do SUS, via procedimentos, tenha aberto caminhos para a mensuração de serviços prestados.

Já na área da educação, a adoção de avaliação externa da aprendizagem dos alunos (mensuração de impacto) tem provocado reação aguda dos sindicatos de professores. A principal alegação de lideranças sindicais e de especialistas em pedagogia diz respeito à autonomia do professor, que seria desrespeitada com metas de aprendizagem a serem alcançadas por seus alunos. Também se alega impossibilidade de atribuição de causalidade entre a atuação do professor e o rendimento do aluno. Este estaria condicionado por múltiplos fatores extraclasse, tornando impossível isolar o impacto da ação do professor — em sintonia direta com o que foi relatado antes sobre as dificuldades de mensuração de *outcomes*.

Médicos e professores da rede pública fazem parte do segmento denominado *street level bureaucrats*, ou funcionários de ponta, especializados, para quem a deontologia de sua profissão está acima das obrigações decorrentes de seu vínculo com o Estado, e que resistem a serem submetidos a controles externos. A adoção de medidas de desempenho provoca nessas categorias sentimento de perda de autonomia, o que tende a mobilizar reação contrária a esse tipo de política.

Uma outra área em que a mensuração de resultados começa a ser incorporada no Brasil é a de cultura, em que o formato "organização social" vem prevalecendo. No estado de São Paulo, foram adotados indicadores de produção, bastante simplificados e homogêneos. Assim, o desempenho de museus passou a ser medido por indicadores como número de dias abertos ao público, número de exposições realizadas e número de visitantes.

O debate sobre o que e como medir não chegou à imprensa, a não ser por meio do conflito entre lideranças sindicais dos professores e Secretaria da Educação. Assim, a polêmica fica restrita aos especialistas e aos afetados pela mensuração, sem que a opinião pública ou os beneficiários do serviço público possam se envolver e pressionar por avanços. Em alguns casos, quando usuários tomam conhecimento do sistema, passam a pressionar por punições quando as metas não são atingidas — o que nem sempre é o fim visado pelo gestor da política de mensuração de resultados.

O ex-secretário de Modernização Administrativa de Santo André, Marcio Bellisomi, relatou as dificuldades que enfrentou junto aos representantes dos usuários nas unidades básicas de saúde, que queriam punição aos funcionários a cada vez que uma meta não era cumprida. No entanto, o objetivo da política municipal era o de promover o aprendizado sobre como melhorar o serviço prestado, e não o de aplicar punições em caso de dificuldades com o cumprimento das metas.

Parte da polêmica envolvendo a mensuração de resultados decorre de sua associação ao pagamento de remuneração variável por desempenho, um instrumento por si controverso. Enquanto a maioria dos países da OCDE adota a mensuração de desempenho e divulga os resultados obtidos, globalmente pelo governo ou setorialmente, nem todos atribuem recompensas financeiras a funcionários. E, entre os que o fazem, a prática mais comum é adotar valores de impacto moderado sobre a remuneração, a fim de não provocar desvios de comportamento importantes.

O sucesso de sistemas de remuneração variável depende fundamentalmente de fatores ligados à transparência — tanto na definição de metas, quanto no estabelecimento de regras segundo as quais os funcionários serão avaliados e nas relações entre medidas de desempenho e remuneração.

6. Um olhar à frente

Entre os principais problemas identificados na literatura, destacam-se as dificuldades de mensuração de resultados no setor público, que ficaram evidentes quando se introduziu a contratualização de resultados. Ainda assim, muitos autores consideram ambas as medidas avanços irreversíveis, que irão continuar na agenda da modernização do Estado nos próximos anos.

Como buscamos apontar, as dificuldades relativas à mensuração de desempenho no setor público são substantivas, tanto no Brasil como nas experiências internacionais em curso. Isso ocorre não por atitudes intencionais voltadas à manipulação de dados ou falseamento dos resultados. São antes dificuldades ligadas à natureza das atividades desempenhadas pelo Estado, e ao fato de estarmos diante de um grande empreendimento reformador, do qual a mensuração de resultados é apenas um dos instrumentos. Isolá-la do conjunto das reformas em curso é uma distorção que pode comprometer seus resultados.

Apesar das dificuldades, o sentido das experiências em curso é o de aprofundar as reformas na direção da gestão voltada para resultados. Isso implica enfrentar os desafios de mensuração de desempenho, ultrapassando as justificativas simplistas para não medi-lo ou as críticas superficiais que enxergam nestas iniciativas a "privatização do Estado", simplesmente porque utilizam técnicas antes aplicadas pelas empresas privadas.

As contribuições da mensuração de resultados para a transparência são notáveis. Por mais problemas que apareçam com os indicadores, é melhor contar com eles do que não os ter. A emenda à lei orgânica do município de São Paulo, proposta por iniciativa de um conjunto de entidades da sociedade civil e aprovada em 2007, obriga os prefeitos eleitos a traduzirem suas promessas de campanha em um plano com metas e indicadores de desempenho, de cuja implementação deverão prestar contas à Câmara Municipal semestralmente.

O mesmo pode ser dito dos avanços recentes da Previdência Social durante o governo Lula, que definiu o tempo máximo de concessão da aposentadoria em trinta minutos. Ter indicadores e metas é requisito indispensável para chegar a esses resultados — mesmo que haja o risco de alguma manipulação nos dados. Mas uma cesta de indicadores bem desenhados pode contribuir para evitar o problema.

Outras experiências em curso merecem atenção por serem abrangentes e constituírem elemento central de uma política pública voltada para a gestão — com destaque para Minas Gerais, que implementa políticas de modernização da gestão desde 2003, sistematicamente. São laboratórios a serem acompanhados, de onde sairão várias lições sobre possibilidades de melhorar o desempenho do setor público.

Santo André foi município pioneiro, não só na adoção de medidas de desempenho para a prestação de serviços, mas em seu uso como instrumento de democratização das relações entre Estado e cidadãos. Passada uma década do início da política, permanece como contra-argumento àqueles que se opõem as agendas da nova gestão pública e de sua democratização.

De fato, a nova gestão pública contribui efetivamente para a democratização das relações entre o Estado, por meio de suas entidades prestadoras de serviços públicos, e os cidadãos, seus usuários ou beneficiários indiretos.

Entre as críticas, destaca-se o argumento contrário à introdução da lógica da eficiência econômica no setor público. Desconfia-se da tendência de tratar cidadãos como consumidores de serviços públicos. Apontam-se os riscos de externalização de responsabilidades do Estado com a adoção de provisão de serviços via quase-mercados ou contratualização — a mensuração de resultados levaria à exclusão progressiva de critérios não mensuráveis, não comparáveis ou não relacionados ao mercado, afastando a possibilidade de interferência da sociedade na definição de políticas públicas. Afirma-se a necessidade de vincular gestão pública e democracia.

Nossa visão considera que a mensuração de resultados contribui para melhorar a qualidade da ação governamental, tornando mais efetiva a ação do Estado. E um Estado efetivo é condição imprescindível à democracia. Assim, ainda que a nova gestão pública não seja garantia da democratização das relações entre Estado e cidadãos, nem possa assegurar que os resultados a serem perseguidos serão sempre o retrato das aspirações sociais, nem *per se* garanta a promoção de direitos, não deve tampouco ser tomada como a antítese de todas essas aspirações.

A agenda da nova gestão pública contribui para o alcance de resultados da ação do Estado. Se o Estado é democrático, os resultados visados devem estar alinhados com as escolhas da sociedade. E um Estado capaz de implementar as decisões e prover os serviços com qualidade, agilidade e eficiência é requisito fundamental para o avanço dos anseios democráticos.

Para ir além

BEHN, Robert D. The big questions of public management. *Public Administration Review*, v. 55, n. 4, p. 313-324, 1995.
BRESSER-PEREIRA, Luiz Carlos. A administração pública gerencial: estratégia e estrutura para um novo Estado. *Revista do Serviço Público*, v. 48, n. 1, p. 5-25, 1996.
FERLIE, Ewan et al. *The new public management in action*. Oxford: Oxford University Press, 1996. [Publicado em português pela ENAP em 1999].
JOHNSEN, Age; VAKKURI, Jarmo. Is there a Nordic perspective on public sector performance measurement? *Financial Accountability and Management*, v. 22, n. 3, p. 291-308, 2006.
KETTL, Donald F. The global revolution in public management: driving themes, missing links. *Journal of Policy Analysis and Management*, v. 16, n. 3, p. 446-462, 1997.
LONGO, Francisco. A consolidação institucional do cargo de dirigente público. *Revista do Serviço Público*, v. 54, n. 2, p. 7-33, 2003.
MARE. Plano *Diretor da Reforma do Aparelho do Estado*. Brasília: Presidência da República, 1995.
OECD. *Modernising government* — the way forward. Paris: OECD, 2005.
PACHECO, Regina Silvia. *Contratualização de resultados no setor público*: a experiência brasileira e o debate internacional. Madri: IX Congreso del Clad, 2004.
POLLITT, Christopher; BOUCKAERT, Geert. *Public management reform*. Oxford: Oxford University Press, 2000.

4 A Reforma Gerencial no Brasil: impactos e desafios

O Brasil conta hoje com uma burocracia muito mais bem preparada e eficiente do que se imagina. O que falta é uma estratégia nacional de desenvolvimento

Luiz Carlos Bresser-Pereira

1. A importância do tema

Entre 1987 e 1991 o Brasil viveu sob profunda crise: crise econômica de alta inflação, de moratória da dívida externa; mas crise principalmente política, porque marcava o fim da aliança histórica entre os grandes empresários industriais e a burocracia política. Houve a substituição, na direção do país, dessas duas classes pelos grandes rentistas, que vivem de juros; pelos agentes financeiros, que vivem de comissões pagas pelos rentistas; pelas empresas multinacionais, que agora haviam se apoderado de grande parte do mercado interno brasileiro e se interessavam por câmbio apreciado para enviarem maiores rendimentos para o exterior; e pelos interesses estrangeiros no Brasil, igualmente favorecidos pela taxa de câmbio não competitiva.

No plano da política econômica e das reformas, a abertura comercial foi apressada e radical, ignorando-se que as tarifas aduaneiras não tinham como papel apenas proteger uma indústria que deixara de ser infante, mas principalmente neutralizar a apreciação do câmbio. Essa política é transformada na grande política de desenvolvimento a partir da justificativa equivocada de que "o Brasil não tem mais recursos para financiar seu desenvolvimento econômico". Na verdade, ela só causaria o aumento artificial dos salários e do consumo interno, e a substituição da poupança interna pela externa, ao mesmo tempo que endividava o país.

Por outro lado, a abertura financeira, com a liberação completa dos movimentos de capital, foi adotada em 1991 — o que levou o país a perder o controle de sua taxa de câmbio. As privatizações foram também aprofundadas, eliminando-se a reserva para o capital nacional que existia para os serviços públicos monopolistas; a desnacionalização dos bancos comerciais passa a ser permitida. Os resultados são uma profunda desnacionalização da economia brasileira, duas crises de balanço de pagamentos e baixas taxas de crescimento, não obstante, a partir do início dos anos 2000, um enorme aumento dos preços das *commodities* exportadas pelo Brasil permitisse que, em cinco anos, as exportações dobrassem.

Em meados dos anos 1990 os empresários industriais estavam marginalizados e a burocracia pública via negado tudo a que fora levada a acreditar no período desenvolvimentista. O aparelho do Estado era agora dirigido por uma "equipe econômica" constituída de economistas estranhos à burocracia pública que haviam realizado PhD nos Estados Unidos e voltavam para trabalhar no mercado financeiro.

É nesse quadro desfavorável que terá início, no governo Fernando Henrique Cardoso, a Reforma Gerencial ou Reforma da Gestão Pública de 1995. Essa reforma, que coube a mim e à minha equipe no Ministério da Administração Federal e Reforma do Estado (Mare) idealizar e implementar, era uma imposição histórica para o Brasil, como para todos os demais países que haviam nos 50 anos anteriores montado um estado do bem-estar.

O grande crescimento que o aparelho do Estado se impusera para que pudesse garantir os direitos sociais exigia que o fornecimento dos respectivos serviços de educação, saúde, previdência e assistência social fosse realizado com eficiência. Esta eficiência tornava-se, inclusive, uma condição de legitimidade do próprio Estado e de seus governantes. A adoção de uma reforma gerencial por nós, como para todos os países de renda média e alta, era apenas uma questão de tempo. Uns avançam, outros se atrasam. O Brasil, em 1995, saiu na dianteira dos países em desenvolvimento e se antecipou a alguns países ricos como a França e a Alemanha.

A necessidade de mudança começa a ficar clara durante o governo Collor — um governo contraditório que começa fazendo a afirmação do interesse nacional, mas afinal se curva à ortodoxia convencional. Na área da administração pública, as tentativas de reforma do governo Collor foram equivocadas ao confundir — como a direita neoliberal que então chegava ao poder o fazia — reforma do Estado com corte de funcionários, redução dos salários reais e diminuição a qualquer custo do tamanho do Estado.

A burocracia pública, que havia visto o aparelho do Estado ser enrijecido e formalizado durante o retrocesso burocrático que ocorreu em torno da Constituição de 1988, resistia o quanto podia às reformas atabalhoadas do governo. Quando Itamar Franco chega ao poder, essas reformas foram corretamente abandonadas. A onda ideológica neoliberal vinda do Norte, entretanto, tornara-se dominante na sociedade — e a pressão contra o Estado e sua burocracia apenas aumentava.

Estava claro, porém, para mim que a grande crise que o país enfrentava desde os anos 1980 era uma crise do Estado — uma crise fiscal, administrativa e de sua forma de intervenção na economia. Era uma crise que enfraquecia o Estado e abria espaço para que a ideologia neoliberal vinda do Norte o enfraquecesse ainda mais. A solução para os grandes problemas brasileiros não era substituir o Estado pelo mercado, como a ideologia liberal propunha, mas reformar e reconstruir o Estado para que ele pudesse ser um agente efetivo e eficiente de regulação do mercado e de capacitação das empresas no processo competitivo internacional.

Dessa forma, no Mare, não demorei em fazer o diagnóstico e definir as diretrizes e objetivos da minha tarefa. Começava então a Reforma Gerencial de 1995. Este capítulo mostra como foi pensada a reforma e quais seus impactos. E, por fim, os desafios que ainda não foram enfrentados.

2. A formulação da Reforma Gerencial

Para realizar a Reforma Gerencial de 1995, tomamos como base experiências em países da OCDE, principalmente no Reino Unido. As novas ideias estavam ainda em formação; surgira no Reino Unido uma nova disciplina, a *new public management*, que, embora influenciada por ideias neoliberais, de fato não podia ser confundida com as ideias da direita; muitos países social-democratas da Europa estavam envolvidos no processo de reforma e de implantação de novas práticas administrativas. O Brasil tinha a oportunidade de participar desse grande movimento e constituir-se no primeiro país em desenvolvimento a fazer a reforma.

Quando as ideias foram inicialmente apresentadas, em janeiro de 1995, a resistência foi muito grande, principalmente porque eram ideias novas e também porque elas pareciam neoliberais e contra os interesses dos servidores públicos. Tratei, entretanto, de enfrentar essa resistência da forma mais direta e aberta possível.

Minha estratégia principal era atacar a administração pública burocrática; ao mesmo tempo que afirmava a importância do serviço público, defendia as carreiras de Estado e mostrava a relação direta da reforma que estava propondo com o fortalecimento da capacidade gerencial do Estado. Dessa forma, confundia meus críticos que afirmavam que eu agia contra os burocratas públicos, quando eu procurava fortalecê-los, conferir-lhes maior capacidade de ação e torná-los responsabilizados.

Em pouco tempo, um tema que não estava na agenda do país assumiu o caráter de um grande debate nacional. Os apoios de servidores, de políticos e de intelectuais não tardaram, e afinal quando a reforma constitucional foi promulgada, em abril de 1998, formara-se um quase-consenso sobre sua importância para o país, agora fortemente apoiada pela opinião pública, pelas elites formadoras de opinião e, em particular, pela alta burocracia pública. Estava claro que a reforma beneficiava a maioria dos altos administradores públicos existentes no país que são dotados de competência técnica e espírito público. A reforma havia conquistado o coração e as mentes da alta burocracia.

Para realizar a reforma, dois instrumentos foram usados: de um lado, o *Plano Diretor da Reforma do Aparelho do Estado*, de outro, uma emenda constitucional. A reforma constitucional foi parte fundamental da Reforma Gerencial de 1995 já que esta implicava mudanças institucionais fundamentais. Muitas mudanças institucionais, porém, foram de caráter infraconstitucional.

A Reforma Gerencial de 1995 tem três dimensões: uma institucional, outra cultural, e uma terceira de gestão. A prioridade, naturalmente, cabia à mudança institucional, já que uma reforma é em primeiro lugar uma mudança de instituições. Para realizá-la foi necessário, antes, promover um debate nacional no qual a cultura burocrática até então dominante foi submetida a uma crítica sistemática, ao mesmo tempo que se acentuavam dois aspectos da reforma: a nova estrutura do aparelho do Estado que se estava propondo, baseada em ampla descentralização para agências e organizações sociais, e a nova forma de gestão apoiada não mais em regulamentos rígidos, mas na responsabilização por resultados por meio de contratos de gestão.

A Reforma Gerencial de 1995 baseia-se em um modelo que implica mudanças estruturais e de gestão. As perguntas de caráter estrutural que balizaram o modelo foram: primeiro, quais são as atividades que o Estado hoje executa que lhe são exclusivas, envolvendo poder de Estado? Segundo, quais as atividades para as quais, embora não exista essa exclusividade, a sociedade e o Estado consideram necessário financiar (particularmente serviços sociais e científicos)? Finalmente, quais as atividades empresariais, de produção de bens e serviços para o mercado?

A resposta a essas perguntas dependia da existência de uma terceira forma de propriedade no capitalismo contemporâneo, além da propriedade privada e da estatal: a propriedade pública não estatal que assume cada vez maior importância nas sociedades contemporâneas.

Os Estados modernos contam com três setores: o setor das atividades exclusivas de Estado, dentro do qual estão o núcleo estratégico e as agências executivas ou reguladoras; os serviços sociais e científicos, que não são exclusivos, mas que, dadas as externalidades que possuem e os direitos humanos que garantem, exigem forte financiamento do Estado; e, finalmente, o setor de produção de bens e serviços para o mercado.

Considerados esses três setores, a reforma estabeleceu três perguntas adicionais: que tipo de administração, que tipo de propriedade e que tipo de instituição organizacional devem prevalecer em cada setor?

A resposta à primeira pergunta é simples: deve-se adotar a administração pública gerencial. No plano das atividades exclusivas de Estado, porém, uma estratégia essencial é reforçar o núcleo estratégico, ocupando-o com servidores públicos altamente competentes, bem treinados e bem pagos.

A questão da propriedade é uma questão estrutural essencial para o modelo da Reforma Gerencial. No núcleo estratégico e nas atividades exclusivas do Estado, a propriedade será, por definição, estatal. Na produção de bens e serviços há hoje, em contraposição, um consenso cada vez maior de que a propriedade deve ser privada, particularmente nos casos em que não haja monopólio, mas um razoável grau de competição. No domínio dos serviços sociais e científicos a propriedade deverá ser essencialmente pública não estatal.

As atividades sociais, principalmente as de saúde, educação fundamental e de garantia de renda mínima, e a realização da pesquisa científica envolvem externalidades positivas e dizem respeito a direitos humanos fundamentais. São, portanto, atividades que o mercado não pode garantir de forma adequada por meio do preço e do lucro. Logo, não devem ser privadas. Por outro lado, uma vez que não implicam o exercício do poder de Estado, não há razão para serem controladas pelo Estado, nem para serem submetidas a todos os controles inerentes à administração burocrática. Logo, se atividades sociais não devem ser privadas, nem estatais, a alternativa é adotar-se o regime da propriedade pública não estatal, é utilizar organizações de direito privado, mas com finalidades públicas, sem fins lucrativos.

As organizações públicas não estatais podem ser em grande parte — e, em certos casos, inteiramente — financiadas pelo Estado. Quando se trata, por exemplo, de um museu, ele deve ser quase integralmente financiado pelo poder público. Essa forma de propriedade garante serviços sociais e científicos mais eficientes do que os realizados diretamente pelo Estado, e mais confiáveis do que os prestados por empresas privadas que visam ao lucro ao invés do interesse público. É mais confiável do que as empresas privadas porque, em áreas tão delicadas como a educação e a saúde, a busca do lucro é muito perigosa. É mais eficiente do que a de organizações estatais, porque pode dispensar os controles burocráticos rígidos, na medida em que as atividades envolvidas são geralmente atividades competitivas, que podem ser controladas por resultados com relativa facilidade.

Três instituições organizacionais emergiram da reforma, ela própria um conjunto de novas instituições: as "agências reguladoras", as "agências executivas" e as "organizações sociais". No campo das atividades exclusivas de Estado, as agências reguladoras são entidades com autonomia para regulamentarem os setores empresariais que operam em mercados não suficientemente competitivos, enquanto as agências executivas se ocupam principalmente da regulação de atividades competitivas e da execução de políticas públicas. Tanto em um caso como no outro, mas principalmente nas agências reguladoras, a lei deixou espaço para a ação reguladora e discricionária da agência, já que não é possível nem desejável regulamentar tudo com leis e decretos.

No campo dos serviços sociais e científicos, ou seja, das atividades que o Estado executa, mas não lhe são exclusivas, a ideia foi transformar as fundações estatais hoje existentes em "organizações sociais". As agências executivas serão plenamente integradas ao Estado, enquanto as organizações sociais incluir-se-ão no setor público não estatal. Organizações sociais são organizações não estatais autorizadas pelo parlamento de um país a receber dotação orçamentária do Poder Executivo perante o qual são responsabilizadas por meio de contratos de gestão.

Todas essas mudanças estruturais, entretanto, devem ser acompanhadas de mudanças no plano da gestão estrito senso. Enquanto a administração pública burocrática enfatizava a supervisão cerrada, o uso de regulamentos rígidos e detalhados, e a auditoria de procedimentos, a Reforma Gerencial enfatizará o controle por resultados, a competição administrada por excelência e a participação da sociedade no controle das organizações e políticas do Estado.

O instrumento que o núcleo estratégico usa para controlar as atividades exclusivas realizadas por agências e as não exclusivas atribuídas a organizações sociais é o contrato de gestão. Nas agências, o ministro nomeia o diretor executivo e assina com ele o contrato de gestão; nas organizações sociais, o diretor executivo é escolhido pelo conselho de administração; ao ministro cabe assinar os contratos de gestão e controlar os resultados.

Os contratos de gestão devem prever os recursos de pessoal, materiais e financeiros com os quais poderão contar as agências ou as organizações sociais, e definirão claramente — quantitativa e qualitativamente — as metas e respectivos indicadores de desempenho: os resultados a serem alcançados, acordados pelas partes. A competição administrada por excelência compara agências ou unidades que realizam atividades semelhantes, de forma que os indicadores de desempenho derivam da própria competição e dos incentivos positivos que são estabelecidos. O controle ou a responsabilização (*accountability*) social é essencial para o êxito da reforma baseada em agências descentralizadas.

3. Os impactos da reforma gerencial

Desde o início de 1998, tornou-se claro que a Reforma Gerencial de 1995 fora bem-sucedida no plano cultural e institucional. A ideia da administração pública gerencial em substituição à burocrática havia-se tornado vitoriosa, e as principais instituições necessárias para sua implementação tinham sido aprovadas, a começar pela Emenda 19.

Entretanto, estava claro também para mim que o Ministério da Administração Federal e Reforma do Estado, criado em 1995, não tinha poder suficiente para a segunda etapa da reforma: sua implementação. Só o teria se fosse uma secretaria especial da presidência e contasse com o interesse direto do presidente da República. Como essa alternativa não era realista, passei a defender dentro do governo a integração desse ministério no do Planejamento, com o argumento de que em um ministério que controla o orçamento público haveria poder suficiente para implementar a reforma. Minha proposta coincidiu com a visão do problema que tinha a Casa Civil e acabou sendo aceita na reforma ministerial que inaugurou, em janeiro de 1999, o segundo governo Fernando Henrique Cardoso.

O Mare foi fundido com o Ministério do Planejamento, passando o novo ministério a ser chamado Ministério do Planejamento, Orçamento e Gestão. Esse ministério, ao qual foi atribuída a missão de implementar a reforma gerencial, não deu, porém, a devida atenção à nova missão, exceto nas ações relativas à implementação dos projetos do Plano Plurianual (PPA). Praticamente todos os ministros preocuparam-se exclusivamente com o orçamento, deixando a gestão em segundo plano.

O orçamento não foi diretamente relacionado com o programa de gestão da qualidade. A transformação de órgãos do Estado em agências executivas, ou, dependendo do caso, em organizações sociais não ganhou força. Os concursos públicos anuais para as carreiras de Estado foram parcialmente descontinuados a título de economia fiscal. Hoje estou convencido que me equivoquei ao propor a extinção do Mare: não previa o desinteresse do ministro pelo tema da gestão; sua quase total concentração no processo orçamentário.

Em 2003 começa o governo Lula. O PT se opusera à reforma porque a supunha neoliberal, e também porque suas bases sindicais são crescentemente de servidores públicos de nível médio e baixo. Ora, a Reforma Gerencial de 1995, ao enfatizar a importância do núcleo estratégico do Estado e ao defender que as atividades operacionais do Estado fossem transferidas para organizações sociais quando se tratassem de serviços sociais e científicos, ou simplesmente fossem terceirizadas se fossem atividades empresariais, reduzia substancialmente o espaço para a baixa e média burocracia pública.

Em consequência, a partir de 2003 a reforma foi relativamente paralisada. Mesmo nesse nível, porém, sua atividade social mais bem-sucedida, a Bolsa Família, vem sendo administrada segundo critérios gerenciais. Por outro lado, seu serviço social que mais emprega servidores, a Previdência Social, vem passando por uma reforma em que os princípios gerenciais estão sendo adotados. Finalmente, o governo começou a discutir a criação de uma "fundação pública" que, caso se concretize e não conte com servidores públicos, será uma forma alterada e talvez aperfeiçoada de organização social.

Em qualquer hipótese, está claro que a Reforma Gerencial de 1995 continua viva mesmo no nível federal. O fato de que é uma reforma que corresponde ao estágio de desenvolvimento do Estado brasileiro a torna inevitável. Sua garantia maior é um número crescente de gestores públicos em Brasília que sabem o quão importante ela é para se legitimar a ação do Estado e se garantir o desenvolvimento econômico e social do país.

Se isso é verdade em nível federal, é ainda mais em nível estadual e municipal — o que não é surpreendente, dado que os serviços sociais e científicos que envolvem grandes contingentes de servidores e atendem a um grande número de cidadãos são realizados nesse nível. No âmbito estadual, a Reforma Gerencial está avançando em toda parte. Em São Paulo, por iniciativa do governador Mario Covas, foram criadas grandes organizações hospitalares de saúde no formato das organizações sociais. Seu êxito em termos de qualidade dos serviços e de redução de custos é impressionante. Entre outros estados, em Pernambuco e em Minas Gerais, foram realizadas reformas amplas que utilizam todos os critérios e princípios da Reforma da Gestão Pública de 1995. Hoje já existem 67 organizações sociais em 12 estados da Federação. Quatorze estados apresentam gestão por resultados.

Em um nível mais amplo, as ideias da Reforma Gerencial de 1995 ultrapassaram as fronteiras do país, e, por meio do Centro Latinoamericano de Administración para el Desarrollo (Clad), que realiza grandes congressos anuais desde então, estendeu-se para a América Latina com a aprovação pelos ministros de administração latino-americanos do documento *Uma nova gestão pública para a América Latina*.

A implementação da Reforma Gerencial de 1995 durará muitos anos no Brasil, passará por avanços e retrocessos, enfrentará a natural resistência à mudança e o corporativismo dos velhos burocratas, os interesses eleitorais dos políticos, o interesse dos capitalistas em obter benefícios do Estado. Mas o essencial é, de um lado, que ela corresponde ao estágio histórico do desenvolvimento brasileiro, e, de outro, que ela foi adotada pela alta burocracia pública brasileira que sabe que seu poder e seu prestígio dependem de um Estado eficiente.

Entretanto, a burocracia pública só voltará a ter o prestígio e o poder que teve no período áureo do desenvolvimento brasileiro quando voltar a participar de uma nova estratégia nacional de desenvolvimento. Levar adiante a Reforma Gerencial é importante, esta é um meio: para que a ação da burocracia pública brasileira volte a ter pleno sentido é preciso também que os objetivos de desenvolvimento econômico e social sejam restabelecidos.

4. Um olhar à frente

O Estado brasileiro, do ponto de vista sociopolítico, passou por várias fases. O Estado oligárquico era um Estado por definição capturado pelos interesses de classe. O Estado nacional-desenvolvimentista, entre 1930 e 1984, foi um Estado de transição que promoveu a industrialização, realizou a Reforma Burocrática de 1936, a partir da aliança política da burguesia industrial com a alta burocracia pública, mas foi antes marcado pelo autoritarismo do que pela democracia.

O Estado que hoje existe no Brasil é, no plano político, o Estado democrático — e esse foi um grande avanço. Entretanto, do ponto de vista social e econômico, deixou de ser nacional e voltou a ser dependente: é um Estado liberal-dependente incompatível com a retomada do desenvolvimento econômico. Nele, o pacto político dominante passou a ser constituído por uma aliança dos rentistas ou capitalistas inativos com o setor financeiro, as empresas multinacionais e os interesses internacionais no Brasil — os dois primeiros grupos interessados em elevadas taxas de juro e os dois últimos, em taxa de câmbio sobreapreciada.

Há muitas causas que explicam esse desastre nacional, todas elas associadas ao fracasso do Pacto Popular-Democrático de 1977 em conduzir o país. Esse pacto foi capaz de promover a transição democrática, deu origem a toda uma série de políticas sociais que contribuíram para diminuir um pouco a grande concentração de renda existente, mas não teve proposta em relação ao desenvolvimento econômico, e, quando se viu brevemente no poder, em 1985, levou o país ao grande desastre que foi o Plano Cruzado. Havia necessidade, então, de uma mudança profunda das políticas econômicas para as quais a sociedade brasileira não estava preparada.

As causas imediatas da Grande Crise eram a dívida externa contraída nos anos 1970 e a alta inflação inercial que decorreu do uso da indexação de preços, mas era preciso também mudar do velho desenvolvimentismo baseado na substituição de importações e nos investimentos do Estado para um novo desenvolvimentismo que se concentrasse em tornar a economia brasileira mais competitiva externamente por meio de políticas macroeconômicas que combinassem estabilidade com crescimento e que garantissem aos empresários taxas de juros moderadas e, principalmente, taxas de câmbio competitivas. Esse é, essencialmente, o tema de meu livro *Macroeconomia da estagnação* (2007), cujas teses não repetirei aqui.

Aqui o que é importante assinalar é que os fatores que levaram o Brasil a renunciar à sua condição de nação independente no segundo governo Collor e à chegada ao poder de uma coalizão política intrinsecamente adversária do desenvolvimento econômico do país — o Pacto Liberal-Dependente — estão desaparecendo. A economia brasileira não vive mais o quadro de crise dos anos 1980.

Por outro lado, o pressuposto das elites intelectuais, marcadas pela teoria da dependência e pelo Ciclo Democracia e Justiça Social de que o desenvolvimento econômico estava assegurado não havendo por que se preocupar com ele, perdeu qualquer base na realidade: o desenvolvimento que estava assegurado durou apenas os anos 1970.

Em terceiro lugar, está ficando claro para toda a sociedade o fracasso da ortodoxia convencional, aqui e em outros países como a Argentina e o México, em promover o desenvolvimento econômico.

Em quarto lugar, a hegemonia ideológica norte-americana, que se tornara absoluta nos anos 1990, enfraqueceu-se de maneira extraordinária nos anos 2000 devido ao fracasso da ortodoxia convencional em promover o desenvolvimento econômico e devido ao desastre que representou para os Estados Unidos a guerra do Iraque.

Finalmente, notam-se entre os empresários industriais, que ficaram calados durante os anos 1990, uma nova consciência dos problemas nacionais e uma nova competência em matéria macroeconômica por parte de suas assessorias que serão essenciais para a definição, em conjunto com a burocracia pública, de um novo desenvolvimentismo.

É neste quadro mais amplo que a ideia de um novo desenvolvimentismo, que se oponha tanto à ortodoxia convencional quanto ao velho desenvolvimentismo, se impõe. O nacional-desenvolvimentismo desempenhou seu papel, mas foi superado, enquanto a ortodoxia convencional é uma estratégia proposta por nossos concorrentes que antes neutraliza do que promove o desenvolvimento econômico.

É dentro do quadro do novo desenvolvimentismo que devemos pensar o papel da burocracia pública. Por enquanto, ela continua, como toda a sociedade brasileira, desorientada. Sua área econômica limita-se à racionalidade de reduzir despesas — o que é necessário, mas está longe de ser suficiente. Falta a todos uma estratégia nacional de desenvolvimento.

Enquanto o Brasil não voltar a ter um projeto de nação, enquanto a coalizão política dominante estiver formada por empresas multinacionais e interesses estrangeiros no Brasil, não haverá desenvolvimento econômico. Só quando voltar a existir no país uma coalizão política ampla, da qual façam parte central a alta burguesia industrial; alta burocracia pública, o Brasil poderá voltar a realmente se desenvolver.

A eventual retomada do desenvolvimento econômico em termos nacionais não resolverá magicamente os problemas do país. Continuaremos a ver no Brasil um elevado grau de corrupção, uma generalizada violência aos direitos republicanos dos cidadãos, ou seja, ao direito que cada cidadão tem de que o patrimônio público seja usado de forma pública. A pobreza, a injustiça e o privilégio continuarão ainda amplamente dominantes no Brasil. A violência aos direitos sociais ainda convive com violências aos direitos civis, especialmente dos mais pobres. Mas em todas essas áreas o progresso depende da retomada do desenvolvimento econômico.

É verdade que, na área política e social, houve um substancial avanço desde 1980, ou seja, desde que a economia entrou em regime de quase-estagnação. Isso foi possível graças principalmente ao Pacto Democrático-Popular de 1977. Dificilmente, porém, será possível continuar a progredir nessas duas áreas e na proteção do meio ambiente se a Nação não for reconstituída, se a sociedade como um todo não voltar a se constituir como Nação e se suas classes dirigentes não voltarem a contar com uma burocracia pública dotada de uma missão republicana.

A burocracia pública exerce um papel importante quando a respectiva sociedade, e principalmente a classe burguesa que nela exerce papel dominante, tem uma razoável clareza quanto aos objetivos a serem alcançados e aos métodos a serem adotados. Entre 1930 e 1980 isso aconteceu, entremeado por uma crise na primeira metade dos anos 1960; mas desde os anos 1980 o Brasil não conta mais com uma estratégia nacional de desenvolvimento.

Não obstante, esta burocracia, ao contrário do que se afirma, tem logrado êxitos importantes na gestão do aparelho do Estado. Isso ocorreu especialmente na saúde pública graças ao êxito do Sistema Único de Saúde (SUS) em estabelecer um sistema de atendimento de saúde à população universal, muito barato e com qualidade razoável. Tem logrado também avanços, entre outros setores, na defesa do meio ambiente e da educação fundamental, onde já não existe mais um problema de quantidade; o problema central é agora o da qualidade do ensino. E poderá ter maiores avanços na medida em que essa qualidade depende não apenas de maior treinamento dos professores, mas principalmente de novas formas de gestão da educação.

Fracassa na área do ensino universitário, que no Brasil, por ser estatal como é na França e na Alemanha, ao invés de público não estatal como é nos Estados Unidos e na Grã-Bretanha, apresenta resultados altamente insatisfatórios.

Na área mais geral da gestão, graças a concursos anuais para todas as carreiras do ciclo de gestão e especialmente para a dos gestores públicos, o Estado brasileiro conta hoje na área federal com uma burocracia muito mais bem preparada e eficiente do que geralmente se imagina. No nível estadual, estão também se multiplicando as carreiras de gestores públicos. Na área do Poder Legislativo, a burocracia pública experimentou um grande avanço graças às carreiras de assessoramento criadas no Senado e na Câmara dos Deputados.

Esses êxitos se devem em grande parte à Reforma Gerencial iniciada em 1995 que, além de tornar o aparelho do Estado mais eficiente, está devolvendo à burocracia pública brasileira parte do prestígio social que perdeu em consequência do esgotamento da estratégia nacional-desenvolvimentista e do retorno a uma democracia liberal.

Mais do que isso, a reforma da gestão pública está dando a amplos setores da burocracia pública brasileira um novo sentido de missão. O etos do serviço público, que nunca lhe faltou, foi embaçado pela desorientação social, mas a existência de um quadro de reforma factível vem lhe dando novo ânimo e objetivos mais claros. São, por enquanto, objetivos internos ao aparelho do Estado. Um objetivo maior, de participação na retomada do desenvolvimento nacional, depende de toda a sociedade e seus líderes políticos se voltarem para ele. Depende da refundação da nação brasileira.

Nesse processo, o papel da burocracia pública — dos seus servidores, dos seus intelectuais — é importante. Em todas as áreas do Estado, a burocracia pública estrito senso divide o poder com os políticos. Em apenas um dos três poderes, no Judiciário, os burocratas possuem o poder final; nos demais, os políticos detêm esse poder.

Desde a Constituição de 1988, a autonomia da alta burocracia judicial, que inclui, além da própria magistratura, o Ministério Público e a Advocacia do Estado, e da Advocacia Pública tornou-se muito mais forte — em certos momentos, excessiva. Ocorreu, entretanto, um processo de gradual desvinculação da magistratura pública de uma ideologia liberal e formalista que atende aos interesses da ordem constituída, e sua vinculação, de um lado, a seus próprios interesses corporativos, de outro, aos interesses da justiça social que animaram a carta de 1988. A lenta autonomização do Judiciário dos interesses econômicos é um fator positivo que reflete o fato de que os magistrados se percebem como parte da classe profissional com deveres para com os pobres ao invés de fazerem parte da capitalista.

A burocracia pública, para realizar seu papel, precisa de mais autonomia e de mais responsabilização (*accountability*). A Reforma Gerencial de 1965 deu um papel decisivo ao controle social, ou seja, à responsabilização da burocracia pública perante a sociedade, mas isso vem ocorrendo de maneira lenta. Sabemos, porém, que a democracia implica não apenas liberdade de pensamento e eleições livres, não apenas representação efetiva dos cidadãos pelos políticos e mais amplamente pela burocracia pública, mas significa também prestação de contas permanente por parte da burocracia pública de forma a permitir a participação dos cidadãos no processo político.

Os quatro pilares da democracia são liberdade, representação, responsabilização e participação. Em outro trabalho, vi três estágios históricos da democracia: a democracia de elites ou liberal, da primeira metade do século XX; a democracia de opinião pública ou social, da segunda metade desse século; e a democracia participativa que vai aos poucos aparecendo. No Brasil, as três formas de democracia estão presentes e embaralhadas: temos muito de democracia de elites, já somos uma democracia social e a Constituição de 1988 abriu espaço para uma democracia participativa. Antes de chegar a ela, porém, além de melhorarmos os nossos sistemas de participação, será necessário tornar a burocracia pública mais responsabilizada perante a sociedade.

Não creio, entretanto, que essa mudança seja possível se a sociedade brasileira não voltar a ser uma verdadeira nação e a ter uma estratégia nacional de desenvolvimento econômico, social e político. Entre o início do século XX e 1964 a sociedade brasileira — no quadro do Ciclo Nação e Desenvolvimento — constituiu a nação brasileira e industrializou o Brasil, mas, em compensação, deixou em segundo plano a democracia e a justiça social. Esse ciclo terminou no golpe militar de 1964. A partir do início dos anos 1970, um novo ciclo da sociedade começou — o Ciclo Democracia e Justiça Social —, que promoveu o avanço da democracia e procurou reduzir as desigualdades sociais mais gritantes e a pobreza extrema, mas abandonou a ideia de nação e foi incapaz de promover desenvolvimento econômico. Esse ciclo também está esgotado. O grande desafio que se coloca hoje para a sociedade brasileira é o de fazer uma síntese desses dois ciclos — algo que é possível e que dará orientação e sentido para sua burocracia pública.

Para ir além

ABRUCIO, Fernando Luiz. Trajetória recente da gestão pública brasileira: um balanço crítico e a renovação da agenda de reformas. *Revista de Administração Pública*, no prelo [2007].
____; GAETANI, Francisco. Avanços e perspectivas da gestão pública nos estados: agenda, aprendizado e coalizão. In: CONSAD. Conselho Nacional de Secretários de Gestão. *Avanços e perspectivas da gestão pública nos estados*. São Paulo: Fundap, 2006.

BRESSER-PEREIRA, Luiz Carlos. *A sociedade estatal e a tecnoburocracia*. São Paulo: Brasiliense, 1981.

____. *Democracy and public management reform*: building the republican state. Oxford: Oxford University Press, 2004.

____. Reflexões sobre a reforma gerencial brasileira de 1995. *Revista do Serviço Público*, v. 50, n. 4, p. 5-28, 1999.

MELO, Marcus André. *Reformas constitucionais no Brasil*. Rio de Janeiro: Revan, 2002.

PACHECO, Regina Silvia. Regulação no Brasil: desenho das agências e formas de controle. *Revista de Administração Pública*, v. 40, n. 4, p. 523-543, 2006.

PETRUCCI, Vera; SCHWARZ, Letícia (Org.). *Administração pública gerencial*: a reforma de 1995. Brasília: Editora da Universidade de Brasília, 1999.

VIANNA, Luiz Werneck et al. *Corpo e alma da magistratura brasileira*. Rio de Janeiro: Revan, 1997.

5 Um balanço da administração pública federal brasileira: de FHC a Lula

Gestão por resultados, governança e controle público: os avanços das três principais agendas e os desafios à frente

Fernando Luiz Abrucio

1. A importância do tema

A administração pública contemporânea precisa responder, a um só tempo, aos ditames do desempenho governamental e da legitimação democrática contínua. A questão-chave que se coloca é que instrumentos socioinstitucionais devem ser adotados para perseguir essa dupla meta. A experiência brasileira é um caso interessante para explorar esse assunto, uma vez que a redemocratização recente do país trouxe pressões — e iniciativas — para se melhorar tanto a gestão como o controle público.

A Constituição de 1988 abriu caminho para um conjunto grande de mudanças, como a profissionalização da burocracia, a definição de mecanismos de controle e publicização do poder público e a descentralização das políticas públicas. Essas mudanças reduziram problemas crônicos como o clientelismo baseado no empreguismo e a pouca visibilidade das decisões governamentais. Mas persistiram questões como, por exemplo, a lógica formalista da burocracia e a baixa profissionalização do serviço civil no plano local. Também houve a criação de normas que resultaram num tipo de corporativismo estatal, e o processo descentralizador não levou, de início, a grandes alterações na governança estadual.

Nas últimas duas décadas, a implementação de um novo arcabouço institucional trouxe debates e conceitos adicionais, criando instrumentos que procuraram adequar a administração pública às exigências da sociedade brasileira, cada vez mais ávida pela expansão das políticas públicas, pela melhoria do desempenho governamental e pela maior democratização do poder público.

Este capítulo procura destacar as principais linhas de atuação e os resultados mais importantes das principais agendas que marcaram recentemente a gestão pública brasileira, com destaque para o papel do plano federal, realçando principalmente três pontos: a gestão por resultados, a governança federativa e os mecanismos de controle público. Ao analisar a trajetória de cada um deles e seus avanços, o texto ressalta um desafio comum: a relação entre política e burocracia, que se expressa de diferentes formas em torno dessas agendas, mas delimita claramente como se constrói o inter-relacionamento entre desempenho e legitimação democrática no Brasil dos últimos 20 anos.

2. As três agendas da gestão pública brasileira

2.1 A gestão por resultados

A despeito dos avanços em termos de profissionalização e publicização trazidos pela nova Constituição, o início do governo FHC foi marcado por um diagnóstico negativo sobre a situação da administração pública federal. As ideias do período também foram bastante afetadas pelo movimento de reformas intitulado de *new public management*. Desse ideário, o mais importante, para o que viria pela frente no Brasil, foi a adoção de uma agenda de gestão por resultados.

A reforma Bresser estava fortemente ancorada numa proposta de reforma ampla da administração pública, defendendo mudanças institucionais como a flexibilização das normas relativas aos recursos humanos e a criação de um novo *design* organizacional, por meio das agências executivas e das organizações sociais. Mas o projeto bresseriano também atuou noutra frente: o Ministério da Administração e Reforma do Estado (Mare) reorganizou a burocracia pública federal, em sua estrutura e, especialmente, as suas carreiras típicas de Estado. Nesse sentido, sua proposta aperfeiçoava elementos presentes na Constituição, corrigindo, ademais, excessos corporativistas e "torneirinhas" referentes ao gasto público.

Se analisarmos o projeto reformista de Bresser por sua concepção maximalista, ele não foi bem-sucedido. Na verdade, o próprio governo FHC não apoiou uma reforma ampla da administração pública, preferindo dar sustentação pontual aos temas que mais interessavam à agenda da estabilização econômica. Entretanto, seu desempenho foi essencial para reconstruir a máquina pública federal, desarrumada e fragilizada desde os estertores do regime militar. É possível dizer, sem nenhum exagero, que a reorganização da administração pública foi essencial para o sucesso de várias políticas públicas dali para diante.

Mas o ponto central do sucesso bresseriano esteve na capacidade de espalhar suas ideias, que foram incorporadas pelos *policy-makers* federais e em vários estados. Essa nova visão centrada no desempenho gerou uma prática orientada mais por metas, indicadores, monitoramento e avaliação das políticas públicas.

É interessante notar que, no segundo mandato de FHC, o sentido mais totalizante da reforma da gestão pública se perdeu, e a adoção de seus princípios pelas políticas públicas foi pequena. Paradoxalmente, o partido que mais tinha brigado contra ideias presentes no Plano Diretor, o PT, foi aquele que, ao chegar ao poder, mais espraiou o uso de instrumentos de monitoramento e avaliação para as políticas públicas.

A chegada do PT ao poder federal é geralmente lida, no plano da gestão pública, como uma resposta crítica ao Plano Diretor. De fato, a base política do lulismo continha mais resistências a algumas propostas como a flexibilização organizacional ou de pessoal. No entanto, é mais correto analisar o período Lula como um caminho marcado por contradições e pela adoção fragmentada e difusa da gestão por resultados, em vez de classificá-lo predominantemente como uma rejeição integral das ideias bresserianas.

Nesse sentido, foi feita uma reforma da Previdência do servidor público — que FHC não conseguira fazer —, embora sua regulamentação tenha sido deixada pela metade; houve a proposição da Fundação Estatal de Direito Privado para a área de Saúde, não tão distante da inspiração das organizações sociais, embora o projeto não tenha sido votado no Congresso Nacional; as privatizações foram criticadas, porém o governo Lula formulou e promulgou a Lei de Parcerias Público-Privadas (PPPs), além de ter ocorrido um processo de concessão de estradas bem-sucedido, do mesmo modo que parcerias com o setor privado se expandiram na esteira do Plano de Aceleração do Crescimento (PAC).

Mesmo tendo havido continuidades e avanços, o que pode caracterizar singularmente o governo Lula é a falta de uma agenda prioritária e centralizada para a questão da gestão pública, resultando na adoção de novos modelos de forma dispersa e fragmentada. Inversamente ao período FHC, as políticas públicas é que puxaram a agenda da gestão.

Esse fenômeno fica claro em programas como o Bolsa Família, com a adoção de um modelo sofisticado de monitoramento, ou, ainda na área do desenvolvimento social, no Índice de Gestão Descentralizada (IGD), que vincula a distribuição de recursos aos municípios à obtenção de determinados resultados. A gestão por metas do PAC e sua forma de monitoramento, bem como sua proposta de compartilhamento com governos subnacionais e o setor privado constituem outro exemplo do uso de modernas técnicas de gestão.

Além da falta de um projeto geral, a melhor forma de diferenciar a reforma Bresser (pelo menos no seu intuito) e a prática do período Lula está no fato de que na primeira a proposta de gestão por resultados estava vinculada a processos de contratualização da gestão pública e reformulação organizacional, ao passo que na segunda isto não ocorreu. As gestões petistas no plano federal utilizaram-se de instrumentos de avaliação e monitoramento de políticas públicas os quais, salvo raras exceções, não criaram uma cadeia de incentivos contratualizados nem novas formas organizacionais para se alcançar os resultados.

O grande sucesso do governo Lula no que tange à administração pública foi o de utilizar novas técnicas administrativas diretamente nas políticas públicas, independentemente de se ter uma diretriz geral. Dessa perspectiva surgiram várias das inovações governamentais do período; todavia, desse modelo também advieram os principais problemas.

Dito de outro modo, apenas algumas áreas da administração pública federal melhoraram seu desempenho — notadamente o Ministério do Desenvolvimento Social, o MEC e algumas ações controladas pela Casa Civil, como o Minha Casa Minha Vida —, enquanto outras mantiveram uma prática bastante arcaica, seja do ponto de vista da profissionalização, seja do ponto de vista da agenda da gestão por resultados.

É dessa realidade que brotam tanto os casos de corrupção como os fracassos em termos de desempenho de resultados. Áreas como transportes, turismo, esportes e outras, no fundo, não foram ainda atingidas nem pelas mudanças positivas da Constituição de 1988, tampouco pelos avanços obtidos nos anos FHC e

Lula. Isso ainda não ocorreu, em boa medida, por conta de problemas no sistema político e na relação entre política e burocracia. No fundo, é preciso saber se a velocidade e a extensão das transformações já ocorridas na gestão pública federal são compatíveis com o modelo de presidencialismo de coalizão montado no país.

2.2 A governança federativa

A descentralização era um dos pontos centrais da mudança do paradigma estatal efetuada pela Constituição de 1988. Inegavelmente era necessário alterar o modelo centralizador até então vigente, uma vez que o aumento da oferta de direitos tornaria inviável uma provisão completamente centralizada. Ademais, o processo descentralizador gerou em muitos governos subnacionais uma onda de democratização e inovação em políticas públicas.

Mas nem sempre a descentralização gerou os resultados positivos esperados. Governos locais não são necessariamente sinônimos de democratização nem de eficiência e o processo descentralizador por vezes gera efeitos negativos, como o aumento da desigualdade. No Brasil, a grande heterogeneidade entre os entes federativos, a parca tradição de provisão de serviços no plano local, a baixa profissionalização da burocracia, a pouca efetividade do controle público em estados e municípios, entre os principais aspectos, explicam os problemas da descentralização.

A esses aspectos deve-se acrescentar a ausência inicial, logo após a Constituição de 1988, de um projeto de construção da descentralização e da coordenação entre os entes federativos. As políticas públicas foram descentralizadas sem haver a preocupação de uma maior articulação intergovernamental, tampouco se levou em conta a heterogeneidade e a desigualdade presentes na Federação brasileira. Esse processo gerou três resultados negativos:

- a adoção de um modelo compartimentalizado de relações intergovernamentais, nas quais cada nível de governo atuava mais de forma autárquica do que compartilhada, uma vez que os custos da barganha federativa em prol da cooperação tornavam-se muito altos;
- o aumento da competição entre os governos subnacionais, em processos como a guerra fiscal ou o "jogo de empurra" das políticas públicas;
- a perda de uma visão mais sistêmica e/ou nacional das políticas públicas, num país bastante desigual e que, por conta dessa natureza, precisa de padrões básicos e de ações contra a assimetria dos entes federativos.

A agenda da governança federativa começou a mudar em meados da década de 1990. A partir do Plano Real, o governo federal recuperou poder e centralidade no jogo federativo. Primeiro, por meio da recentralização tributária. Também merece grande destaque a reformulação das relações federativas no plano financeiro, especialmente no que tange aos estados, que, após mais de uma década de irresponsabilidade fiscal, entraram praticamente em *default* em 1995, perdendo o poder de utilizar instrumentos predatórios para seu financiamento. Dessa situação advieram medidas como a intervenção nos bancos estaduais, a renegociação das dívidas dos governos subnacionais e, por fim, a aprovação da Lei de Responsabilidade Fiscal, em 2000.

Do ponto de vista das políticas públicas, o processo foi além de uma mera recentralização ou da redução de instrumentos financeiros predatórios. O objetivo era fazer com que a implementação das políticas de forma descentralizada respondesse melhor às questões da eficiência, efetividade e equidade. Para tanto, seria necessário criar padrões nacionais (baseados em metas, avaliação e por vezes premiações/punições), redistribuir recursos segundo critérios de desempenho e montar mecanismos de indução.

Em poucas palavras, tratava-se de coordenar federativamente as políticas públicas, o que levou o governo federal a um processo contínuo de legitimação junto a estados e municípios, embora com intensidades diferentes conforme o setor. Mesmo nos casos em que a participação da União foi inicialmente ou ainda é comparativamente mais hierárquica, crescentemente foram ganhando importância arenas e fóruns federativos nos quais os governos subnacionais procuram interferir no processo deliberativo. Articulações horizontais entre estados ou municípios e sistemas nacionais de políticas públicas ganharam importância.

Exemplos dessas ações de coordenação federativa iniciam-se com a montagem gradativa, ao longo da década de 1990, do Sistema Único de Saúde (SUS), que se transformou num caso paradigmático do que tem sido chamado de sistemas de políticas públicas, no qual o arranjo intergovernamental é peça-chave.

Na área de educação, houve inicialmente alterações no padrão de financiamento, com uma distribuição melhor dos recursos entre os municípios, em prol daqueles que aumentassem o número de alunos matriculados. Foram aprovados o Fundef, no governo FHC, e o Fundeb, no mandato de Lula, e criado o Ideb, para avaliar e monitorar padrões nacionais mensuráveis de desempenho educacional. Foi também criado o Plano de Ações Articuladas (PAR), o qual vincula o repasse de verbas à montagem de um planejamento estratégico para as políticas educacionais locais.

Outras áreas passaram por processos de coordenação federativa durante o período Lula, com destaque para o Ministério do Desenvolvimento Social. Nele, foi formulado e implementado o Bolsa Família, o qual, do ponto de vista federativo, tem duas funções: a redistribuição de renda e a articulação com as políticas de saúde e educação no plano local. Ainda vale ressaltar que, ao entregar os recursos diretamente à população, por meio de um cartão eletrônico, o Bolsa Família conseguiu ter um enorme impacto social sem precisar do exército de intermediários políticos locais, enfraquecendo elites oligárquicas que se beneficiavam de relações clientelistas e subservientes com o governo federal.

No plano institucional, a principal ação do lulismo para melhorar a articulação intergovernamental foi a aprovação, em 2005, do projeto que cria os consórcios públicos. Embora não tenha havido o crescimento esperado dessa modalidade de associativismo, recentemente foram constituídas experiências interessantes, como o Consórcio de Transportes do Grande Recife e a adoção obrigatória de consorciamento para governos locais que pleitearem recursos federais à política nacional de resíduos sólidos.

A coordenação federativa tem envolvido o enfrentamento de três desafios básicos para o aperfeiçoamento da administração pública brasileira. O primeiro diz respeito à conciliação de dois dos "mandamentos" mais profundos da Constituição de 1988: a expansão dos direitos (particularmente por meio de políticas sociais) e a implementação descentralizada da maioria das políticas, preferencialmente pelos municípios.

A dificuldade de juntar os dois processos encontra-se na baixa tradição dos governos locais em provisionar os serviços e programas governamentais, e nas dificuldades em expandir igualmente direitos num país marcado por fortes desigualdades territoriais. A resolução desse desafio de coordenação federativa passa pelo aumento das qualidades de gestão dos governos subnacionais, pelo estabelecimento de mecanismos que incentivem a ação conjunta das prefeituras de uma mesma área, como ainda pela criação de capacidades indutoras no plano federal.

O segundo desafio de coordenação federativa reside na compatibilização dos dois ideais presentes nas federações democráticas: o da autonomia e o da interdependência. Do ponto de vista da administração pública, essa situação pressupõe uma relação mais dialógica entre os níveis de governo, com espaços formais e informais para lidar com isso, e a criação de incentivos institucionais que favoreçam a atuação mais cooperativa e entrelaçada.

Por fim, a relação entre política e burocracia também traz desafios para a governança federativa. De um lado, relaciona-se com a melhoria dos instrumentos de *accountability* e gestão dos governos subnacionais. De outro, está vinculado com o sistema de intermediação dos parlamentares e políticos regionais presente no orçamento e na estrutura de cargos da máquina pública federal.

No que se refere ao primeiro ponto, ressalte-se que os governos estaduais começaram um ciclo de reformas da gestão pública em 1995, quando precisaram fazer um forte ajuste fiscal. Essa onda ganhou mais força a partir de 2003, momento em que alguns estados lideraram mudanças orientadas pela gestão por resultados e colocaram a agenda da gestão pública num patamar estratégico maior do que o presente no plano federal. Especialmente Minas Gerais e Pernambuco deram a essa questão um caráter integrador das ações governamentais, em vez do modelo fragmentado adotado no governo Lula.

Mesmo tendo dado menor prioridade à agenda da gestão pública, o governo federal sob o comando petista atuou também como impulsionador de reformas no plano estadual, por meio do Programa Nacional de Apoio à Modernização da Gestão e do Planejamento dos Estados Brasileiros e do Distrito Federal (PNAGE), ação que procurou diagnosticar a situação das máquinas públicas estaduais e lhes repassar recursos para melhoria da gestão. Esse avanço no campo da indução federativa em prol de reformas do Estado conviveu paradoxalmente com a falta de uma proposta integrada de gestão para a administração pública federal. A raiz disso talvez esteja não só na lógica mais fragmentada e baseada no princípio de que as "políticas puxam a gestão", como também se relaciona com os ditames do presidencialismo de coalizão e seus efeitos no Executivo federal.

Tal questão reaparece, ainda no plano da governança federativa, na distribuição de cargos e recursos federais por intermédio de congressistas e políticos regionais. Novamente, a resolução do imbróglio passa pela dinâmica da relação entre política e burocracia, desafio que será tratado na conclusão do capítulo.

2.3 Controle público

A Constituição de 1988 criou novas possibilidades de controle institucional do poder público, gerando instrumentos para fortalecer a *accountability* vertical e horizontal. A efetivação desses mecanismos, no entanto, não foi automática. A trajetória político-institucional do país nas duas últimas décadas consolidou e aperfeiçoou a responsabilização democrática, num caminho com percalços e aprendizados.

Do ponto de vista eleitoral, as eleições se tornaram, paulatinamente, mais competitivas, livres e limpas. Obviamente que esse processo não levou ao fim de fenômenos como o clientelismo, a oligarquização, a dificuldade de controlar os representantes e a corrupção. Mas, da situação inicial aos dias hoje, muitas melhoras houve. O fortalecimento do TSE, tanto no uso das urnas eletrônicas quanto no combate e punição das fraudes eleitorais, é inegável. As principais forças políticas já ocuparam as funções públicas mais importantes no plano federal e têm convivido bem com a alternância, num país que no século XX foi marcado pelo golpismo.

A *accountability* vertical avançou igualmente no campo do controle social. A Constituição e a legislação infraconstitucional propuseram a criação de diversos conselhos de políticas públicas. Continuando essa tendência, vários programas e políticas implantados nos governos FHC e Lula atrelaram o recebimento de recursos à montagem de mecanismos de participação e fiscalização locais.

Mais recentemente, no período Lula, as formas de participação social ganharam espaço no plano federal, particularmente com as Conferências Nacionais de políticas públicas. O uso desse instrumento participativo tem gerado quatro efeitos importantes: a inclusão de novos atores e assuntos à agenda nacional, a realização de debates que ajudam a amadurecer a política pública em questão, a criação de um mecanismo de pressão sobre o Executivo e a produção de projetos no Legislativo derivada dessa discussão. Dois outros exemplos recentes são a abertura à participação social na elaboração do Plano Plurianual (PPA) e a constituição do Conselho de Desenvolvimento Econômico e Social (CDES), popularmente conhecido como "Conselhão".

Obviamente que a participação social no plano federal é mais limitada do que a possibilidade de atuação no plano local, em razão da própria proximidade espacial dos cidadãos e das políticas afetadas. Além disso, o controle social muitas vezes é dificultado por falhas no campo da gestão, pois a falta de informação e de instrumentos de acompanhamento de resultados pode criar obstáculos para que cidadãos possam efetivamente fiscalizar o poder público. No governo Lula, houve uma ampliação dos mecanismos participativos, mas, por falta de uma agenda de gestão clara e de indicadores de desempenho, gerou-se o que já foi definido como um tipo de "controle social sem (capacidade de) *accountability*".

A ampliação dos mecanismos participativos é, evidentemente, um mérito da gestão Lula. Mas cabe frisar a dificuldade que o governo petista teve em lidar concomitantemente com a ampliação da democracia deliberativa e o jogo tradicional da democracia representativa brasileira, identificada nos padrões de relacionamento com o Congresso Nacional, baseados principalmente na troca de cargos e verbas por apoio.

Um dos campos de maior evolução institucional no âmbito federal foi o da *accountability* horizontal, em particular a vinculada ao chamado controle procedimental. Os alarmes de incêndio institucionais daí derivados conseguem captar, cada vez mais, os desvios do poder público. Com a Constituição de 1988, os órgãos de fiscalização ganharam maior autonomia, em particular o Ministério Público. Na década de 1990, o clamor social por maior transparência e *accountability* obrigou os governos e congressistas a melhorar o arcabouço legal. No início do século XXI, a aprovação da Lei de Responsabilidade Fiscal criou maiores obstáculos a ações perdulárias ao estilo "quebrei o estado, mas elegi meu sucessor". Finalizando essa trajetória de mudança, o governo Lula fortaleceu a Controladoria-Geral da União e a Polícia Federal, bem como, em paralelo, o TCU tornou-se mais ativo e poderoso.

Esse caminho não foi linear. As instituições andaram em ritmos diferentes e sua evolução foi vinculada tanto a fatores externos como internos. O Ministério Público Federal foi o que apareceu mais rapidamente nesse novo contexto de alarmes de incêndios, tornando-se rapidamente ativo na figura dos seus promotores, agentes com grande capacidade fragmentada e individualizada de nutrir o sistema de controle.

Ao longo da primeira década do século XXI, em particular no período Lula, o Ministério Público Federal passou por três importantes modificações. Primeiro, tem havido maior coordenação institucional e governança. Segundo, os procuradores-gerais da República escolhidos pelo presidente começaram a ter maior autonomia política e ampliaram o controle sobre o centro do poder. E, terceiro, o MP tem se preocupado mais em se articular com os demais órgãos de controle.

O controle externo teve avanços também no âmbito do Tribunal de Contas da União. Embora sofra do limite institucional de ter a maior parte de seus membros vinculada a uma escolha político-partidária e tenha, ademais, que definir, ano a ano, parcela de sua autonomia junto ao Congresso Nacional, o TCU vem ganhando importância como delimitador dos atos da administração pública federal.

Ao ter esse novo *status*, e assim incomodar mais o governo de ocasião, o TCU também começou a enfrentar maiores obstáculos às suas ações, em especial na **articulação** do Executivo com o Congresso, a cada ano, para delimitar as funções de órgão auxiliar do Legislativo que cabe ao Tribunal de Contas. Isso se dá principalmente no que se refere à paralisação de obras públicas e sua fiscalização.

Mais um choque estrutural enfrentado pelo TCU diz respeito à modalidade de controle. Esse aspecto envolve duas questões: uma são os conflitos com o controle interno em relação ao de campo de atuação de ambos, gerando muitas vezes redundância e fricção; a outra questão se relaciona com a tentativa de fazer controles *a posteriori* sem que tenha havido uma definição prévia dos critérios para avaliação dos gestores públicos. Aqui se identifica um ponto marcante nos últimos anos: há uma sensação na administração pública federal de que aumentaram os embates e a incongruência de objetivos entre gestão e controle.

Mudanças institucionais aconteceram igualmente em órgãos do Executivo federal incumbidos de atuar no campo do controle, com destaque especial para a Polícia Federal e a Controladoria-Geral da União. No caso da PF, não só houve um fortalecimento institucional interno muito grande, como também a instituição se concentrou no combate à corrupção.

A Controladoria-Geral da União (CGU) é uma novidade importante no campo do controle público federal. A importância que os temas da transparência e do combate à corrupção ganharam nos últimos anos obrigou o Executivo federal a montar uma máquina burocrática capaz de monitorar, de forma cada vez mais fina, o caminho dos gastos públicos. Muitos dos escândalos recentes vieram à tona a partir do trabalho da CGU. Sua ação de fiscalização não abrange apenas as ações centralizadas dos ministérios, mas também o uso de recursos federais pelos governos subnacionais, a partir do programa de sorteios para realização de auditorias, concentradas principalmente nos municípios.

Duas outras inovações institucionais foram feitas pela CGU. A primeira foi a construção do Portal da Transparência, que tornou mais cristalinas as ações federais para os cidadãos, em particular no campo do gasto público. Além disso, a CGU tem inovado no campo da preparação de gestores locais e membros da sociedade civil para aprender como controlar a gestão pública.

O Brasil criou, no plano federal, um robusto sistema de controles. Não obstante, essa transformação positiva não mudou a sensação de que o combate à corrupção tem sido um trabalho de Sísifo: os órgãos de controle levam a denúncia até o "cume da montanha", para que essa pedra volte ao mesmo lugar no dia seguinte.

A manutenção dessa situação deriva, em primeiro lugar, da incapacidade de o Judiciário lidar com a impunidade. Em segundo lugar, nem sempre esses órgãos atuam de modo a produzir um jogo de soma positiva. A grande questão está na dificuldade em estabelecer coordenação entre as instituições, algo que tem melhorado nos últimos anos, mas que ainda produz problemas de sobreposição, competição ou (principalmente) de descoordenação, de maneira que a *accountability* fragmentada pode prejudicar a qualidade da gestão e do próprio controle.

O controle institucional, ademais, teve avanços menores nos estados e municípios. Muito da impressão da generalização da corrupção se deve a fatos ocorridos no plano subnacional. É interessante notar que, se no plano dos estados a questão da gestão ganhou maior importância recentemente do que no plano federal, o controle, inversamente, foi muito mais central, sobretudo na era Lula, na União do que nos governos estaduais.

Ao olhar para o conjunto do período, especialmente para os dois mandatos do presidente Lula, é possível dizer que o controle avançou mais do que a gestão nos últimos anos. Esse fato explica muito das contradições e problemas recentes da administração pública federal. De um lado, melhor controle significa maior capacidade de encontrar desvios governamentais. De outro, gestão menos qualificada, em especial nas áreas não preferenciais do governo petista, facilitou a ocorrência de desmandos administrativos e atos corruptos. Em poucas palavras, o governo Lula permitiu, a um só tempo, o aumento da fiscalização institucional e a produção de um ambiente favorável, em determinados setores, à ineficiência e aos atos ilícitos.

Esse descompasso entre gestão e controle no nível nacional verifica-se, ainda, na convivência de duas realidades: a falta de definição de um modelo mais amplo de gestão por resultados para o conjunto da administração pública federal e, quase como uma consequência, a manutenção do modelo procedimentalista de controles como a forma por excelência da atuação da CGU e do TCU.

Para sair dessa armadilha do excesso de controle formal, o governo federal deveria optar mais firmemente e em todo o seu aparato por uma gestão orientada por resultados. Afinal, a fiscalização procedimentalista tem apontado os desvios e servido como bom alarme de incêndio, mas acaba por ter uma eficácia menor em inibir tais comportamentos.

O conflito entre controle e gestão, por fim, vincula-se também com a relação entre política e administração no plano federal, uma vez que a dificuldade de melhorar determinados ministérios ou de implantar um modelo geral de gestão passa pela mudança na forma como se monta o gabinete presidencial, distribuindo vários cargos à coalizão que não são selecionados nem estruturados em prol do melhor desempenho das políticas públicas.

3. Um olhar à frente

O panorama apresentado no capítulo revela, claramente, que a administração pública federal melhorou sensivelmente com o desenrolar da democratização recente do país. O governo FHC priorizou modificações e melhorias na gestão econômica do Estado, na introdução de mecanismos de avaliação de políticas, bem como iniciou um processo de ordenamento das políticas sociais no campo federativo. Além disso, propôs a reforma Bresser, um amplo paradigma de gestão pública, embora o Plano Diretor não tenha sido adotado na maior parte de suas proposições.

Já no período Lula a prioridade foi dada a inovações nos campos do combate à desigualdade, da participação social e da transparência e controle do poder público. Em relação ao primeiro ponto, as mudanças concentraram-se nas políticas sociais, em seus mecanismos de coordenação federativa, de monitoramento de resultados e de garantia de direitos aos mais carentes, tendo tido menos sucesso no processo de melhoria da provisão dos serviços de massa. O paradigma participativo ampliou o número de atores incluídos na esfera pública e na agenda de políticas públicas, além de ter sido incorporado a boa parte do processo de formulação. E o aumento tanto da transparência quanto do controle sobre o governo federal tem obrigado o Estado a se tornar mais *accountable*, embora isso por vezes realce as imperfeições político-administrativas da governança lulista.

Em ambos os períodos governamentais, ressalte-se, houve um aperfeiçoamento contínuo do processo de profissionalização meritocrática das carreiras de Estado, algo que se ampliou quantitativamente no governo Lula, apesar de ainda não abarcar algumas áreas dominadas ainda pelo perfil fisiológico e patrimonial. Vale citar que esse processo ainda carece de melhorias em termos de cobrança de resultados.

A realidade político-administrativa no plano subnacional também sofreu algumas alterações positivas, seja por processos de indução advindos do governo federal, seja por transformações brotadas dos próprios estados. Esse processo vem sendo disseminado horizontalmente em fóruns federativos. Não obstante tais avanços, os governos subnacionais, sobretudo os municípios e estados menos desenvolvidos, ainda precisam enfrentar uma extensa lista de desafios nos campos da gestão e do controle. Melhorar continuamente as relações intergovernamentais, incentivando parcerias da União com os outros entes, pode favorecer essa empreitada.

Na trajetória recente da gestão pública brasileira, o desafio que foi menos enfrentado diz respeito à relação entre política e administração. Não se trata de propor a velha dicotomia entre técnicos e políticos. Estudos recentes sobre o Brasil mostram a necessidade e a importância de critérios políticos no processo de nomeação e definição dos cargos de alto escalão. Afinal, a legitimidade democrática é essencial para avaliar o funcionamento de qualquer Estado contemporâneo. Além disso, não se advoga, aqui, a redução do multipartidarismo e da sua expressão consociativa.

Contudo, a experiência no plano federal revela um desbalanceamento entre a forma de preenchimento dos postos e a busca de melhoria do desempenho governamental. O ideal é construir um ambiente para que os *policy makers* respondam tanto aos ditames da política como os da administração. Tal ideal não vem sendo atingido a contento no Brasil. Isso se deve, primeiramente, ao excessivo número de cargos em comissão. Embora os governos FHC e Lula tenham aumentado as exigências para se assumir esses postos, a visibilidade do perfil dos ocupantes e as formas de responsabilizá-los ainda são precárias.

Em poucas palavras, é preciso criar mecanismos para selecionar melhor os cargos comissionados. Mesmo levando em conta a necessidade de se montar uma coalizão ampla no presidencialismo brasileiro, se a troca de postos por votos no Congresso Nacional obedecesse a um melhor processo de seleção, haveria mais dificuldades para o florescimento de disfunções como o fisiologismo, o aparelhismo partidário e a corrupção. Se o Executivo federal estabelecesse limites institucionais mais claros ao preenchimento do alto escalão, os próprios partidos seriam obrigados a profissionalizar seus indicados.

Eis aí um ponto essencial do debate negligenciado por aqueles que tratam da administração pública brasileira: falta modernizar a relação dos partidos com a gestão pública. Isso é uma empreitada essencial no plano local e também no federal, como ainda deve ser resolvida em sua manifestação no elo entre congressistas e suas bases locais. É preciso não só melhorar a qualidade das indicações aos cargos públicos, mas, sobretudo, convencer os políticos de que o aprimoramento da qualidade das políticas públicas sob critérios meritocráticos pode ser o grande instrumento de resposta aos eleitores.

Modernizar o presidencialismo de coalizão é tarefa para estadistas e grandes reformadores, como o foram o Plano Real, o Bolsa Família, o Portal da Transparência e outras inovações recentes. Só entrando nessa agenda da relação entre política e burocracia que poderemos mudar algumas causas profundas da ineficiência e da corrupção estatais, problemas que devemos atacar para fazer o que ainda está por ser feito.

Para ir além

ABRUCIO, Fernando Luiz. A coordenação federativa no Brasil: a experiência do período FHC e os desafios do governo Lula. *Revista de Sociologia e Política*, n. 24, jun. 2005.

____. *Os barões da Federação*: os governadores e a redemocratização brasileira. São Paulo: Hucitec; USP, 1998.

____. Trajetória recente da gestão pública brasileira: um balanço crítico e a renovação da agenda de reformas. *Revista Brasileira de Administração Pública*, Rio de Janeiro, v. 41, n. esp., p. 77-87, jan. 2007.

____; GAETANI, F. Avanços e perspectivas da gestão pública nos estados: agenda, aprendizado e coalizão. In: CONSAD, AVANÇOS E PERSPECTIVAS DA GESTÃO PÚBLICA NOS ESTADOS, 2006, Brasília.

____; PEDROTI, Paula Maciel; PÓ, Marcos Vinicius. A formação da burocracia brasileira: a trajetória e o significado das reformas administrativas. In: ABRUCIO, Fernando Luiz; LOUREIRO, Maria Rita; PACHECO, Regina (Org.). *Burocracia e política no Brasil*: desafios para a ordem democrática no século XXI. Rio de Janeiro: Fundação Getulio Vargas. 2010.

ALVES, Maria Fernanda Colaço. *Múltiplas chibatas?* Institucionalização da política de controle da gestão pública federal 1988-2008. Dissertação (mestrado) — Faculdade de Economia, Administração, Contabilidade e Ciência da Informação e Documentação, Universidade de Brasília, Brasília, 2009.

ARANTES, Rogério Bastos. *Ministério Público e política no Brasil*. São Paulo: Fapesp; Educ; Sumaré, 2002.

____. The Federal Police and the Ministério Público in the fight against corruption. In: POWER, Timothy; TAYLOR, Matthew (Org.). *Corruption and democracy in Brazil*. Notre Dame: University of Notre Dame Press, 2010. p. 184-217.

____; ABRUCIO, Fernando Luiz; TEIXEIRA, Marco Antonio Carvalho. A imagem dos tribunais de contas subnacionais. *Revista do Serviço Público*, Brasília, v. 56, n. 1, p. 57-85, 2005.

FRANZESE, C. *Federalismo cooperativo no Brasil*: da Constituição de 1988 aos sistemas de políticas públicas. Tese (doutorado) — Escola de Administração de Empresas de São Paulo, Fundação Getulio Vargas, São Paulo, 2010.

LÍCIO, Elaine; MESQUITA, Camila; CURRALERO, Cláudia. Desafios para a Coordenação Intergovernamental do Programa Bolsa Família. *Revista de Administração de Empresas*, v. 51, n. 5, p. 458-470, set./out. 2011.

LONGO, Francisco. *Revisando la agenda de gestión pública del gobierno federal de Brasil*: apuntes para El Ministerio de Planeamiento, Presupuesto y Gestión. Brasília: Secretaria de Gestão, MPOG, 2009.

LOUREIRO, Maria Rita; ABRUCIO, Fernando Luiz. Política e burocracia no presidencialismo brasileiro: o papel do ministro da Fazenda no primeiro governo Fernando Henrique Cardoso. *Revista Brasileira de Ciências Sociais*, São Paulo, v. 14, n. 41, p. 69-89, 1999.

PARTE 3
Transparência e controles democráticos

6 Portais do governo na internet: mais transparência?

Além do uso da tecnologia da informação, é preciso mais mecanismos institucionais que obriguem os governantes a prestar contas

Otávio Prado
Manuella Maia Ribeiro
Eduardo Diniz

1. A importância do tema

O governo eletrônico tornou-se um conceito importante no final dos anos 1990, impulsionado por dois fatores. O primeiro está associado à emergência do uso de tecnologias interativas como um fenômeno de massas, particularmente com a expansão da internet. O segundo foi a consolidação de modelos de modernização administrativa no setor público.

As definições de governo eletrônico variam muito. É comum associá-lo com o uso da internet para a prestação de serviços públicos, ou com o uso mais geral de sistemas informatizados na gestão dos processos internos na administração pública. Entretanto, é possível enxergar no conceito de governo eletrônico um potencial ainda mais amplo: o de aperfeiçoar o relacionamento entre governo e cidadãos. Afinal, sua base está no uso de ferramentas que aumentam a agilidade e a transparência na troca de informações na sociedade.

Com a Reforma do Estado, houve a emergência da *accountability* (prestação de contas) nos processos governamentais. Nesse contexto, e com a possibilidade técnica de publicação eletrônica a custo baixo e com amplo alcance, os programas de governo eletrônico alcançaram um patamar privilegiado para a promoção de uma governança mais aberta e transparente.

Mas ainda é necessário aprofundar a discussão sobre qual foi o grau de transparência efetivo com a implantação dos portais associados a programas de governo eletrônico. Assim, será possível entender melhor o processo de disponibilização ao público de informações a respeito das ações do governo, as quais influenciam a vida dos cidadãos. Este capítulo explora, de maneira sucinta, a relação entre os portais governamentais e o processo de transparência, no nível do governo federal, e como os mesmos estão inseridos dentro de um programa de governo eletrônico.

2. O estado da arte no campo

A Reforma do Estado no Brasil teve como um dos seus pontos centrais a busca de excelência e otimização dos processos internos do governo. Após a primeira geração de reformas, ocorrida ao longo dos anos 1980 e responsável pelo surgimento de programas de desregulamentação, privatizações, concessões e o estabelecimento de parcerias entre governo e iniciativa privada, surgiu uma segunda onda de mudanças a partir da década de 1990, centrada na temática de obtenção de maior eficiência administrativa e no aumento da participação da sociedade na gestão e provisão de serviços públicos.

Além da busca de melhorias no controle e na participação social, tais mudanças propunham uma gestão mais eficiente e, também, a relegitimação social e política do Estado. Nesse contexto, o governo eletrônico não se restringiria à simples automação dos processos e disponibilização de serviços públicos na internet, mas se estenderia à transformação da maneira pela qual o governo atinge seus objetivos.

Dessa forma, a importância do governo eletrônico para atingir os objetivos da Reforma do Estado mostra-se presente não só na preocupação com questões como o relacionamento com o mercado e com a redução dos custos de transação, mas, também, com a possibilidade de o governo eletrônico dotar a administração pública de maior transparência e *accountability*.

Nessa conceituação de governo eletrônico, associada à transparência e à *accountability*, ganha importância o conceito de governança eletrônica, já que o foco de atuação se expande em direção ao conjunto da sociedade, não se limitando a uma perspectiva voltada unicamente ao ambiente interno do governo, característico da primeira geração da Reforma do Estado. Ao tornar as informações públicas e dar transparência aos atos governamentais, o governo eletrônico associa-se ao compromisso democrático de prestação de contas.

É importante notar que, apesar de o tema da *accountability* ser relativamente frequente no debate internacional dos últimos anos, o termo não está precisamente definido na literatura. Além disso, ainda não há uma tradução dessa expressão para a língua portuguesa, ainda que muitos autores utilizem as expressões responsividade ou responsabilidade como traduções do termo original.

Para uma melhor compreensão do conceito, é possível estabelecer como ponto de partida algumas definições. A Organização das Nações Unidas (ONU) define *accountability* como "agir com responsabilidade e de forma responsiva ao mesmo tempo".

Accountability é um processo de mão dupla. Um governo é *accountable* se os cidadãos podem discernir entre governos representativos e não representativos e aplicar sanções ou incentivos apropriados, mantendo os bons governantes e destituindo os demais.

Podemos considerar dois tipos de *accountability*: um político e outro gerencial. A *accountability* política ocorre quando os responsáveis por desenhar ou conduzir políticas públicas prestam contas dos seus atos aos cidadãos. A *accountability* gerencial, avaliada dentro dos paradigmas da nova administração pública, se refere à prestação de contas dos gerentes em relação à consecução dos objetivos e metas definidos e/ou acordados nas políticas públicas, em especial quanto à alocação de recursos.

É fundamental que mecanismos internos e externos à administração regulem as ações do governo. No primeiro caso, situam-se os controles procedimentais clássicos, fiscalizados pelos próprios servidores públicos. No segundo, atuam tribunais de contas, auditorias independentes e o poder judicial. Ambas as ações podem tornar mais transparente a informação sobre o orçamento e o gasto público, potencializando a ação fiscalizadora da sociedade sobre o Estado.

Outro ponto essencial a respeito da transparência reside na própria formação da opinião pública. É importante que o público e também os grupos organizados da sociedade obtenham essas informações porque, de posse das mesmas, poderão interferir em caso de necessidade. A transparência dos governos constitui, portanto, o primeiro passo para a realização desse processo.

Percebe-se que, apesar de o conceito de *accountability* pressupor a existência de transparência, os dois não são sinônimos. O conceito de *accountability* é mais amplo, atingindo não somente a prestação de contas e a publicidade das ações dos governos, mas, também, a existência de mecanismos institucionais de controle da administração pública que possam gerar incentivos ou sanções, caso os agentes públicos cumpram ou não determinadas obrigações. A transparência das informações públicas é uma das etapas da *accountability*, assim como a prestação de contas e a responsabilização dos governantes.

Quanto ao uso das novas tecnologias para a promoção da transparência, embora se possa reconhecer seu poder para a concretização do ideal de um governo transparente, é preciso, antes de tudo, fortalecer as instituições, o sistema de representação política, aprofundar a democracia participativa, buscar o estabelecimento de consensos e a formulação de políticas públicas mais efetivas. Isso demanda, em princípio, a existência de governos responsáveis (*accountable*) e verdadeiramente democráticos.

Apesar dessas ressalvas, governos em todo o mundo utilizam a tecnologia da informação, em especial a internet, para prestar serviços, realizar transações, disponibilizar informações, entre outros. No Brasil, já existem experiências em todos os níveis de governo nesse sentido.

3. Principais resultados

3.1 Evolução do Programa Federal de Governo Eletrônico

A perspectiva histórica da criação e desenvolvimento do Programa Federal de Governo Eletrônico permite compreender como se deu sua institucionalização e como a questão da transparência foi incorporada ao programa ao longo de sua existência. O programa surgiu, no ano 2000, dentro do contexto da Reforma do Estado. O quadro 1 sintetiza as principais etapas de seu desenvolvimento, bem como as mais importantes ações do programa vinculadas à promoção da transparência.

Quadro 1
Etapas do desenvolvimento do Programa Federal de Governo Eletrônico

Fator/Marco	Data	Influência no Programa
Uso de tecnologias de informação nos processos de reforma do Estado	Final dos anos 1990	A possibilidade de uso das tecnologias de informação no auxílio às iniciativas de reforma coloca a questão da criação do programa de governo eletrônico como parte das ações do governo.
Bug do Milênio	1999	A articulação da Secretaria de Logística e Tecnologia da Informação (SLTI), integrante do Ministério do Planejamento, Orçamento e Gestão (MPOG), nas ações referentes ao "Bug do Milênio", promove um aprendizado sobre o uso das tecnologias de informação, assim como fornece a estrutura institucional e operacional necessária à criação do programa. Representa o marco institucional da criação do programa.
Criação do Grupo de Trabalho em Tecnologia da Informação (GTTI)	4/2000	Este GT interministerial foi criado com a finalidade de examinar e propor políticas, diretrizes e normas relacionadas com as novas formas eletrônicas de interação. Forneceu as bases para a criação do programa.
Criação do Programa	09/2000	A partir dos resultados dos trabalhos do GTTI, foi lançado um documento contendo a política de governo eletrônico, que iria estruturar a criação do programa e o estabelecimento de sua estrutura institucional.
Criação do Comitê Executivo de Governo Eletrônico (Cege)	10/2000	Criado com o objetivo de formular políticas, estabelecer diretrizes, coordenar e articular as ações de implantação do Governo Eletrônico, o Comitê marcou o compromisso do governo com o desenvolvimento do programa.
Suporte institucional do Cege	2000-02	A força política e determinação de Pedro Parente na condução das atividades do Cege foram decisivas na superação dos obstáculos iniciais do programa. Seu suporte na coordenação do Cege marca a consolidação do programa na agenda governamental.
Crise energética	2001-02	A crise energética brasileira ocasiona o deslocamento de Pedro Parente para a Câmara de Gestão da Crise. Isso causa a perda de destaque do programa no governo e a redução no ritmo das iniciativas. O programa deixa de ter prioridade.
Eleições presidenciais	2002	Como resultado do fortalecimento da candidatura de Lula, a prioridade governamental vincula-se aos programas de mais impacto perante a opinião pública e, após a derrota, à entrega de um governo com estabilidade macroeconômica. Com isso, ações de longo prazo, como o governo eletrônico, perdem prioridade.
Transição de governo	Final de 2002 e início de 2003	A descontinuidade de ações durante o período de transição afeta o programa. Surgem problemas de articulação institucional entre a SLTI e os demais Ministérios.

continua

Fator/Marco	Data	Influência no Programa
Secretaria de Logística e Tecnologia da Informação (SLTI) assume a coordenação informal do Cege	Início de 2003	A SLTI passa a ocupar o vazio deixado pela falta de reuniões do Cege, assumindo a coordenação "de fato" dos trabalhos do Cege.
Criação dos Comitês Técnicos (CTs)	10/2003	Os CTs são criados para dar suporte técnico ao Cege. Tornam-se as instâncias de discussão das políticas e de integração com os demais órgãos da administração pública federal.
Definição das novas prioridades do programa	5/2004	As novas prioridades colocam a questão do controle social e da promoção da cidadania como fios condutores do programa. O programa, todavia, começa a apresentar evidentes sinais de perda de prioridade na agenda governamental.
Criação do Departamento Governo Eletrônico (DGE)	7/2004	O DGE é criado para assumir algumas ações do programa, em especial quanto ao monitoramento e avaliação do desenvolvimento de projetos de governo eletrônico.
Criação do Portal de Convênios	9/2008	Com participação do DGE na sua criação, o Portal de Convênios representa uma das mais importantes ações do programa relacionadas à transparência.

Fonte: Autores.

O que se nota pela análise do quadro é que as ações mais importantes quanto ao desenvolvimento institucional do programa se concentraram no período que vai da sua criação, em 2000, até a definição das novas prioridades, em 2004. Podemos notar a existência de alguns fatores externos que contribuíram tanto para sua consolidação durante o governo de Fernando Henrique Cardoso, como para sua descontinuidade e perda de prioridade durante o governo Luiz Inácio Lula da Silva.

De forma sintética, o programa de governo eletrônico durante o governo FHC pode ser caracterizado por uma priorização dos objetivos da reforma do Estado, em especial a redução de custos e melhoria da eficiência do governo. Ao mesmo tempo, uma característica marcante foi sua inserção no *core* da agenda governamental e o suporte institucional do qual usufruiu durante o período, contando com o comprometimento dos escalões mais altos do governo e de dirigentes públicos em posições de liderança estratégica. Isso garantiu o apoio necessário ao seu desenvolvimento e consolidação, principalmente quando as ações do Comitê Executivo de Governo Eletrônico (Cege) eram diretamente supervisionadas pelo ministro da Casa Civil.

Com o início do governo Lula, uma das primeiras ações tomadas foi atribuir à Secretaria de Logística e Tecnologia da Informação (SLTI) as funções de secretaria executiva do programa de governo eletrônico, garantindo o apoio técnico-administrativo necessário ao funcionamento do Cege, assim como o suporte institucional para sua efetivação.

É importante destacar que, durante o governo FHC, o secretário da SLTI já exercia a função de secretário executivo do Cege, mas a atribuição da SLTI estava voltada às questões técnicas e de apoio aos grupos de trabalho. Com essa alteração, as ações do programa passaram a ser exercidas diretamente pela SLTI, o que causou certo esvaziamento do Cege. A falta de continuidade no início da gestão indicava que o programa não seria considerado prioritário pelo governo.

A mudança de diretrizes ocorreu apenas em 2004 e o programa passou de um foco interno à administração pública para o combate à exclusão digital e à ampla promoção de serviços à sociedade. Em julho de 2004, foi criado o Departamento de Governo Eletrônico (DGE), que passou a concentrar as atividades ligadas ao governo eletrônico a cargo da SLTI. Segundo o Ministério do Planejamento, Orçamento e Gestão (MPOG), com o novo departamento, o programa seria fortalecido. Os novos objetivos do programa traziam uma lógica de atuação diferente do governo anterior, já que a proposta envolvia a disponibilização de serviços e informações a um conjunto mais amplo da sociedade, voltando as ações da esfera interna do governo para sua relação com a sociedade.

Se havia menos interesse do novo ministro da Casa Civil, José Dirceu, em coordenar ações relativas ao programa por intermédio do Cege, algumas ações, porém, foram preservadas pela atuação das áreas mais técnicas, como os comitês técnicos. Ao mesmo tempo, destaca-se haver uma indefinição entre as prerrogativas e responsabilidades a serem exercidas pelo Cege e pelo órgão gestor do Sistema de Administração dos Recursos de Informação e Informática (Sisp), vinculado à SLTI, já que, institucionalmente, o Cege é responsável pela criação de resoluções e a SLTI, de portarias normativas.

Além disso, na avaliação do programa de governo eletrônico efetuada pelo Tribunal de Contas da União em 2006, já se apontava a indefinição entre o papel a ser desempenhado pela Secretaria de Comunicação Social da Presidência da República (Secom), na administração do portal oficial do governo brasileiro — Portal Brasil — e os demais portais vinculados ao programa de Governo eletrônico. Hoje a SLTI está voltada para a coordenação da área de serviços eletrônicos, enquanto a Secom tem seu foco nos portais de governo, como ferramenta de comunicação institucional.

Ao mesmo tempo, a ausência de coordenação política efetiva em nível estratégico pela Casa Civil, que preside o Cege, teve como resultado o enfraquecimento da função mobilizadora de coordenação do programa, que acabou sendo de responsabilidade somente da SLTI.

Resumidamente, o programa está, hoje, institucionalmente formatado, tendo o Cege como instância de coordenação estratégica, os Comitês Técnicos como instâncias consultivas de apoio ao Cege e a secretaria-executiva localizada na SLTI, na qual também está a gerência do programa de governo eletrônico. O DGE, apesar de ter sido criado para coordenar as ações do programa no âmbito do MPOG, foi responsável por apenas duas das 13 ações do programa que constavam do Plano Plurianual (PPA) do governo federal 2008-11, o que evidencia sua participação relativamente limitada na condução do programa.

Do ponto de vista do desenvolvimento institucional, as principais conjunturas críticas que atuaram como fatores positivos para o desenvolvimento do programa ocorreram durante o governo FHC. Uma é o evento do Bug do Milênio, desencadeador do movimento que levou à criação do programa. A outra é a atuação do Cege durante o período em que Pedro Parente esteve conduzindo diretamente as ações de coordenação estratégica do programa.

Entre as conjunturas críticas que atuaram como fatores negativos, temos a crise energética e as eleições presidenciais, que foram responsáveis pela diminuição de ações do programa e pela perda de prioridade no final da gestão de FHC.

No início do governo Lula, o programa, já afetado pela descontinuidade de ações e a perda de prioridade sofridas no final da gestão de FHC, manteve-se em um padrão relativamente constante de desenvolvimento. Os principais fatores, nesse período, foram a criação dos Comitês Técnicos, a passagem da coordenação "de fato" do programa para a SLTI, a criação do DGE e a definição das novas prioridades, que, no entanto, não ofereceram grandes avanços ao seu desenvolvimento.

O programa continuou sem ter grande relevância, passando a ser mais um programa, entre outros, de suporte às ações prioritárias do governo. Podemos dizer que, mais do que marcar novas inflexões, esses fatores apenas reforçaram o caminho que o programa estava tomando, qual seja, com um padrão de *path dependence* que se mantém no governo Dilma.

De forma sintética, pode-se constatar que nem todas as ações de governo eletrônico estão sendo gerenciadas, hoje, pelo programa. Isso indica que este não exerce mais o papel de articulador das iniciativas no setor. De fato, a popularização das tecnologias de informação e a falta de compromisso com uma política única levaram muitos órgãos a estabelecer suas próprias políticas, ainda que seguindo padrões comuns para a administração pública federal, definidos no âmbito do programa. Tais considerações não permitem inferir se houve menor desenvolvimento no uso das tecnologias de informação a partir da gestão Lula, apenas apontam que a coordenação do programa federal perdeu parte do seu papel de articulação política das ações em governo eletrônico, assumindo, cada vez mais, um papel técnico na condução do programa.

3.2 Considerações sobre os portais governamentais

Para ilustrar o uso das tecnologias de informação na ampliação da transparência do governo federal, podemos usar como exemplo os portais governamentais, em especial o ComprasNet, um portal de compras eletrônicas oriundo da gestão FHC, e o Portal da Transparência, criado durante a gestão Lula para prestar contas dos gastos. O primeiro caso representa uma experiência que faz parte do programa Governo Eletrônico, enquanto o segundo, não.

Ao disponibilizar informações sobre todas as licitações do governo federal, o ComprasNet garante a publicidade das compras tanto aos fornecedores quanto à sociedade. Já o Portal da Transparência se tornou o espaço virtual para a prestação de contas do governo. Além de disponibilizar dados sobre os gastos públicos, apresenta uma série de funcionalidades para explicar o funcionamento do governo e incentivar o controle social.

É inegável que os portais na internet têm se convertido em um importante instrumento para a promoção da transparência, principalmente por facilitarem o acesso e concentrarem informações que poderiam estar dispersas junto a vários órgãos. Ainda que, em alguns portais, o acesso aos dados e serviços desejados demande o redirecionamento para outros *websites*, sua existência facilita muito a obtenção de informações e serviços por parte da população.

No entanto, apesar de, por exemplo, a criação do Portal da Transparência melhorar a disponibilização de informações, não é possível afirmar que sua existência tenha tornado o governo mais transparente. Isso porque, em última instância, a responsabilidade pela divulgação de informações é atribuição de cada órgão, cabendo ao Portal apenas centralizar o acesso às informações.

Conforme informações presentes nos próprios portais, o Portal da Transparência é atualizado mensalmente de acordo com dados repassados pelos órgãos do governo federal, enquanto os editais e procedimentos licitatórios do ComprasNet são atualizados diariamente.

4. Os impactos do estudo e um olhar à frente

Pode-se perceber que nem todas as ações de tecnologia de informação para promoção da transparência estão vinculadas ao programa federal de governo eletrônico, e isso decorreu não só pelo fato de o governo Lula ter colocado a questão do controle social e da promoção de cidadania como prioridade na reformulação de diretrizes do programa, em 2004.

Como mostram tanto essas diretrizes como suas ações atuais, o programa de governo eletrônico tem sido direcionado para atuar como um ordenador (ou regulamentador, em alguns casos) das iniciativas de provisão de serviços, que são de responsabilidade dos prestadores dos serviços, assim como de formulador de normas técnicas ligadas às tecnologias de informação. Seu compromisso com a transparência e controle social está quase, unicamente, restrito ao gerenciamento do Portal Rede Governo e à elaboração de diretrizes para sites na internet, como é o caso do Portal de Convênios, do Portal da Transparência e do Portal Brasil.

Na questão de como o governo eletrônico pode promover a transparência, uma das discussões mais importantes é se a disponibilidade de informações no site por si só promove transparência ou se a mera implantação de um programa de governo eletrônico implica aumento de transparência governamental. Estudos sugerem que não: isso só ocorreria de fato com a existência de mecanismos institucionais que obriguem os governantes a prestar contas de seus atos ao conjunto da sociedade, e com a existência de "vontade política" dos governantes para criação de uma agenda voltada para a transparência.

Ao realizar uma pesquisa sobre os portais de governo eletrônico dos estados no Brasil, José Antonio Gomes Pinho concluiu que, apesar das possibilidades trazidas pelas modernas tecnologias de informação, os governos não as utilizam em proporção ao seu potencial. Ou seja, o problema não é tecnológico, mas de cultura e desenvolvimento político.

Portanto, as tecnologias de informação não serão promotoras da transparência por si só, já que também dependem de uma cultura de transparência em que, por um lado, a sociedade esteja disposta a controlar e entender o poder público e, por outro, este esteja interessado em agir em prol do acesso à informação. Embora seja evidente que o uso das tecnologias de informação tenha revolucionado a forma de atuação do governo, não parece tão seguro afirmar que isso tenha tornado os governos mais transparentes ou democráticos, como indica grande parte da literatura. Para que isso ocorra, é necessária a existência de condições político-institucionais que favoreçam a transparência.

Para efetivar essa transparência, é preciso instaurar mecanismos que forcem a prestação de contas das informações de cada órgão. Uma das possíveis estratégias é deixar exposto à opinião pública o órgão que não prestar contas, com a informação das datas e atrasos para entrega das informações. Outra é a criação de índices de transparência para avaliação de cada área governamental.

Quanto aos mecanismos de imposição da prestação de contas, uma das possibilidades é a regulação do acesso à informação pública, principalmente, por meio de legislações, nos moldes das Freedom of Information Law. Atualmente, mais de 80 países no mundo já regulamentam o acesso aos dados governamentais, como EUA, México, Bulgária, Uganda, Peru e Japão.

No Brasil, a despeito da ausência de leis específicas, existe no âmbito federal a Lei Complementar nº 131/2009, conhecida como Lei de Transparência, que obriga os entes a publicarem suas informações na internet, e a Lei nº 12.527/2011, conhecida como Lei de Acesso à Informação Pública.

A primeira promove o direito do acesso às informações públicas por meio de uma emenda à Lei de Responsabilidade Fiscal (Lei Complementar nº 101/2000), que obriga a todos os entes públicos no país informarem a respeito de suas despesas e receitas. A segunda prevê a regulamentação do acesso às informações governamentais, conforme previsto na Constituição de 1988.

Para ir além

BARBOSA, A. et al. Electronic government in Brazil: a historical perspective of its development based on a structured model of analysis. In: INTERNATIONAL CONFERENCE ON E-GOVERNMENT, 3., 2007. Montreal. *Anais...* Montreal: Université du Québec, 2007.

CLAD. Centro Latinoamericano de Administración para el Desarrollo. *La responsabilization en la nueva gestión pública latinoamericana.* Buenos Aires: Eudeba, 2000.

DINIZ, E. H. *Uso do comércio eletrônico em órgãos do governo.* São Paulo: FGV-Eaesp, 2000. (Relatório de pesquisa/FGV/Eaesp/NPP, n. 18)

O'DONNEL, G. Accountability horizontal e as novas poliarquias. *Lua Nova*, São Paulo, n. 44, p. 27-52, 1998.

OSPINA, S.; GRAU, N. C.; ZALTSMAN, A. Performance evaluation, public management improvement and democratic accountability: some lessons from Latin America. *Public Management Review*, Londres, v. 6, n. 2, p. 229-251, 2004.

PINHO, J. A. G. Investigando portais de governo eletrônico de estados no Brasil: muita tecnologia, pouca democracia. *Revista de Administração Pública*, Rio de Janeiro, v. 42, n. 3, p. 471-93, maio/jun. 2008.

PRADO, O. *Governo eletrônico, reforma do estado e transparência*: o programa de governo eletrônico do Brasil. Tese (doutorado em administração pública e governo) — Escola de Administração de Empresas de São Paulo, Fundação Getulio Vargas, São Paulo, 2009.

PRZEWORKI, A.; STOKES, S. C.; MANIN, B. (Org.). *Democracy, accountability and representation*. Nova York: Cambridge University Press, 1999.

RIBEIRO, M. M. Como o governo eletrônico pode aumentar a transparência das compras governamentais? In: CONGRESSO DO CONSELHO NACIONAL DE SECRETÁRIOS DE ESTADO DE ADMINISTRAÇÃO (CONSAD) DE GESTÃO PÚBLICA. *Anais...* Brasília, DF: Consad, 2008.

WELCH, E.; WONG, W. Global information technology pressure and government accountability: the mediating effect of domestic context on website openness. *Journal of Public Administration Research and Theory*, Lawrence, v. 11, n. 4, p. 509-538, 2001.

7 A corrupção: desvendando mitos e compreendendo a realidade[1]

Versões morais e moralistas escamoteiam o fato de que a raiz da corrupção está na apropriação do Estado por interesses privados provenientes do sistema político

Francisco Fonseca

1. A importância do tema

Corrupção é um termo usual entre os cidadãos — de classes sociais distintas —, que demonstram, mesmo em posições assimétricas na esfera socioeconômica, percepções relativamente semelhantes acerca deste fenômeno. A corrupção tornou-se tema tão candente nas sociedades que as próprias universidades têm se dedicado à sua análise, em diversas direções.

Este capítulo objetiva refletir sobre o fenômeno da corrupção por meio da análise de um conjunto de mitos que têm sido criados como forma pseudoexplicativa de sua existência e manifestação na sociedade. Consequentemente,

---

[1] Este texto, aqui aprofundado e retrabalhado, foi inspirado no artigo que escrevi para o jornal *Le Monde Diplomatique Brasil*, intitulado "A corrupção como fenômeno político" (set. 2011). Além disso, ele expressa e incorpora os instigantes debates havidos no campus da Unesp, em Franca, e na Fundap, em 2012, acerca da corrupção, eventos esses articulados pela professora Rita de Cássia Biason, a quem agradeço aos convites para participar de ambos.

procura-se reenquadrá-lo na moldura interpretativa do sistema político, o que implica observá-lo como fenômeno essencialmente político, notadamente no Brasil, lócus de análise deste texto.

2. Análise dos mitos

As denúncias de corrupção que assolam os governos brasileiros desde a redemocratização são interpretadas por diversos atores sociais e políticos — com maior ou menor grau de sofisticação — de diversas formas, mas em larga medida vinculadas a algum mito, o que implica baixa capacidade explicativa.

Particularmente a grande mídia brasileira — composta por atores político/ideológicos seletivos quanto à cobertura ou não de casos e processos de corrupção — tem agido, na última década, como se a corrupção fosse característica do atual agrupamento político que está no poder federal. Tudo se passa como se pessoas de caráter duvidoso se locupletassem do Estado em favor de seus interesses pessoais e grupais.

O julgamento do chamado "mensalão" reforça essa "tese", ao mesmo tempo que o escândalo protagonizado pelo "caso Cachoeira" — objeto de uma CPI no Congresso Nacional — representa a antítese dessa interpretação, uma vez que os principais partidos políticos (governistas e de oposição) demonstraram, em seções federativas específicas, envolvimento com o contraventor Carlos Cachoeira. Mais ainda, parte substantiva da coalizão partidária que sustenta o governo no plano federal é a mesma de seu predecessor. Logo, não se trata de ações vinculadas a um partido ou a uma coalizão específica, como querem fazer crer certos intelectuais e parte da mídia. Além disso, casos de corrupção denunciados pelo Ministério Público envolvendo instituições como o Banestado e figuras como o banqueiro Daniel Dantas, apenas para citar dois exemplos, envolveram diversos segmentos políticos, de certa forma não distinguindo partidos políticos.

Essa maneira de veicular denúncias e indícios, e sobretudo de interpretá-los, não apenas contribui para estigmatizar grupos políticos — no limite de sua criminalização, o que atenta contra a democracia — como, fundamentalmente, reafirma muitos dos mitos acerca do fenômeno da corrupção.

Em direção contrária a essa, há um conjunto de avanços institucionais que vêm ocorrendo na sociedade brasileira desde a redemocratização que aparelham o poder público e a sociedade para combater a corrupção: a promulgação de Constituição extremamente democrática e inclusiva; a ampliação inédita dos poderes, exercidos de forma independente, do Ministério Público, cuja prerrogativa de iniciar um processo mesmo sem provas concretas implica grande inovação institucional; a criação da Corregedoria-Geral da União (CGU), com grande poder fiscalizatório no que tange ao uso de verbas federais; o papel mais ativo dos Tribunais de Contas no controle sobre as contas públicas; a utilização das modernas ferramentas de tecnologia da informação pelos governos, facilitando a fiscalização dos recursos; a maior mobilização da sociedade politicamente organizada, o que traz impactos quanto ao chamado controle social; entre outros.

Se tanto o Estado como a sociedade, cada qual a seu modo, estão mais aparelhados tendo em vista que a democracia implica, no dizer de Norberto Bobbio, "o poder público em público", quais as razões para, mesmo na atual quadra democrática, o cidadão médio brasileiro ter a percepção de um alto grau de corrupção? Como compreender essa disjuntiva?

Particularmente o chamado "senso comum", mas também o debate público, e em menor medida o universo acadêmico parecem acreditar em certos fatores estruturantes, muitos dos quais remetidos à história, e que na verdade representam mitos criados. Vejamos alguns deles, ressalvando, contudo, que não temos a pretensão de esgotar todas as mitificações construídas, e sim traçar um panorama:

a) "Natureza" humana

Um "argumento" inicial refere-se à compreensão da corrupção como algo inerente à *"natureza" humana*, dada sua existência em todos os países e desde tempos imemoriais. Tudo se passa como se o ser humano tivesse em seu DNA características constitutivas, inerentes, portanto imutáveis, relacionadas à "ganância", ao "poder pessoal", entre outros atributos que diversas linhagens do pensamento político deram contornos teóricos, casos, entre outros, de Maquiavel (embora com nuances importantes), Hobbes e os Federalistas — nestes dois últimos casos, com arranjos institucionais bastante distintos, mas com o fio condutor da "maldade" humana, o que os aproxima. Embora não haja nenhuma evidência antropológica de um "DNA psicossocial da humanidade", o fato é que esta versão se espalha vigorosamente entre o senso comum e mesmo entre pesquisadores.

b) Legado da colonização

Já vinculado à história brasileira, um mito bastante enraizado diz respeito ao *legado da colonização portuguesa no Brasil*, pois marcado pela essência patrimonialista, coronelista e patriarcal, em contraste ao "poder local" e ao "espírito de comunidade" provindos da tradição anglo-saxã e vangloriados por Tocqueville e outros autores "comunitaristas".

Trata-se de imagem acerca da "inferioridade" da cultura e dos povos ibéricos, em comparação aos seus congêneres anglo-saxões, com consequências políticas e culturais nefastas a suas colônias, caso do Brasil. Nesse sentido, haveria um legado histórico que teria se inserido no próprio *modus operandi* dos povos das ex-colônias, uma vez que constitutivo delas, o que implicaria jamais suplantá-lo.

Estaríamos, portanto, condenados à corrupção endêmica, "típica dos povos ibéricos": essa visão demonstra, além do mais, forte preconceito cultural e seu poder explicativo, em termos racionais, inexiste. A colonização portuguesa teria, por fim, miscigenado três raças completamente distintas, erigindo um tipo humano racial e culturalmente inferior: inúmeras teses eugenistas se basearam nessa falsa biologia para desferir sua visão de mundo eurocêntrica e biologizante do homem.

c) Cultura brasileira

Em decorrência do mito anterior, a corrupção seria consequência da *cultura brasileira*, que não teria, mesmo após eventos políticos estruturantes, como a Independência e a República, conseguido separar a esfera pública da esfera privada, mantendo-se a cultura do país presa às "raízes do Brasil", conforme a análise culturalista de Sérgio Buarque de Holanda e outros. Aqui, o universo miscigenado brasileiro, em várias dimensões, notadamente racial — tão criticado por perspectivas eugenistas do início do século XX e mesmo por pensadores como Oliveira Viana —, teria impregnado a cultura e as instituições com sua "amoralidade macunaímica": nesse sentido, a obra de Mario de Andrade é ironicamente sintética e crítica dessa perspectiva.

d) O mau caráter de grupos políticos

Já o mito do *caráter (i)moral de grupos específicos que alçam ao poder* foi a versão notabilizada pela União Democrática Nacional (UDN), partido político dos anos 1940-50, comandado por Carlos Lacerda, que se tornou *intérprete retórico* da política como moral — moral esta observada seletivamente —, proveniente das relações pessoais. A maneira de fazer política da UDN fora marcada pelas denúncias de mazelas do poder público e pela invocação de valores éticos e morais (típicos da vida privada) na vida pública, notadamente contra o varguismo (em contraste à permissividade com os próprios correligionários).

É curioso observar que essa versão é bastante divulgada pela mídia contemporânea brasileira, com a mesma seletividade de então. Um exemplo contemporâneo dessa seletividade (ora moral, ora amoral) foi o processo de privatização, nos anos 1990, em que, apesar de um sem-número de denúncias e indícios de corrupção no processo como um todo (o que inclui o estabelecimento do preço das empresas públicas a serem privatizadas) e na modelagem em particular (aceitação, por exemplo, das chamadas "moedas pobres" como moeda válida), foi sistematicamente negligenciado pela grande imprensa brasileira em razão de seu apoio absolutamente incondicional à mesma. A análise moralista aqui — que enxerga a corrupção como consequência do estatismo, num processo que se imiscui às teses neoliberais — aparece como fator explicativo para a necessidade de privatização, mas seus intérpretes a invocam seletivamente, uma vez que a própria privatização foi envolta em espessa névoa quanto à transparência e à equidade no que tange ao processo que a viabilizou.

e) Ilha de elites políticas

Outro mito refere-se à *separação entre as elites políticas, que comandam partidos, e a sociedade como um todo*, ocultando, como é conveniente aos mitos, que, na democracia, as elites políticas que galgam ao poder são guindadas pelos eleitores, sendo, nesse sentido, reflexo, direto e/ou indireto, dos votos que saem das urnas. Embora o sistema partidário (como veremos) seja eivado de vícios, seria impossível a radical separação de valores e comportamentos dos políticos em relação aos eleitores e à sociedade. Trata-se de visão bastante simplista, mas muito difundida, em razão da imagem da "corrupção inescapável" dos que chegam ao poder, ou de inexplicável e inconcebível, na democracia, autonomia dessas elites perante os eleitores.

f) Ausência de educação formal

Um dos mitos mais difundidos refere-se à *ausência de base educacional formal sólida* como fator explicativo aos comportamentos contrários ao *ethos* republicano, isto é, corruptos. Esse mito desconsidera, por exemplo, as diversificadas formas de "tráfico de influência", entre as quais o "crime do colarinho branco", ação típica das elites formalmente educadas, como as mais graves quanto aos impactos e por serem praticadas por pessoas "cultas" em relação à educação formal. Consequentemente, o mote do senso comum — transmitido aos universitários — "a educação é a base de tudo" enxerga na educação formal um papel equalizador, republicano e democrático que, contudo, não tem e não pode ter, uma vez que a escola é também reflexo da sociedade, com todas as suas virtudes e mazelas, mesmo que seja um ambiente mais propício, em tese, à reflexão. Ressalve-se que não se está, de forma alguma, nem longinquamente, advogando a não importância da educação formal e da escola, e sim examinando seu real papel na sociedade, particularmente no Brasil.

Mais ainda, os meios de comunicação de massa — no contexto das "sociedades informacionais" — concorrem, com larga superioridade quanto aos impactos, com a educação formal e com a escola, uma vez que sua capacidade de incutir valores e comportamentos, inclusive estéticos, é desmesurada, ainda mais em países como o Brasil, em que não há qualquer responsabilização desses meios, embora sejam concessões públicas.

g) Ausência de leis e instituições

Um último mito construído, de caráter institucional, refere-se à *ausência e/ou fragilidade do marco legal e das instituições* capazes de fiscalizar, controlar e punir os casos de malversação dos recursos públicos, como se as leis e instituições não funcionassem no país, o que implica desconsiderar os inegáveis avanços institucionais desde 1988, como mencionamos, e que devemos reiterar, tais como o novo papel do Ministério Público, com poderes inéditos de fiscalização na história brasileira, desde 1988; as funções fiscalizatórias, também inéditas, da CGU, com seus inúmeros aparatos de controle interno; as Defensorias Públicas estaduais, que contribuem para o acesso à Justiça aos mais pobres; os novos papéis dos Tribunais de Contas; entre outros marcos legais e instituições organizados a fim de exercer os controles internos e externos. No caso dos aludidos controles sociais, há novas e infindáveis possibilidades de organização de entidades da sociedade politicamente organizada em que um dos papéis é fiscalizar e controlar ações do Estado.

Esse conjunto de imagens míticas negligencia que a corrupção, em graus distintos, existe em todos os países, sendo, portanto, também um fenômeno sociológico. Mais ainda, deve-se ressaltar que tais imagens, com suas nuanças e adaptações, são disseminadas na sociedade brasileira, seja entre as elites, seja entre os cidadãos pobres, tornando-se senso comum. É interessante, nesse sentido, notar como as chamadas elites tendem a comungar dos valores do senso comum quando o assunto em tela é o fenômeno da corrupção.

Em contraste às considerações "humanas", culturalistas, moralistas, generalizantes e pouco refletidas — todas elas via de regra preconceituosas e extremamente simplificantes —, torna-se fundamental examinarmos o fenômeno da corrupção à luz do sistema político e, nesse sentido, como um *fenômeno intrinsecamente político*, isto é, que se refere ao modo como o sistema político brasileiro está estruturado. É o que veremos a seguir.

3. Análise da realidade

A estrutura do sistema político brasileiro tem como lógica perversa a *privatização* da vida pública, diferindo-se, portanto, do sentido moralista analisado acima. Alguns exemplos demonstram esse postulado: embora haja o financiamento público aos partidos, por meio do fundo partidário, o financiamento das campanhas políticas é essencialmente privado, o que é legal pela legislação brasileira. Contudo, dá-se a disseminada prática do caixa dois, com todas as suas variações, cujo montante não contabilizado excede em muito os valores legais, tornando a disputa eleitoral fortemente desigual; o sistema partidário é fortemente flexível desde a redemocratização, tornando a criação de e fusão entre partidos algo corriqueiro.

Isso torna a vida partidária, para grande parte dos 32 partidos existentes atualmente, um grande balcão de negócios. Daí surgirem expressões, no jargão político brasileiro, tais como "partido de aluguel", "venda do tempo na TV e no rádio", "o preço das alianças", entre outras, em razão das campanhas eleitorais e da necessidade de se governar por maiorias. Tais alianças partidárias (pré e/ou pós-eleições) implicam a distribuição de nacos de poder do Estado, mas têm por trás fundamentalmente intrincada e contraditória cadeia de interesses privados empresariais, de tamanhos e graus distintos.

Tais dinâmicas, eleitoral e de governabilidade, tendem a fazer dos partidos políticos representantes de interesses privados setoriais. O imperativo de se governar por meio de amplas coalizões, em razão da fragmentação dos sistemas partidário e eleitoral, implica a construção de alianças sem qualquer caráter programático, assim como a necessidade de as coalizões vitoriosas, nos três níveis da Federação, alocarem no poder seus diversos grupos componentes.

Tais processos questionam e tensionam fortemente a coerência das políticas públicas e a busca de uma práxis política que se aproxime da "res pública", na medida em que se estabelecem redes de relações e de interesses privados, notoriamente empresariais, que têm nos partidos políticos sua correia de transmissão. Essas características levam os partidos a realizarem cálculos políticos à luz das regras em que o "jogo é jogado", caso queiram ter chances de vitória, não tendo, dessa forma, interesse em alterá-las, o que implica um círculo vicioso.

Em razão dos interesses cristalizados e da dinâmica estabelecida entre os partidos e elites políticas, a reforma política, embora crucial e imperiosa, é difícil de ser efetivada, caso do *financiamento público* das campanhas que, se acompanhado por leonina institucionalidade quanto à fiscalização e punição do uso de recursos privados, poderia contribuir vigorosamente para "desprivatizar" a relação dos partidos com o Estado.

Afinal, dada a histórica apropriação dos recursos públicos pelas distintas elites — ao longo do tempo —, somente uma arquitetura político/institucional aberta à participação de membros da sociedade politicamente organizada, que atue junto a uma burocracia de carreira controlada por meios internos e externos, além da revisão dos marcos legais referentes à apropriação indevida de recursos públicos, poderia fazer do financiamento público um instrumento legitimado, respeitado e que impacte significativamente a vida política.

É claro que uma tal desprivatização não se daria por mágica, em que os interesses privados desaparecessem da vida pública; no capitalismo, tais interesses lhe são inerentes, mas é possível diminuí-los e se estabelecerem novos parâmetros, em que o privatismo seja, ao menos, controlado e amenizado. Note-se que a separação entre interesses públicos e privados foi uma das promessas não cumpridas da democracia, conforme a esclarecedora obra de Norbeto Bobbio. Dessa forma, o núcleo da reforma política deve se estruturar na "desprivatização" da vida pública e no "aumento da representatividade e da responsabilidade" dos partidos, o que implicaria a diminuição de seu número.

É pauta permanente do Estado brasileiro, que corre em paralelo à reforma política, pois se refere à transparência, à publicização, à participação popular e ao republicanismo: conceitos caros à democracia.

Note-se que, por mais avanços que a sociedade e o Estado estejam experimentando desde a redemocratização, notadamente a partir da promulgação da Constituição de 1988, ainda permanece enorme *opacidade*: quanto ao encobrimento de poderosos esquemas de tráfico de influência; quanto às informações, que deveriam ser públicas, mas não o são, como no caso de contratos de difícil acesso estabelecidos entre o Estado e os agentes privados; em relação à linguagem da administração pública, que continua hermética aos cidadãos comuns, a começar pelo orçamento; quanto aos mecanismos do chamado "governo eletrônico", que não são voltados ao controle do Estado — o que implicaria controlar o poder dos agentes privados associados à burocracia e a segmentos dos políticos eleitos, e não apenas à prestação de serviços; no que tange ao processo licitatório, que é flagrantemente burlado pela própria natureza oligopólica da economia brasileira, sobretudo nas obras "públicas" que envolvem bilhões de reais; quanto à não existência no país da "cultura política" de prestação de contas, por mais que avanços sejam observados desde a redemocratização e mesmo pela intensa mobilização da sociedade politicamente organizada no Brasil.

Deve-se esclarecer que se entende por *cultura política* os valores, tradições históricas, hábitos e comportamentos referidos à esfera pública e perpetuados, com adaptações e rupturas, ao longo do tempo. Tal conceito demonstra que os comportamentos individuais têm como lastro o passado histórico, que por seu turno remete à dialética entre bases materiais e culturais da dominação na longa trajetória brasileira. Tal conceituação afasta-se das postulações morais, moralistas e culturalistas em razão da suposta autonomia do âmbito cultural que essas visões pressupõem perante as relações sociais e econômicas concretas, analisadas no início deste texto.

Deve-se destacar, por seu turno, a recente aprovação da Lei de Acesso às Informações Públicas, uma vez que possibilita avançar na prestação de informações ao cidadão comum. Embora haja céticos quanto à aplicação da Lei, se trata de um incomensurável avanço.

Contrariamente, documentos secretos, tanto da "Guerra do Paraguai" como da ditadura militar do pós-1964, continuam secretos e sigilosos, sem clara perspectiva de publicização. Tais exemplos demonstram as dificuldades interpostas por segmentos burocráticos, militares e políticos à democratização da informação no Brasil, sobretudo quanto ao passado. Ainda nessa linha, a chamada democratização da mídia — em razão de seu caráter privado, mas que se autoconcebe "funções" públicas — historicamente não avança no Brasil, uma vez que seus proprietários, defensores, em tese, da publicização do Estado, a rejeitam vigorosamente quanto à sua própria atividade, contrariando princípios democráticos.

4. Um olhar à frente

A partir de breve inventário dos mitos disseminados acerca da corrupção, e de suas fragilidades explicativas, que, contudo, encobrem seu entendimento como fenômeno intrinsecamente ligado ao sistema político, e paradoxalmente ganhem "legitimidade", procurou-se analisar a estrutura do sistema político concretamente na vida brasileira. Deve-se ressaltar que, além do mais, as imagens e versões morais e moralistas escamoteiam os efeitos da extrema desigualdade social no Brasil, bem como a apropriação do Estado pelas e para as elites.

A ainda vigente opacidade do Estado — embora com outros contornos, cujos exemplos são o orçamento hermético; os contratos "públicos" não publicizados; as informações "teoricamente" públicas, mas que vicejam em sistemas decisórios pouco claros; e a ainda pouco institucionalizada participação popular — decorre, portanto, do caráter essencialmente político e histórico desse fenômeno.

Como complemento necessário desse processo, o financiamento privado (legal e ilegal), a dinâmica eleitoral, o sistema partidário extremamente fluido e a lógica das alianças tornaram o sistema político brasileiro arranjo indutor de corrupção, apesar dos enormes avanços políticos/institucionais, societários e tecnológicos vivenciados pela sociedade brasileira pós-1988.

Mesmo com todos os avanços, a interpretação mitificante continuou grassando. Já a existência da corrupção no período democrático não pode obstaculizar o fato de que, diferentemente da ditadura militar, em que tudo era opaco, na democracia há canais infinitamente maiores de publicização, assim como de punição.

O fato de o cidadão comum brasileiro ter dificuldade de antever claramente a linha divisória entre o público e o privado decorre fortemente da forma como o Estado e as classes sociais foram historicamente estruturados, o que implicou sua apropriação por elites distintas ao longo do tempo, não se tratando, portanto, de um fenômeno moral, como muitos ainda creem.

A perspectiva que examinamos procurou ir às raízes da corrupção — distanciando-se da superfície imagética —, sendo para tanto iluminada pela análise do sistema político brasileiro, uma vez que a corrupção é essencialmente um fenômeno político, reitere-se.

Por fim, cabe salientar que a abordagem política acerca da realidade — sendo a questão da corrupção parte dessa realidade — implica analisar os fenômenos de maneira multidirecional. Isto é, ao mesmo tempo que há avanços em determinados setores ou segmentos, podem ocorrer retrocessos ou permanências deletérias em outros setores. Especificamente no tocante à corrupção, há inegáveis avanços quanto à transparência do Estado — embora haja grande espaço para ampliá-los, por meio de portais, ferramentas do chamado "governo eletrônico", legislação, instituições e acordos internacionais dos quais o Brasil é signatário.

Por outro lado, a lógica do sistema político permanece a mesma, sem qualquer reforma significativa desde a redemocratização: nunca é demais relembrar que o atual sistema político foi arquitetado pela ditadura militar e levado a efeito no início dos anos 1980. Em outras palavras, a vida política brasileira, como vimos, permanece essencialmente privatizada, por meio do financiamento privado, legal e ilegal, das campanhas. Mais ainda, o multipartidarismo flexível — neste momento há 32 partidos legais no país, reitere-se, e cerca de 30 partidos em processo de legalização — impõe a lógica das coalizões que, por seu turno, trava reformas amplas e profundas, uma vez que governar implica ceder espaços de poder, programas governamentais e princípios. Inegavelmente isso amplia a margem para processos de corrupção. Afinal, amplas alianças requerem um sem-número de acordos e barganhas que colocam em questão o sentido "público" das políticas "públicas", da esfera "pública", da res "pública".

Todo esse processo leva à consideração de que a análise política implica necessariamente "compreender realisticamente a realidade" — no sentido de Maquiavel. Isso leva à reflexão da realidade a partir de vetores multidirecionais: combinações simultâneas entre avanços, permanências e retrocessos.

A análise acerca do êxito no combate à corrupção implica, portanto, a não ilusão quanto ao progressivo — unidirecional — avanço em todos os campos que intercedem nesse fenômeno, assim como o seu contrário: o não avanço. Portanto, a análise política implica a capacidade de desvendar mitos e de compreender a realidade de forma multifacetada e multidirecional. Aqui, o papel das instituições e da reforma do sistema político são essenciais, pois são elementos estratégicos à compreensão do fenômeno e de seu enfrentamento.

Para ir além

AVRITZER, L.; FILGUEIRAS, F. (Org.). *Corrupção e sistema político no Brasil*. Rio de Janeiro: Civilização Brasileira, 2012.
BOBBIO, N. *O futuro da democracia*: uma defesa das regras do jogo. Rio de Janeiro: Paz e Terra, 2000.
BYONDI, A. *O Brasil privatizado*: um balanço do desmonte do Estado. São Paulo: Perseu Abramo, 2003.
CASTELLS, M. *O poder da identidade*. Rio de Janeiro: Paz e Terra, 2000.
FEDERALISTAS. Várias edições.
FONSECA, F. *Liberalismo autoritário*: discurso liberal e práxis autoritária na imprensa brasileira. São Paulo: Hucitec, 2011.
____. Mídia e poder: interesses privados na esfera pública e alternativas para sua democratização. 2010. Disponível em: <www.ipea.gov.br/sites/000/2/livros/2010/Livro_estadoinstituicoes_vol2.pdf>.
____. *O consenso forjado*: a grande imprensa e a formação da agenda ultraliberal no Brasil. São Paulo: Hucitec, 2005.

GRAMSCI, A. *Cadernos do cárcere*. Rio de Janeiro: Civilização Brasileira, 2000. 5 v.

GUEDES, A.; FONSECA, F. *Controle social da administração pública*: cenário, avanços e dilemas no Brasil. São Paulo: Editora Unesp, 2007.

HOBBES, T. *Leviatã*. Várias edições.

HOLANDA, S. B. *Raízes do Brasil*. Várias edições.

JOHNSTON, M. *Syndromes of corruption*. Wealth, power, and democracy. Cambridge: Cambridge University Press, 2005.

KRUEGER, A. The political economy of rent-seeking. *American Economic Review*, v. 64, 1974.

Maquiavel, N. *O príncipe*. Várias edições.

ROSE-ACHERKMAN, Susan. *Corruption and government-causes, consequences, and reform*. Cambridge: Cambridge University Press, 1999.

TOCQUEVILLE, A. *A democracia na América*. São Paulo: Cia. Nacional, 1969.

8 Como a administração pública é fiscalizada no Brasil

Órgãos da burocracia, como tribunais de contas e Ministério Público, têm substituído o Congresso Nacional no papel de controlar os governantes

Rogério Bastos Arantes
Maria Rita Loureiro
Cláudio Couto
Marco Antonio C. Teixeira

1. A importância do tema

O controle sobre os governantes (tanto dos que foram eleitos quanto dos funcionários públicos) é uma exigência fundamental para o bom funcionamento da democracia representativa. De modo geral, espera-se que nas democracias a conduta dos governantes e os resultados de suas políticas sejam passíveis de verificação e sanção permanentes. Neste texto, pretendemos analisar alguns mecanismos de fiscalização e controle da administração pública no Brasil atual, enfatizando duas questões básicas: 1) Como se controla e o que é controlado? 2) Como os governantes são controlados?

A resposta a essas questões exige a prévia análise das diferentes formas ou mecanismos institucionais de responsabilização política do poder público em face da sociedade para garantir (ou tentar garantir) que os governantes atuem, de fato, como representantes do povo. É o que os autores de língua inglesa denominam de *accountability* democrática.

A primeira forma de *accountability* diz respeito ao processo eleitoral, por meio do qual os eleitores podem recompensar ou punir seus representantes, conforme seu desempenho anterior. É também chamada de *accountability* vertical, pois se dá entre os eleitores e os eleitos.

A segunda forma de *accountability* tem a ver com a percepção de que o processo eleitoral tem muitas limitações para realizar o objetivo de controle dos governantes, inclusive durante o mandato. Para isso, foram criadas instituições de controle intraestatal, de divisão de poderes (os chamados *checks and balances*) que fornecem os mecanismos de fiscalização contínua dos representantes eleitos — durante o exercício de seus mandatos — e da alta burocracia cobrando responsabilidade sobre suas decisões.

Por fim, a terceira forma de *accountability* democrática relaciona-se à criação de regras estatais intertemporais, pelas quais o poder governamental é limitado em seu escopo de atuação para garantir que os direitos individuais e coletivos não possam simplesmente ser alterados pelo governo de ocasião.

Estas três formas de *accountability* existem em todos os países democráticos contemporâneos. Sua consecução depende da utilização de instrumentos institucionais e da existência de condições sociais, políticas e culturais capazes de dar um alicerce estrutural à democracia e a suas formas de responsabilização política. O quadro 1 resume as diferentes formas de *accountability* democrática, seus respectivos instrumentos institucionais e precondições.

Quadro 1
Accountability democrática

Formas de Accountability	Instrumentos Político--Institucionais	Precondições
Processo eleitoral	Sistema eleitoral e partidário Debates e formas de disseminação da informação Regras de financiamento de campanhas Justiça eleitoral	Direitos políticos básicos de associação, de votar e ser votado Pluralismo de ideias (crenças ideológicas e religiosas) Liberdade de imprensa e possibilidade de se obter diversidade de informações

continua

Como a administração pública é fiscalizada no Brasil

Formas de Accountability	Instrumentos Político-Institucionais	Precondições
Controle institucional durante o mandato	Controle parlamentar (controles mútuos entre os poderes, CPIs, arguição e aprovação de altos dirigentes públicos, fiscalização orçamentária e do desempenho dos órgãos de governo, audiências públicas etc.) Controle judicial (controle da constitucionalidade das leis e atos normativos pelo Judiciário, ações civis públicas e medidas extrajudiciais do Ministério Público etc.) Controle administrativo-procedimental (Tribunal de Contas e/ou Auditoria Financeira) Controle do desempenho dos programas governamentais Controle social (Conselhos de usuários dos serviços públicos, plebiscito, Orçamento Participativo, mídia ativa e independente etc.)	Transparência e fidedignidade das informações públicas Burocracia regida pelo princípio do mérito (meritocracia) Predomínio do império da lei Independência das instituições de justiça Existência de condições sociais e culturais que estimulem a participação da sociedade civil e dos cidadãos individualmente, valorizando o controle social sobre o poder público Criação de instâncias que busquem o maior compartilhamento possível das decisões ("consensualismo")
Regras estatais intertemporais	Garantias de direitos básicos pela Constituição (cláusulas pétreas) Segurança contratual individual e coletiva Limitação legal do poder dos administradores públicos Acesso prioritário aos cargos administrativos por concursos ou equivalentes Mecanismos de restrição orçamentária Defesa de direitos intergeracionais	Sistema de *checks and balances*, com separação e controle mútuo entre poderes

Fonte: Adaptado de Abrucio e Loureiro (2004).

Essa classificação não diverge daquela construída pelo argentino Guillermo O'Donnell, uma das principais referências no assunto. Segundo o autor, a responsabilização democrática procura aliar dois mecanismos: de um lado, os relacionados à *accountability* vertical, na qual os cidadãos controlam de forma ascendente os governantes, por meio do voto para escolher seus representantes, em plebiscitos sobre matérias substantivas ou ainda pelo controle social exercido, por exemplo, em conselhos de usuários de serviços públicos; de outro, os vinculados à *accountability* horizontal, que se efetivam mediante a fiscalização mútua entre os poderes ou por meio de outras agências governamentais que monitoram e fiscalizam o poder público, como os Tribunais de Contas e o Ministério Público brasileiros.

Com relação à diferenciação de formas de *accountability* — processo eleitoral, controle institucional durante o mandato e regras estatais intertemporais —, ela é importante não só porque mostra diferentes caminhos para se buscar alcançar os ideais democráticos, mas também porque permite compreender com clareza que a responsabilização dos governantes será mais efetiva na medida em que haja uma articulação das três formas, com seus respectivos instrumentos e condições garantidores no campo de qualquer política pública.

Assim, o processo eleitoral é o ponto de partida mais importante de um governo democrático. Por meio das eleições, concretizam-se não só o princípio da soberania popular, mas também o de controle dos governantes, pois os eleitos precisam, de tempos em tempos, prestar contas de seus atos aos cidadãos. No entanto, o bom desempenho democrático não é assegurado apenas pelo sufrágio popular. Primeiro, é preciso que sejam asseguradas condições básicas para sua realização: liberdades de expressão, reunião e associação, tolerância entre opiniões divergentes — à exceção daquelas que se coloquem contra os princípios da democracia —, disponibilidade de informações ao conjunto do eleitorado e garantia do próprio direito de voto a todos os cidadãos, os quais não poderão ser impedidos de participar da eleição.

O processo eleitoral depende também da criação de regras que tornem mais fidedigna a relação entre representantes e representados. É preciso, desse modo, constituir adequados instrumentos de *accountability* para a realização do sufrágio popular. Entre eles, destacam-se a escolha do sistema eleitoral, fundamental para garantir uma representação a mais justa possível da vontade do eleitorado; a existência de órgãos independentes que preservem a lisura do pleito; o uso de mecanismos para estimular a disseminação das informações e do debate sobre as alternativas colocadas à população; o estabelecimento de regras de financiamento de campanha que evitem o abuso do poder econômico e delimitem uma situação de relativa igualdade entre os concorrentes, além de assegurar a transparência dos gastos eleitorais.

A democratização do poder público deve ir além do voto, pois este, por si só, não consegue garantir o controle completo dos governantes. As eleições não contêm nenhum instrumento que obrigue os políticos a cumprir suas promessas de campanha, e a avaliação do seu desempenho só pode ser feita de forma retrospectiva nas votações seguintes. Desse modo, é preciso constituir instrumentos de fiscalização e participação dos cidadãos nas decisões de caráter coletivo tomadas pelos eleitos durante o exercício de seus mandatos. E, à luz de nosso argumento central neste texto, também os ocupantes de cargos públicos não eleitos e os burocratas devem estar sujeitos a estes mecanismos, por conta de sua crescente importância na definição dos rumos das ações estatais.

O exercício do controle estendido no tempo, que vai além da eleição e afeta o mandato dos eleitos, é fortemente condicionado pela transparência e visibilidade dos atos do poder público. Mesmo que a transparência não seja condição suficiente, ela é necessária para o controle dos governantes. Como se perguntou singelamente o filósofo italiano Norberto Bobbio: "Como o governo poderia ser controlado mantendo-se escondido?".

Com relação aos instrumentos de *accountability* que podem ser utilizados durante o mandato, cabe indicar que eles envolvem o controle parlamentar, exercido pelo Legislativo sobre o Executivo, os controles judiciais, os controles administrativos e financeiros e diferentes formas de controle social.

Este capítulo pretende analisar os controles exercidos pelo Legislativo, pelos Tribunais de Contas e pelo sistema de justiça sobre a administração pública e o pessoal do Estado no Brasil após 1988. Com isso, procura contribuir para que possa se fazer um balanço do quadro de controles democráticos da administração pública no Brasil.

2. Principais resultados

Analisaremos o controle da administração pública pelo Legislativo, Tribunais de Contas e Judiciário e Ministério Público, considerando as pesquisas mais relevantes realizadas após o processo de democratização.

2.1 O controle pelo Legislativo

O controle parlamentar da burocracia pública no Brasil é exercido por meio de fiscalização orçamentária, da participação na nomeação de integrantes da alta burocracia, da instauração de comissões de inquérito para averiguar possíveis equívocos em políticas públicas e/ou atos de improbidade administrativa.

Para que o parlamento tenha sucesso na utilização desses instrumentos, é preciso que ele contenha um conjunto de capacidades institucionais, no que se refere às competências legais, à autonomia financeira e à qualidade de seu corpo técnico. Além disso, necessita-se de uma classe política que, baseada numa cultura cívica democrática, dê valor à atividade fiscalizatória do parlamento.

De fato, a Constituição de 1988 e os regimentos internos do Senado e da Câmara estabeleceram instrumentos que permitiram ao Congresso Nacional controlar a administração pública, tanto com relação a atos de corrupção e malversação de recursos públicos, mas igualmente com relação à eficiência e efetividade na gestão das políticas públicas.

Apesar disso, o Legislativo no Brasil não exerce efetivamente o controle como sua atividade importante e incorporada à sua rotina de atividades. Uma possível explicação para a modesta atuação do Congresso brasileiro no controle da administração pública seria a fragilidade do Legislativo em face do Executivo: contando o presidente com mecanismos decisórios que lhe permitem pautar os trabalhos no Congresso e obter amplo sucesso na aprovação da agenda encaminhada ao Legislativo, o parlamento se vê numa condição de subalternidade e pouca condição de exercer qualquer controle efetivo sobre o Executivo.

Essa hipótese explicativa, contudo, não dá a devida importância a uma especificidade crucial da relação entre os dois poderes no Brasil: o Congresso não deixa de atuar como uma instância controladora *do* Executivo; o que ele não faz é exercer esse controle sobre a administração pública, antes atuando como um controlador político-partidário das ações do Executivo. Noutros termos, o Legislativo exerce controle sobre o Executivo; entretanto, esse controle é efetuado sobre as autoridades *políticas* do Executivo, não sobre os burocratas. Daí a relevância dada pelo Congresso às atividades fiscalizatórias que mais se prestam a esse controle político partidário, as Comissões Parlamentares de Inquérito (CPIs) e a convocação de ministros de Estado.

Segundo os dados do Senado Federal, desde 1988 até 2009, 15 CPIs funcionaram na Casa, além de 14 CPMIs (Comissões Parlamentares Mistas de Inquérito, nas quais Câmara e Senado atuam conjuntamente). Na Câmara dos Deputados, segundo dados da própria Casa, foram nada menos que 34 CPIs entre 1999 (51ª legislatura) e o primeiro semestre 2009 (53ª legislatura). Entre a promulgação da nova Carta (outubro de 1988) e novembro de 1999, houve 222 convocações de ministros de Estado — sobretudo os titulares da área econômica.

Essa vitalidade demonstrada pelos parlamentares para o exercício do controle sobre os membros políticos do Executivo não tem se reproduzido na atuação sobre a burocracia pública. Isto ocorre, muito provavelmente, porque é a atuação oposicionista a principal motivação para o exercício da *accountability* horizontal, mas esta se dá vinculadamente à competição político-partidária, sem ter em vista o controle parlamentar da administração. Ademais, o Executivo dispõe de controles internos que têm sido os verdadeiros instrumentos de escrutínio do funcionamento da administração pública, não tendo o Congresso Nacional se aparelhado de forma a poder atuar paralela ou conjugadamente a essa estrutura montada pelo Executivo. Por fim, também o Ministério Público tem se mostrado mais diligente nessa atuação, de maneira que os parlamentares parecem perceber que teriam poucas condições de concorrer com ele.

2.2 O controle pelos Tribunais de Contas

Os controles exercidos pelos tribunais de contas (ou instituições similares de auditorias independentes) inserem-se nos sistemas de *accountability* durante os mandatos para concretizar a fiscalização administrativo-financeira das ações governamentais. O objetivo do controle administrativo-financeiro é verificar se o poder público efetuou as despesas da maneira como fora determinado pelo orçamento e pelas normas legais mais gerais, tais como os limites para endividamento, a vinculação orçamentária a determinadas áreas etc.

O ponto central dessa fiscalização é a probidade, tendo como finalidade não permitir o mau uso dos recursos públicos e, sobretudo, a corrupção. Esse instrumento de responsabilização permite não só acompanhar e avaliar os procedimentos, mas também examinar os aspectos substantivos que envolvem a eficiência e a efetividade das políticas públicas, o que representa uma das maiores novidades em termos de *accountability* nas democracias contemporâneas.

O novo aqui não é tanto os atores que fiscalizam, e sim o que se procura fiscalizar. Nessa nova modalidade, os governantes eleitos e os burocratas serão avaliados substantivamente pelo cumprimento das metas propostas. Além disso, a condição para o êxito desse mecanismo é a transparência governamental, peça-chave para a *accountability*.

No Brasil, os tribunais de contas (TCs) surgiram historicamente com a República, sendo concebidos como órgãos de assessoria técnica do Legislativo em sua atividade de controle das contas públicas. Apesar de sua denominação de "tribunais", não são órgãos judiciais. Suas atribuições constitucionais ampliaram-se ao longo da história republicana e a capacidade de maior efetividade de sua ação oscilou em função das mudanças do regime político e da vulnerabilidade do Legislativo à interferência do Executivo.

A Constituição democrática de 1988 (daqui em diante, CF88) transferiu para o Legislativo a indicação da maioria dos dirigentes dos TCs (o que antes estava nas mãos do Executivo) e atribuiu à população poder de denunciar irregularidades junto aos tribunais de contas. Também ampliou as funções desses órgãos para incluir o controle de desempenho, a prerrogativa de elaborar parecer técnico sobre a tomada de contas do Executivo e a realização de auditorias de desempenho das políticas públicas, superando a atuação de cunho estritamente legalista, que sempre os caracterizou. O controle concomitante ao desenvolvimento da política pública ou do projeto possibilita a correção de eventuais erros no decorrer do processo.

Aos TCs também cabe manifestação acerca da legalidade das licitações em caráter prévio, evitando, assim, benefícios a determinados grupos econômicos. Com relação à gestão de pessoas na administração pública, a CF88 trouxe um conjunto importante de atribuições, como a apreciação da legalidade dos contratos de admissão de pessoal, da concessão de aposentadorias, reformas e pensões.

A CF88 também permitiu a geração de uma série de inovações institucionais, tais como a criação das ouvidorias e das escolas de contas, a participação da sociedade civil na fiscalização e a melhoria na transparência das contas governamentais.

Além dessas mudanças, a promulgação da Lei de Responsabilidade Fiscal (LRF) ampliou a função fiscalizatória dos TCs, atribuindo-lhes o papel de seu guardião. A partir de então eles passam também a controlar os limites de gastos com pessoal em todas as esferas da Federação e em cada um dos poderes.

Embora esses avanços sejam importantes, eles têm convivido com as práticas tradicionais de nepotismo e corrupção, ainda presentes nesses órgãos, a despeito de serem constitucionalmente definidos como guardiões do patrimônio público. Os inúmeros exemplos dessas práticas frequentemente denunciadas na imprensa exprimem os limites de nossas instituições democráticas, que não têm sido eficazes nos mecanismos de fiscalização de seus próprios órgãos de controle, ou seja, não conseguem controlar seus próprios guardiões.

Diante dessa situação, cabe indagar se os TCs estão sendo capazes de reduzir as irregularidades na execução orçamentária, na celebração de contratos com entidades privadas, na contratação e aposentadoria de pessoal e nos demais atos da administração pública. Ou seja, como funciona, de fato, a fiscalização desses órgãos sobre a administração pública?

A resposta conclusiva a essa pergunta exigiria a avaliação do desempenho e da efetividade (dos efeitos concretos) dos atos dos TCs, isto é, o acompanhamento específico e sistemático de todos os processos de controle realizados por esses órgãos no país e de seus impactos.

Na medida em que tal tarefa exigiria muito mais pesquisa, este texto trará apenas alguns indicadores que possam apontar tendências. Assim, apresentaremos aqui análises relativas exclusivamente ao TCU, já que não existem dados disponíveis para os demais TCs do país.

Tomando o relatório anual de atividades do TCU para o ano de 2007, observa-se que, do total de processos apreciados sobre gestão de pessoas (contratações, demissões, aposentadorias etc.), a parcela considerada irregular girou em torno de 3% a 4% nos anos de 2005, 2006 e 2007. Isso significa que o nível de irregularidade é relativamente baixo quando comparado às demais atividades fiscalizadas, sobretudo aquelas relativas à tomada de contas do Executivo, à fiscalização de obras e à verificação da legalidade de contratos e licitações.

Com relação ao julgamento de contas, essa atividade atinge todos os tomadores de despesas da administração pública federal (do presidente da República a qualquer gestor público autorizado a efetivar gastos). As contas consideradas irregulares pelo TCU em 2007 atingiram 7% do total e aquelas denominadas "regulares com ressalvas" (que exigem correções) atingiram 27%. Entre as contas regulares com ressalvas incluíram-se algumas do Poder Executivo federal (relativas à falta de controle das transferências voluntárias para estados, municípios e organizações sociais cujas contas ainda estão pendentes de aprovação; e ainda ao descumprimento de limites legais para dotações de despesas correntes autorizadas no orçamento).

Os números mais significativos referem-se, porém, às fiscalizações de obras. O relatório do TCU indica também que, das 235 fiscalizações realizadas em 2007, 199 (quase 85%) tinham irregularidades graves com recomendação de sua paralisação. Entre as irregularidades, destacam-se aquelas relativas a superfaturamento, processo licitatório, ausência de projeto básico e questões ambientais.

Outra dimensão importante a ser destacada na análise do papel dos TCs no controle da administração pública se refere ao fato de que o controle depende das relações que os tribunais estabelecem com demais atores do sistema político. Do total das atividades do TCU, uma parte grande (em torno de 50%) refere-se a rotinas de auditoria, inspeção, tomadas de contas e prestação de contas. Outra parte (quase 48%) é dependente de representação feita por outros órgãos do Estado (principalmente os que compõem o sistema de justiça) e de denúncias originárias da sociedade (cidadãos, partidos políticos e organizações sociais).

Chama a atenção que, das atividades fiscalizadas pelo TCU, aquelas resultantes de solicitações provenientes do Legislativo (relativas a informações, documentos, pareceres etc.) são de número ínfimo: menos de 2% do total de processos instaurados em 2007. As solicitações de fiscalização em obras e em atos administrativos feitas pelo Congresso representam apenas um terço (236) do total, sendo os outros dois terços (487) de iniciativa do próprio TCU, conforme dados do mesmo relatório de 2007.

Mesmo parciais, esses dados revelam a autonomia das atividades do TCU em relação ao Legislativo, órgão a quem deve assessorar tecnicamente, conforme determinação constitucional. Isso reitera as observações efetuadas anteriormente, relativas à fragilidade deste poder no controle da administração pública. Além de variáveis que possam ser encontradas na própria lógica de funcionamento do Legislativo, a autonomia do TCU em relação ao Congresso se baseia no fato de aquele órgão ter dotação orçamentária própria, capacidade de autorregulação (leis orgânicas próprias) e de estabelecer vínculos diretos com o sistema de justiça, com os partidos políticos, sindicatos, ONGs e, inclusive, com o cidadão comum, por meio das Ouvidorias que vêm funcionando crescentemente como canal de interlocução direta com a sociedade.

Assim, não nos parece arriscado afirmar que, se a capacidade fiscalizatória do Legislativo sobre a administração pública é bastante frágil, o mesmo não ocorre com relação ao TCU. Depoimentos colhidos em órgãos do governo federal indicam, aliás, que "os funcionários temem mesmo é a fiscalização do tribunal de contas". Ou seja, a despeito de sua limitação, os dados aqui trazidos apontam que o controle administrativo-financeiro exercido parece estar sendo mais eficiente.

2.3 O controle pelo Judiciário e pelo Ministério Público

Nas democracias que adotam efetivamente o princípio dos *checks and balances*, o sistema de separação de poderes costuma reservar lugar de destaque ao Judiciário, atribuindo-lhe a tarefa de controlar os demais poderes em algumas dimensões básicas de seu funcionamento. A atribuição de papéis de controle a órgãos judiciais reflete justamente aquela desconfiança em relação aos poderes políticos e à qualidade das decisões quando tomadas apenas com base na regra da maioria. Mais recentemente, temos assistido a uma ampliação da participação do Judiciário e do Ministério Público (MP) no controle dos atos dos poderes Executivo e Legislativo.

O sistema brasileiro de *judicial review* pode ser considerado um dos mais descentralizados e acessíveis entre os países que adotam essa forma de recurso ao Judiciário. Minorias políticas e grupos de oposição têm recorrido com bastante frequência à justiça — especialmente ao seu órgão de cúpula, o STF — contra medidas legislativas e atos normativos governamentais que afetam a ordem constitucional do país.

Desde a promulgação da CF88, mais de 4 mil Ações Diretas de Inconstitucionalidade (ADINs) foram movidas junto ao STF. Sem pretender examinar aqui os resultados concretos dessas ações, é razoável afirmar que o controle judicial tem funcionado como uma extensão do processo político e que boa parte dos conflitos relativos a regras do jogo democrático — entre poderes e no âmbito da Federação — tem sido resolvida pelo STF.

Descendo do nível constitucional para analisar as instituições judiciais de controle sobre a formulação e implementação de políticas públicas, cabe observar que, no Brasil, a CF88, ao constitucionalizar políticas públicas, teve o efeito de carrear para o Judiciário controvérsias não resolvidas na seara política relativas à implementação de políticas governamentais.

São cada vez mais comuns hoje decisões do STF que vão além da simples declaração de constitucionalidade ou não de leis e dos atos normativos e enveredam por condições de exequibilidade da medida governamental levada a juízo, transformando assim a suprema corte numa espécie de *policymaker* suplementar, de tipo judicial. Ou seja, a expansão da justiça no terreno das políticas públicas é um dos principais elementos da chamada judicialização da política. Esse fenômeno tem se dado no país não só pela constitucionalização de políticas públicas, mas por mudanças institucionais e no ordenamento jurídico infraconstitucional que abriram espaço à representação judicial de direitos e interesses difusos, coletivos e individuais homogêneos.

Embora leis anteriores tivessem iniciado o reconhecimento de tais direitos, foi a Lei nº 7.347/1985, da Ação Civil Pública, que abriu o ordenamento jurídico à sua defesa. Com essa lei confirmada pela CF88, meio ambiente, direitos do consumidor e patrimônio histórico e cultural passaram a ser definidos como direitos difusos e coletivos e desde então têm sido objeto de ações coletivas na justiça, promovidas por associações civis e principalmente pelo MP. É por essa via que o MP tem atuado como fiscal de políticas públicas, uma vez que essa nova legislação autoriza a instituição a cobrar e contestar políticas implementadas pelos governos nos três níveis da Federação.

Essa nova legislação representou uma verdadeira "revolução processual" de acesso à justiça no Brasil e conferiu vantagens institucionais importantes ao MP em relação às associações civis, na representação tutelar dos direitos difusos e coletivos. Entre outras prerrogativas que conferiram posição privilegiada ao MP, temos o inquérito civil público e a possibilidade de conduzir Termo de Ajustamento de Conduta (TAC). Esses dois instrumentos, por incidirem sobre a política e sobre os agentes públicos, podem ser considerados expedientes de responsabilização política extrajudicial. Entretanto, seus críticos apontam que seu uso pelo MP tem padecido do mesmo mal que eles procuram sanar. Ora, como os inquéritos civis e os TACs conduzidos pelo MP não estão sujeitos a controles (de fiscalização ou supervisão) por parte de outras instituições, seus autores não estão submetidos a mecanismos externos de *accountability* e de responsabilização, podendo incorrer em excesso de discricionariedade ou mesmo abuso de poder.

Por fim, cabe destacar que o controle sobre os ocupantes de cargos públicos é o que apresentou avanços significativos nos últimos 20 anos de política brasileira, ao contrário do que diz o senso comum. Se os problemas da má conduta administrativa e particularmente da corrupção política são de fato nossos velhos conhecidos, as inovações institucionais recentes têm ampliado a capacidade de fiscalização e controle por parte de nossa rede de instituições de *accountability*.

No terreno judicial e policial, novas formas e processos de combate à corrupção e à improbidade administrativa merecem destaque. A rigor, o enquadramento dessa questão pode se dar de três formas principais. Pela via política, o ato de corrupção é considerado crime de responsabilidade e pode ensejar processo de *impeachment*, levando à perda do cargo e à suspensão dos direitos políticos do agente público condenado. Pela via judicial, dispomos de dois tratamentos distintos: o enquadramento do ato de corrupção como crime comum ou como ato de improbidade administrativa.

Mas a grande inovação brasileira na área de combate à corrupção foi a criação de uma terceira forma de tratamento do problema, qualificada como ato de improbidade administrativa. Além de ampliar significativamente o potencial de atuação do Ministério Público como órgão de *accountability* horizontal no sistema político brasileiro, a Lei da Improbidade Administrativa tinha a intenção de promover um caminho mais rápido e descentralizado de combate à corrupção. De fato, milhares de ações de improbidade tramitam hoje nas justiças estaduais e federal, mas um balanço de quase 20 anos de experiência com esse tipo de ação é capaz de demonstrar os parcos resultados obtidos e seu baixo grau de efetividade processual, seja pela infinidade de recursos protelatórios por parte dos acusados, seja pela lentidão da máquina administrativa judiciária. Essa avaliação crítica parece estar na raiz da retomada recente do tratamento da corrupção como crime comum, em operações policiais realizadas com a participação de membros do MP e aval de magistrados, na busca da redução da impunidade e da obtenção de resultados mais rápidos e concretos contra políticos e administradores.

De fato, uma das maiores novidades no Brasil dos últimos anos têm sido as operações da Polícia Federal no combate à corrupção e ao crime organizado. Sob o comando do Ministério da Justiça e com o auxílio de juízes e promotores, a Polícia Federal alcançou um nível de atuação jamais visto em períodos anteriores.

3. Os impactos do estudo e um olhar à frente

Que balanço pode-se fazer deste quadro de controles democráticos da administração pública no Brasil? Uma primeira apreciação nos faz crer que o quadro ainda é bastante negativo, caso esperemos desse conjunto de controles uma efetividade sistêmica no controle das ações da burocracia. Isso ocorre porque, embora haja um grande número de mecanismos e formas de controle — como demonstramos neste artigo —, contudo, eles não operam de forma coordenada ou ao menos articulada.

Tal característica, entretanto, não é peculiar à democracia brasileira. Sistemas políticos democráticos são construções que operam pelo acúmulo não coordenado de iniciativas múltiplas de criação e mudança institucional — uma decorrência do próprio pluralismo social e político em que as democracias se fundamentam.

Por outro lado, numa apreciação mais detida, como a feita aqui, pode-se notar que logramos construir no Brasil uma complexa rede de instituições de *accountability*. Os exemplos mencionados em cada uma das seções deste capítulo demonstram que as possibilidades institucionais proporcionadas por nosso marco constitucional e legal não são poucas, embora algumas não tenham sido sequer aproveitadas por nossos atores políticos e judiciais e outras encerrem contradições de papéis que provavelmente receberão algum ajuste no futuro.

No caso do Legislativo, a despeito de sua modesta atuação no controle da administração pública, um dos instrumentos legais disponíveis, as Propostas de Fiscalização e Controle, começa a ser utilizado como uma forma de controle sobre a burocracia ainda que de forma bastante tímida. O uso desse instrumento tem-se dado, sobretudo, na cobrança de resultados efetivos das ações da burocracia na arena regulatória das políticas governamentais, especialmente na área de fiscalização ambiental.

Já Ministério Público e Judiciário têm sido diligentes nas ações voltadas ao controle dos agentes estatais, sobretudo no que concerne à corrupção. Mas também têm procurado atuar no âmbito das políticas governamentais, por meio de Ações Civis Públicas, que reclamam dos agentes estatais — e, potencialmente, dos burocratas — a implementação de políticas atinentes aos "serviços de relevância pública". Trata-se, efetivamente, de um controle de natureza democrática sobre a burocracia, na medida em que visa salvaguardar direitos constitucionalmente estipulados.

Por outro lado, a discricionariedade das ações do MP e de certas decisões judiciais em questões de políticas públicas tem despertado a crítica dos burocratas e dirigentes públicos, que chamam a atenção para o *trade-off* existente entre ideais de justiça distributiva e critérios de eficiência e efetividade de gastos públicos e de políticas governamentais mais amplas.

Por fim, os órgãos que parecem ter tido atuação mais efetiva no controle da burocracia são os Tribunais de Contas. Não por coincidência, a fiscalização dos TCs tem incomodado os detentores de mandato, que já falam em restringir seus poderes.

Portanto, a análise aqui empreendida parece apontar (mas somente estudos posteriores poderão confirmar) para o fato de que os controles democráticos sobre a administração pública no Brasil não têm sido obra dos políticos, mas de outras burocracias que se desenvolveram recentemente sob o signo da independência política e imbuídas de missões derivadas diretamente do texto constitucional, sem necessariamente a participação da sociedade.

Pode-se questionar, inclusive, se não seriam essas missões derivadas do interesse próprio de fortalecimento político dessas burocracias, que recorrem ao respaldo constitucional para se justificarem e legitimarem sua atuação. Vimos que o Poder Legislativo se ocupa fundamentalmente com o controle partidário das autoridades políticas. Porém, o controle político da burocracia pelo parlamento não se concretiza com a mesma efetividade. Essa constatação nos afasta definitivamente do modelo tradicional de relação entre burocratas e políticos e nos desafia a pensar como os controles têm sido desempenhados hoje por órgãos não eletivos — como os Tribunais de Contas, o Ministério Público e o Judiciário —, substituindo assim aos representantes eleitos. Isso reforçaria a função governativa da burocracia, ocupando o espaço vazio deixado pelos partidos e congressistas, processo que certamente fragiliza nossa democracia.

Para ir além

ABRUCIO, F.; LOUREIRO, M. R. Finanças públicas, democracia e accountability. In: BIDERMAN, C.; ARVART, P. (Org.). *Economia do setor público no Brasil*. Rio de Janeiro: Campus; FGV, 2004. p. 75-102.

ARANTES, R. *Judiciário e política no Brasil*. São Paulo: Sumaré; Educ, 1997.

____. *Ministério Público e política no Brasil*. Sumaré: Educ, 2002.

COUTO, C. G.; ARANTES, R. Constitution, government and democracy in Brazil. *World Political Science Review*, v. 4, 2008.

LOUREIRO, M. R.; TEIXEIRA, M. A. C.; MORAES, T. C. Democratização e reforma do Estado: o desenvolvimento institucional dos tribunais de contas no Brasil recente. *Revista de Administração Pública*, n. 4, 2009.

O'DONNE, G. Poliarquias e a (in)efetividade da lei na América Latina. *Novos Estudos*, São Paulo, n. 51, 1998.

OLIVIERI, C. *Política e burocracia no Brasil:* o controle sobre a execução das políticas públicas. Tese (doutorado) — Escola de Administração de Empresas de São Paulo, Fundação Getulio Vargas, São Paulo, 2008.

PRZEWORSKI, A.; STOKES, S.; MANIN, B. *Democracy, accountability and representation*. Cambridge: Cambridge University Press, 1999.

URBINATI, N. O que torna a representação democrática? *Lua Nova*, n. 66, p. 191-228, 2006.

PARTE 4
Gestão e políticas públicas

9 A política pública nos estudos em administração pública no Brasil[1]

Reconhece-se hoje que a burocracia
tem que ser preparada não apenas para
executar as políticas públicas,
mas também para ajudar em sua formulação

Marta Ferreira Santos Farah

1. A importância do tema

Estudiosos da evolução do ensino e pesquisa em administração pública têm considerado este um campo multidisciplinar, em que, além da análise organizacional, são centrais questões relativas às políticas públicas. No entanto, nem sempre essa visão foi predominante.

O texto aqui apresentado pretende contribuir para a compreensão de como se deu a constituição e o desenvolvimento da administração pública como campo de estudos de políticas públicas, destacando as singularidades no contexto brasileiro.

A análise envolve o histórico da administração pública nos Estados Unidos (EUA) e no Brasil. A experiência dos EUA é importante não somente por seu papel fundador, como também pela influência que esse país exerceu na consti-

---

[1] Baseado em artigo publicado anteriormente pela autora na *Revista de Administração Pública*.

tuição da disciplina como campo de estudos de políticas públicas no Brasil. Inicialmente, essa influência ocorreu de forma direta por meio do apoio à implantação da formação em administração pública no país, na forma de convênios entre universidades e faculdades norte-americanas e brasileiras e da concessão de apoio financeiro por entidades como a Fundação Ford. Num segundo momento, foi indireta, por meio de teorias e abordagens analíticas.

No Brasil, assim como nos EUA, a abordagem "científica" foi hegemônica no início do desenvolvimento da disciplina, marcando, por exemplo, a constituição da Fundação Getulio Vargas, primeiramente no Rio de Janeiro, e, depois, em São Paulo. O objetivo inicial era fazer com que a burocracia atuasse de forma eficiente e neutra. Posteriormente essa visão foi contestada, e as políticas públicas acabaram por ser incorporadas ao ensino e à pesquisa de administração pública. Reconhecia-se assim que, além de ser responsável pela execução das políticas públicas, a burocracia participa também do seu desenho.

Essa inflexão na disciplina aconteceu de forma diferente nos EUA e no Brasil. Enquanto nos EUA a incorporação das políticas públicas está consolidada, no Brasil ainda se encontra em processo, e ganhou impulso apenas com os desafios colocados após a democratização.

2. A evolução da administração pública

2.1 A administração pública nos Estados Unidos

A disciplina administração pública, como área de formação e como campo de estudos, teve origem nos EUA, há mais de um século, com o objetivo de formar servidores públicos para a administração pública moderna. O artigo "*The study of administration*" de Woodrow Wilson, de 1887, e o livro *Politics and administration*, de Frank Goodnow, de 1900, consideradas as obras fundadoras da disciplina, diferenciam administração e política, numa reação às práticas de apadrinhamento e patrimonialismo que marcavam a administração pública naquele país.

Essa área de formação se constituiu a partir de uma das tradições de administração pública: a científica, distinta da tradição do direito administrativo (*law oriented*) da Europa continental, da pragmática prevalecente na Inglaterra e da que caracterizou os países comunistas. A administração científica concebia a administração pública como o espaço da execução de políticas públicas definidas na esfera da política.

A disciplina tinha por objetivo preparar servidores capazes de atuar de forma apolítica e imparcial, com base em uma sólida formação profissional. A burocracia deveria ser insulada, dominar "princípios científicos da administração" e obedecer a regras gerais de procedimentos. A administração pública era vista, assim, como uma ciência "livre de valores", cuja missão era contribuir para que a administração governamental funcionasse de forma eficiente e econômica. O foco da disciplina era a preparação dos servidores para atividades-meio, centrais à atuação do Executivo: orçamento, gestão de pessoal e organização.

Da dissociação entre administração e política decorreu a busca de princípios gerais válidos para a administração de "qualquer organização", fosse ela pública ou privada. Esse "esvaziamento" da dimensão pública da administração pública — então claramente configurada como o lócus governamental — levou a uma crise de identidade da disciplina em meados do século passado.

Em que pese um processo de desenvolvimento marcado pela crise de identidade e pela tensão entre administração e política, é possível identificar na produção da área, desde os anos 1950, a presença incipiente do tema das políticas públicas e do processo decisório, num primeiro momento na vertente próxima à ciência política. Em 1960, num momento de inflexão da disciplina, houve a incorporação das políticas públicas como objeto de análise. Começava-se a reconhecer que administradores públicos não apenas executam políticas, mas participam também de sua formulação.

Ao longo dos anos 1960 e 1970, ocorreu uma expansão dos cursos de pós-graduação nos EUA, com a constituição de programas independentes de administração pública e o declínio da participação de cursos ligados a departamentos de ciência política — onde havia se originado — ou a escolas de negócios. A comunidade de pesquisadores buscou reforçar a identidade da área e estreitar vínculos com novos campos de estudo e formação como o de Public Affairs, os ligados à questão urbana (Urban Affairs, Urban Studies e Urban Planning) e o de políticas públicas. A criação da National Association of Schools of Public Affairs and Administration (Naspaa) em 1970, por iniciativa de entidade que reunia programas de pós-graduação em administração pública, teve esse propósito.

No final dos anos 1960 e início da década de 1970, formou-se um movimento de análise de políticas públicas em prol de uma formação distinta da oferecida pelos cursos tradicionais de administração pública. Esse movimento resultou da união de um grupo de universidades de elite com funcionários da Fundação Ford e da Fundação Sloan para propor e implementar uma reorientação da educação profissional para o serviço público em torno do tema da análise de políticas públicas. A análise de políticas públicas enfatizava os problemas substantivos e as estratégias de solução desses problemas.

Se a constituição de escolas e cursos de análise de políticas públicas ocorreu como um movimento de diferenciação da administração pública, poder-se-ia supor que uma cisão afastaria a administração pública do estudo de políticas públicas. Mas o que ocorreu foi um processo de influências recíprocas que levaram a uma ampliação do campo de formação na área pública. Os cursos de análise de políticas públicas incorporaram a administração como objeto de estudo. De outro lado, as novas escolas e os programas de análise de políticas públicas exerceram um grande impacto sobre os cursos tradicionais de administração pública, que passaram a incluir cursos de políticas públicas no núcleo básico da formação dessa disciplina.

2.2 A redefinição da disciplina

A disciplina administração pública, ao se constituir, tinha por objetivo formar servidores públicos, integrantes da burocracia governamental vinculada ao executivo. A administração pública era, em última instância, a administração governamental. Pesquisar nessa área era tratar de temas referentes a esse lócus governamental.

Mas, nas últimas décadas, o "público" da administração pública foi redefinido, ampliando suas fronteiras para além do Estado, passando a incluir organizações não governamentais, entidades do setor privado e da comunidade e instituições voltadas à inclusão dos cidadãos no processo de formulação, implementação e controle de políticas públicas. Essa mudança teve impactos sobre a disciplina e sobre o estudo de políticas públicas.

A disciplina não pode se restringir mais ao estudo de questões ligadas à burocracia governamental, uma vez que as políticas públicas dependem, desde as últimas décadas do século passado, de uma rede de atores sociais, da coordenação de diversas jurisdições (diferentes níveis de governo, distintas agências de um mesmo nível de governo) e da articulação de atores governamentais e não governamentais, assim como de articulações de governos nacionais a entidades supranacionais ou a atores privados transnacionais.

O deslocamento do público para "além do Estado", o esmaecimento das fronteiras entre o público e o privado associado a esse deslocamento e a configuração dos problemas "públicos" como multijurisdicionais ou não jurisdicionais são fatores que contribuíram para aumentar consideravelmente a complexidade das políticas públicas, em especial a complexidade da implementação, ganhando grande relevância os problemas de coordenação interorganizacional. A disciplina administração pública precisou, portanto, reposicionar-se, de forma a dar conta dessa nova complexidade, o que exigiu uma revisão também da abordagem analítica das políticas públicas.

A incorporação das políticas públicas como objeto de análise pela administração pública resultou, como visto, de um movimento crítico à abordagem tradicional da disciplina, que teve como base o reconhecimento do papel de *policymaker* assumido pelo administrador, contrapondo-se, portanto, à separação entre administração e política, marca característica da disciplina até o final dos anos 1950.

No entanto, segundo os críticos da abordagem *mainstream* da análise de políticas públicas, esta se consolidou reintroduzindo a separação entre política e administração no interior mesmo da análise das políticas públicas. Segundo tais críticos, a abordagem dominante no campo é uma abordagem que se baseia no "sonho" positivista da objetividade e da racionalidade, que supõe que o fato objetivo é passível de apreensão pelo analista, por meio de métodos científicos neutros, e que o conhecimento gerado a partir desses métodos (quantitativos) será útil à decisão (esta sim política) tomada pelos tomadores de decisão e *policymakers*.

Nas últimas décadas, surgiram propostas de abordagens alternativas, com base nessas críticas, propondo a adoção de metodologias qualitativas que levem em consideração a subjetividade e que procurem romper a separação entre o analista de políticas e os atores envolvidos com as políticas públicas. Autores pós-positivistas repudiam o que consideram uma abordagem tecnocrática e economicista e propõem estudos de políticas públicas baseados numa estratégia participativa e o tratamento do fato como uma construção social. Outros autores enfatizam a influência de fatores políticos e a articulação em torno de ideias e valores.

2.3 A administração pública no Brasil

A disciplina administração pública no Brasil, a exemplo do ocorrido nos Estados Unidos, teve seu início associado ao objetivo de treinamento de servidores para a administração pública moderna. Em nosso país, esse nascimento da disciplina se deu a partir dos anos 1930. Até então a administração pública tendia a se identificar com o direito administrativo. A tradição da legislação romana introduzida pela colonização portuguesa marcou a administração pública no país até os anos 1930, aproximando-a de tradição *law oriented*, característica da Europa continental.

Se a tradição formal era de ordem jurídica, a prática da administração pública era fortemente caracterizada pelo patrimonialismo e pelo clientelismo. E foi contra essa ordem, caracterizada pela apropriação do público pelo privado, que, na década de 1930, teve início um esforço de consolidação de uma administração pública moderna. A reforma administrativa do Estado Novo teve como propósito instaurar no país um serviço público nos moldes da burocracia weberiana, com base nos princípios do mérito e da impessoalidade, que viesse se contrapor às características patrimonialistas até então prevalecentes na administração pública.

Podem ser considerados marcos iniciais da constituição da administração pública no Brasil, a criação da *Revista do Serviço Público*, em 1937, e a fundação do Departamento de Administração do Setor Público (Daps), em 1938. A criação da revista, em novembro de 1937, teve por objetivo a divulgação das ideias e princípios norteadores da orientação modernizante a ser dada à administração. Por intermédio do Dasp, por sua vez, e dos *daspinhos*, em nível regional, promoveu-se a estruturação básica do aparelho administrativo estatal para adequá-lo ao novo papel do Estado que então se instituía. Criaram-se regras rígidas de admissão, instituiu-se o concurso público e se estabeleceram critérios meritocráticos de avaliação.

A instituição da reforma administrativa sob a liderança do Dasp baseou-se no treinamento de servidores para assumirem novas funções no *novo* Estado. O próprio Dasp assumiu, em um primeiro momento, o desafio de tal formação.

A administração pública moderna se constituiu assim, no Brasil, a um só tempo, como prática e como formação para a prática. E se não se pode falar, nesse primeiro momento, da constituição de uma disciplina, é clara a influência na *Revista do Serviço Público* (RSP) e no Dasp, então responsável pelo treinamento dos servidores, dos paradigmas prevalecentes na administração pública como disciplina, tal como ela se constituíra nos EUA. A perspectiva da racionalização e a ideia da neutralidade dos princípios da administração marcaram os artigos da RSP entre 1937 e 1946. Nesse primeiro momento, a política pública não constituía objeto de atenção dessa protodisciplina.

Como desdobramento do esforço de instituição de uma administração pública moderna e eficiente, surgiu no início da década de 1940 a ideia de instituir no país um centro de estudos em administração pública. Com apoio inicial da ONU, instalou-se no Rio de Janeiro, em 1944, a Fundação Getulio Vargas (FGV). A criação da FGV ocorreu simultaneamente ao declínio da importância do Dasp, em 1945, após o fim do Estado Novo. A presidência da Fundação foi assumida pelo antigo diretor do Dasp, Luiz Simões Lopes, assinalando a continuidade entre as duas instituições em termos de perspectivas em relação à administração pública.

Em 1948, a nova Fundação encaminhou à Organização das Nações Unidas um projeto solicitando apoio para a criação de uma Escola Nacional de Administração, inspirada na ENA francesa. Com o apoio da ONU, foi criada em 1952, no Rio de Janeiro, a Escola Brasileira de Administração Pública (Ebap), a qual contou desde seu início com o suporte de professores norte-americanos. A Ebap se estruturou como instituição de ensino, pesquisa e assistência técnica, e com base em uma cooperação estreita entre a nova escola e faculdades e professores norte-americanos.

Em 1959, foi assinado um convênio entre o Brasil e os EUA — o Programa de Ensino em Administração Pública e de Empresas —, com o objetivo de desenvolver a formação na área de administração pública e de empresas, reforçando os cursos já existentes (A Ebap, no Rio de Janeiro, e a Eaesp, em São Paulo, fundada em 1954) e apoiando a criação de novos cursos, como os da Universidade Federal da Bahia e da Universidade Federal do Rio Grande do Sul. Os professores dessas instituições foram aos EUA, em sua maioria à Universidade do Sul da Califórnia, até hoje uma das principais faculdades de administração pública daquele país, lá realizando cursos de doutorado. A influência das escolas norte-americanas se fez sentir também pela vinda de professores americanos.

Essas instituições foram pioneiras no ensino de administração pública, criando cursos de graduação, de pós-graduação (mestrado) e de aperfeiçoamento, dedicando-se também à assistência técnica a órgãos públicos. Em 1967, havia 28 instituições de ensino em administração pública no país, das quais 16 tinham cursos de graduação e seis de pós-graduação (mestrados).

A disciplina administração pública constituiu-se, no Brasil, sob influência da administração pública norte-americana, mas marcada por uma especificidade: afinal, tratava-se de um país pobre, e, na visão então hegemônica, atrasado, sendo prioritárias ações para o seu desenvolvimento. A ideologia desenvolvimentista dos anos JK encontrava-se com a estratégia de auxílio ao desenvolvimento de países pobres que marcou a política externa dos Estados Unidos no período Kennedy. Assim, ao lado do paradigma que separava administração e política, a formação em administração pública incorporou aqui a orientação para o desenvolvimento.

A incorporação do estudo de políticas públicas pela disciplina no Brasil, por sua vez, ocorreu praticamente no mesmo momento que nos Estados Unidos. Inicialmente, essa incorporação se deu sob a forma de um projeto de estudos desenvolvido na Ebap, intitulado "Estudos sobre políticas governamentais", publicado pela RAP em 1969. Esse projeto surgiu a partir de um seminário sobre políticas governamentais, realizado em 1968, na própria Ebap. O plano de trabalho da Ebap de 1968 deixa claro o propósito de incorporar ao ensino e à pesquisa de administração pública a análise de políticas públicas, e, ao mesmo tempo, permite identificar algumas características gerais dos recortes temáticos e metodológicos pretendidos. Segundo esse projeto, a ênfase recairia sobre estudos setoriais, numa abordagem inicialmente descritiva, que permitisse identificar objetivos das políticas, atores envolvidos, processo decisório, beneficiários e caracterizar o processo de disputa na agenda governamental.

O plano de trabalho fazia referência também a fontes de financiamento para o projeto. Aparentemente, pelo que se depreende dos números subsequentes da RAP, o projeto gerou poucos artigos sobre políticas públicas na própria revista, o que sugere não ter havido apoio sistemático a essa linha de pesquisa.

Em 1973, documento sobre o Curso de Mestrado em Administração Pública da Ebap mostra que a análise de políticas públicas fora integrada ao currículo do curso como um de seus elementos centrais.

A centralidade da área de política pública na formação em administração pública nesse momento reflete a proximidade com programas de mestrado nos Estados Unidos e a influência do movimento de políticas públicas daquele país. A própria estrutura do Curso de Mestrado é semelhante à de programas norte-americanos. Assim, um dos grupos de disciplinas consistia no que se entendia como áreas-fim: os módulos de política pública e governamental.

No entanto, não houve aqui apoio efetivo para a consolidação e expansão da pesquisa e ensino em administração pública e em políticas públicas, após o "momento fundador" mencionado anteriormente. O contexto ditatorial afetou as fontes de financiamento para a área.

A Fundação Ford, ao se instalar no país, elegera como uma das áreas de apoio prioritárias a formação em administração pública, dando continuidade à tendência verificada no âmbito do convênio de cooperação entre Estados Unidos e Brasil, dos anos 1950. No entanto, a política de concessão de apoio se redefiniu a partir do Golpe de 1964, havendo uma redução de recursos para pesquisa e formação em administração pública e uma reorientação destes para as ciências sociais.

Nesse mesmo momento, houve também o enfraquecimento do papel exercido por centros de formação em administração pública junto ao governo. Após o apogeu da reforma administrativa nos anos 1960, o ensino de administração pública entrou em declínio, encerrando-se o ciclo em que se considerava a formação do administrador público um requisito para o desenvolvimento.

A identidade da disciplina, por sua vez, envolve, aqui, dilemas singulares, associados à trajetória da disciplina entre nós, muito distinta da que marcou a evolução do campo nos EUA. No Brasil, à exceção da Ebap e de alguns poucos cursos, como o da Unesp, a formação em administração pública na graduação e na pós-graduação se deu, desde o início, em escolas de administração que reúnem a formação em administração de empresas (do tipo *business schools*) e a formação em administração pública em uma única instituição. Essa proximidade se dá em geral em um contexto de hegemonia da formação em administração de empresas.

O que a administração pública é decorre em boa medida do departamento ou faculdade a que a formação nessa área se dá. Nos EUA, essa inserção se deu sob a influência inicial de departamentos de ciência política e evoluiu para a autonomia de cursos de administração pública e para as escolas "*policy oriented*", mantendo-se certa diversidade no campo.

Em relação à formação em políticas públicas nos EUA, por sua vez, no final dos anos 1970 havia uma diversidade de "caminhos" derivados da localização dos programas de formação em distintas unidades educacionais: os departamentos de ciência política, as escolas profissionais de *business* e de direito, as escolas ou departamentos de administração pública e as "*policy oriented*", como as de *public affairs* e as escolas de governo. Essa diferenciada inserção institucional exerce influência sobre a abordagem acadêmica predominante na formação em políticas públicas.

No Brasil, a formação em administração pública se iniciou e se desenvolveu em instituições voltadas ao ensino de administração, havendo desde o início uma tendência a se descaracterizar a identidade da formação específica em administração pública, enfatizando-se a "ciência administrativa" como um núcleo comum.

A regulamentação estatal da formação em administração consolidou a associação entre a formação em administração pública e em administração de empresas, contribuindo para fortalecer o paradigma da ciência administrativa, que separa administração e política, e para diluir a identidade da formação em administração pública.

Esse processo não foi, no entanto, isento de tensões. Já nessa época, professores de administração pública manifestavam-se contrários à diluição da identidade do campo. Assim, na Conferência de 1967, há registro de posição contrária a essa perda de identidade. Segundo um grupo de professores da Ebap, haveria reduzida possibilidade de êxito para programas mistos ou conjugados de administração pública e de empresas.

Se a inserção institucional condiciona as características da formação e da pesquisa em políticas públicas, fica claro que, no Brasil, a inserção dos cursos de administração pública em escolas de administração (de empresas) exerceu influência sobre a produção em políticas públicas nesse campo. O ensino e a pesquisa em políticas públicas tiveram de abrir caminho em um contexto fortemente marcado pela hegemonia do paradigma da ciência administrativa.

Assim, nos anos 1980, quando a democratização conduziu à incorporação de temas que tinham como eixo questões relativas ao poder e à política, que exigiam que a análise do Estado e da burocracia incluísse o exame do "Estado em ação" (políticas públicas), houve a necessidade de disputar espaço no âmbito da administração, num ambiente em que era hegemônica a tese da universalidade dos "princípios científicos" da administração.

O reconhecimento do polo da política no caso brasileiro foi estimulado pelos desafios pós-democratização e pelas questões derivadas das transformações do Estado no país. Os estudos sobre políticas públicas respondem a exigências por reflexão sobre as "novas políticas públicas", de âmbito federal, mas também, crescentemente, de âmbito local.

Nesse contexto, a administração pública como disciplina e os estudos de políticas públicas ganham um grande impulso. Análise dos encontros dos pesquisadores de administração revela um crescimento exponencial de estudos com foco em administração pública no conjunto da produção em administração: entre 1998 e 2008, o número de trabalhos inscritos na área temática administração pública nos encontros de administração (Encontro da Asssociação Nacional de Pós-Graduação e Pesquisa em Administração — Enanpad) sofreu um aumento de mais de 300%, cerca do dobro do verificado para o conjunto da área de administração.

Tal crescimento levou à criação de um encontro independente, bianual, o Encontro Anual de Administração Pública e Governança (ENAPG). O crescimento da área de administração pública foi acompanhado pela consolidação e pelo crescimento do subcampo de políticas públicas, o que pode ser constatado pelo surgimento, em 2006, um ano após a criação do ENAPG, de uma área de interesse dentro desse encontro com foco em políticas públicas.

3. Um olhar à frente

Analistas que se debruçaram sobre a questão da identidade da disciplina, nos EUA e no Brasil, convergem quanto à identificação do núcleo da disciplina: o que reúne e articula o estudo de políticas públicas à análise organizacional. Se, nos Estados Unidos, esse núcleo para alguns está relativamente consolidado, entre nós, ele ainda aparece como um projeto em construção, como um desafio.

A administração pública é, mais que uma disciplina, um "campo multidisciplinar" ou uma "ciência interdisciplinar", para a qual contribuem diversas disciplinas, como a ciência política, a administração, a economia, a sociologia e a psicologia social. O estudo das políticas públicas no âmbito desse campo multidisciplinar tem se desenvolvido tendo como principais referências teóricas contribuições da área de políticas públicas tal como ela se consolidou e desenvolveu nos Estados Unidos, a qual, por sua vez, integra contribuições da economia, da ciência política e da administração (gestão). A abordagem multidisciplinar e interdisciplinar é, portanto, algo inerente à disciplina.

A questão da multidisciplinaridade e da interdisciplinaridade se redefine hoje no Brasil, a exemplo do ocorrido nos EUA nos anos 1970, como uma questão relativa ao lócus do ensino e da pesquisa sobre políticas públicas.

Novos cursos com foco em políticas públicas se constituem, como os de políticas públicas, gestão de políticas públicas, gestão e políticas públicas, gestão de políticas sociais, assim como outros com afinidades com o campo, como o de gestão social. Tais cursos contribuem para a ampliação do lócus de estudos e pesquisas sobre políticas públicas, que deixa de ser exclusivo de seu lugar de origem no Brasil — a área de administração pública — e de disciplinas tradicionais como a ciência política.

Tais cursos já "nascem" multidisciplinares, a exemplo do que ocorreu nos EUA nos anos 1970. E, certamente, a exemplo do que se passou naquele país, contribuirão para uma redefinição da produção no campo da administração pública e para a superação de alguns dos desafios presentes nos estudos sobre políticas públicas na administração pública.

Assiste-se hoje, no Brasil, a uma redefinição do campo de estudos de "pública" que já é tributário da presença desses novos cursos, que, em sua maioria, têm como um de seus eixos estruturadores o estudo de políticas públicas. A discussão suscitada pelo Conselho Nacional de Educação sobre Diretrizes Curriculares para Cursos de Graduação em Administração Pública e Políticas Públicas no primeiro semestre de 2010 provocou um debate mais abrangente sobre os contornos e a delimitação de um campo de estudos que trate da área pública e que seja capaz de abrigar distintas formações disciplinares e multidisciplinares ou interdisciplinares.

E aqui também esse processo, a exemplo do ocorrido no início da década de 1970 nos EUA, quando os diversos cursos ligados ao campo "de pública" resistiram à criação de padrões e parâmetros fechados por parte da Naspaa, os novos cursos, ainda em fase de constituição, questionam parâmetros regulatórios que engessem os processos de constituição de novas modalidades de formação e que — uma especificidade brasileira — os subordinem à área de administração.

Para ir além

ENGELBERT, Ernest A. University education for public policy analysis. *Public Administration Review*, v. 37, n. 3, p. 228-236, 1977.

EBAP. Escola Brasileira de Administração Pública. Plano de trabalho para 1969. *Revista de Administração Pública*, v. 3, n. 1, p. 147-170, 1969.

FARAH, Marta Ferreira Santos. Administração pública e políticas públicas. *Revista de Administração Pública*, Rio de Janeiro, v. 45, n. 3, p. 813-36, maio/jun. 2011.

FISCHER, F. Citizen participation and the democratization of policy expertise: from a theoretical inquiry to practical cases. *Policy Sciences*, v. 26, p. 165-187, 1993.

FISCHER, Tânia. Administração pública como área de conhecimento e ensino: a trajetória brasileira. *Revista de Administração de Empresas*, v. 24, n. 4, p. 278-288, 1984.

HENRY, Laurin L. Naspaa history. A summary report from the Naspaa Historical Project, prepared for Naspaa's 25th Anniversary Conference, Austin, TX, oct. 18-21. 1995. Disponível em: <www.naspaa.org>. Acesso em: 20 maio 2010.

HENRY, Nicholas. Paradigms of public administration. *Public Administration Review*, v. 35, n. 4, p. 378-386, 1975.

KEINERT, Tânia Margarete Mezzomo. Os paradigmas da administração pública no Brasil (1900-92). *Revista de Administração de Empresas*, v. 34, n.3, p. 41-48, 1994.

KEINERT, Tânia Margarete Mezzomo; VAZ, José Carlos. Histórico da RSP: A *Revista do Serviço Público* no pensamento administrativo brasileiro (1937-1989). *Revista do Serviço Público*, v. 118, n. 45, p. 9-42, 1994.

PACHECO, Regina Silvia. Administração pública nas revistas especializadas — Brasil, 1995-2002. *Revista de Administração de Empresas*, v. 43, n. 4, p. 63-71, 2003.

SILVA, Benedicto. O Dasp como propulsor do *managerialismo* no Brasil. *Revista de Administração Pública*, n. 4, p. 222-234, 1968.

WARLICH, Beatriz. Formação em administração pública e de empresas: programas específicos ou integrados numa sociedade em desenvolvimento. *Revista de Administração Pública*, v. 1, n. 2, p. 239-265, 1967.

WILSON, Woodrow. The study of administration. *Political Science Quarterly*, v. 2, 1887. Reproduzido no v. 56, dec. 1941.

10 Melhor governança reduz corrupção nos municípios

Conselhos locais experientes reduzem os desvios nos repasses de recursos federais de saúde

George Avelino
Lorena G. Barberia
Ciro Biderman

1. A importância do tema

Nos últimos anos, a governança tem estado no centro das discussões sobre os problemas de ineficiência e baixa qualidade de serviços nos sistemas de saúde. Dos vários temas abordados, a corrupção é considerada a ameaça mais importante para a boa governança. Entre os efeitos negativos da corrupção no bem-estar dos cidadãos, pode-se citar a diminuição da capacidade dos sistemas de saúde para fornecer serviços básicos, tais como imunização, ou para atingir metas universais, como a redução da mortalidade infantil. Além disso, o desvio de recursos pela corrupção não só reduz o nível de prestação de serviços, mas também a eficiência dos programas de saúde. Portanto, não surpreende que alguns autores tenham argumentado que o nível de corrupção pode ser considerado indicador razoável para a qualidade do desempenho da governança na área de saúde.

Comparada com outras áreas de atuação do serviço público, a área da saúde é mais vulnerável a práticas de corrupção por uma série de razões. As grandes quantias de dinheiro envolvidas no setor; o número, dispersão e diferenciais de poder entre os atores (empresas farmacêuticas, sindicatos profissionais etc.); e a assimetria de informações básicas que caracteriza a relação entre profissionais de saúde e seus pacientes são algumas das explicações mais comuns (Savedoff e Hausman, 2006).

Os debates sobre a governança na área de saúde também têm se voltado às relações entre corrupção, descentralização dos serviços e responsabilização dos agentes de saúde. Embora análises empíricas sobre os efeitos da descentralização nos níveis de corrupção tenham sido inconclusivas, a descentralização é considerada um meio para melhorar a governança democrática e reduzir a corrupção. De acordo com essa visão, sistemas de saúde mais descentralizados deveriam trazer maior eficiência quando a tomada de decisão e a gestão estão na alçada dos atores locais.

No entanto, essa expectativa baseia-se em pelo menos duas suposições fundamentais que não são facilmente alcançadas. Em primeiro lugar, supõe que os burocratas locais são qualificados para assumir um "espaço de decisão" novo e ampliado com supervisão limitada do governo central. Essa é uma suposição discutível, particularmente nos países em desenvolvimento, onde muitas vezes há carência de burocracias locais de alta qualidade.

A segunda suposição é a de que seja relativamente fácil responsabilizar as autoridades locais, pois a informação de alta qualidade está prontamente disponível tanto para que os cidadãos/usuários possam acompanhar o desempenho dos serviços (*accountability* vertical), como para que instituições governamentais em nível local verifiquem e controlem o desempenho de outros órgãos públicos (*accountability* horizontal). Como afirmado, essa suposição é questionável. Numerosos estudos têm documentado que os sistemas de saúde são afetados por problemas de circulação de informação. Nos países em desenvolvimento, incluindo os da América Latina, a qualidade fraca e intermitente da *accountability* horizontal tem sido identificada como um dos principais obstáculos para a democracia representativa.

Por essas razões, a transferência de recursos e de tomada de decisão para os níveis locais pode (potencialmente) aumentar, e não diminuir, o espaço para a corrupção no setor de saúde. O quanto a corrupção será consequência da descentralização irá depender dos dispositivos de prestação de contas que permitem a monitorização da tomada de decisão local, tanto horizontal como verticalmente. Tentativas anteriores para avaliar os efeitos da descentralização da saúde sobre a corrupção têm sido restritas a estudos de caso em profundidade ou a análises quantitativas em regiões específicas. Devido à falta de dados, existem poucos estudos comparativos com foco em práticas de corrupção na gestão do gasto em saúde no nível municipal.

Este estudo pretende contribuir para a discussão sobre governança da saúde ao apresentar um novo conjunto de dados que permite comparações sobre a gestão dos recursos da saúde nos municípios brasileiros. Com informações detalhadas sobre práticas corruptas (como superfaturamento, ilegalidade em licitações e recibos falsos), geramos uma medida que detecta evidências objetivas de corrupção, superando, assim, a maior lacuna nos estudos de corrupção: a subjetividade na mensuração.

Realizamos uma análise preliminar para estimar a relação entre as instituições de governança de saúde e a incidência de corrupção em nível municipal, permitindo uma compreensão mais profunda sobre como essas instituições funcionam em níveis micro. Em particular, buscamos elucidar o grau em que uma nova instituição, o Conselho Municipal de Saúde, tem sido capaz de aumentar a *accountability*, impedindo, assim, a corrupção na área de saúde.

Com base na análise dos relatórios de auditoria de verbas federais de saúde em 980 municípios brasileiros, nossa análise mostra que os conselhos municipais de saúde mais antigos estão associados a reduções na incidência de corrupção em programas de saúde pública. Interpretamos os anos de experiência do Conselho Municipal de Saúde como um indicador de qualidade dessa instituição. Consequentemente, nossos resultados indicam que o Conselho de Saúde desempenha um papel relevante no aumento da responsabilização dos governos locais em um ambiente descentralizado.

2. Raio X da pesquisa

Os dados utilizados neste estudo foram obtidos a partir do programa de auditoria aleatória implementado pela Controladoria-Geral da União (CGU). O programa monitora como as verbas federais são gerenciadas pelos governos municipais. A CGU seleciona aleatoriamente 60 municípios com menos de 500 mil habitantes, três vezes por ano. A seleção dos municípios é feita em base regular por meio de sorteio público. Uma vez que o município é selecionado, ele é visitado por uma equipe montada e treinada pela CGU. A equipe examina de perto a utilização dos fundos públicos federais transferidos ao município durante os dois anos anteriores, as condições de infraestrutura local, bem como a qualidade dos serviços prestados. O programa de auditoria da CGU foi iniciado em maio de 2003 e ainda está em funcionamento. A CGU disponibiliza as informações das auditorias públicas em seu site.

Este estudo é baseado em uma subamostra dessas auditorias realizadas entre 2004 e 2010, para o acompanhamento de como foram utilizados os repasses de verbas federais aos municípios para programas relacionados à saúde. Para esse período, houve um total de 33 loterias públicas, que selecionaram 1.821 municípios para auditoria. Destes, nós analisamos 1.077 casos. Devido à falta de informação sobre algumas covariáveis e devido aos recursos limitados que alguns municípios receberam, a amostra final acabou composta por 980 municípios.

As auditorias da CGU analisam todos os recursos repassados do governo federal para o município selecionado, incluindo aqueles para os programas de saúde. Os relatórios detalhados fornecem informações valiosas sobre a gestão das subvenções de saúde por parte das autoridades locais, e providenciam um quadro confiável de como a descentralização da saúde está sendo desempenhada no nível municipal.

Cada repasse federal recebido gera uma "ordem de serviço" (OS), um memorando detalhando as principais características dos fundos que foram transferidos para o governo municipal e as instruções para o auditor sobre as tarefas a serem realizadas durante a avaliação no local. Para cada OS, o auditor arquiva um ou mais relatórios com as evidências ("constatações"), dependendo de quantas irregularidades são identificadas. A detecção de uma irregularidade pode ocorrer devido a um problema com o Conselho Municipal de Saúde (composição, regularidade das reuniões e eficácia); recursos humanos na entrega dos serviços (pagamento, contratação e treinamento); estoque de medicamentos (ausência de medicamentos, controle de estoque e condições de armazenamento); condições de infraestrutura (obras públicas inacabadas e metas não cumpridas); ou documentação (ausência de registros, formulários incorretos etc.).

Assim, os relatórios de auditoria da CGU fornecem evidência objetiva de práticas de corrupção nos municípios que foram selecionados aleatoriamente para inspeção. Usar os dados reportados pelos auditores para medir a corrupção supera o maior problema desse tipo de investigação, pois a maioria das medidas tem sido baseada em avaliações subjetivas que utilizam as percepções de informantes para estimar os níveis de corrupção.

Detectar o nível de corrupção em um ambiente altamente complexo como o sistema de saúde é uma tarefa difícil. Em muitos casos, as irregularidades detectadas ocorrem devido à má gestão e erros inocentes e não a abusos e ações de autoenriquecimento. Para este estudo, foram selecionados três tipos de irregularidades que constituem claramente casos de comportamentos corruptos: (a) fraude em licitações, (b) desvio de recursos públicos para fins privados, e (c) superfaturamento de bens e serviços.

Com base nos dados tabelados a partir dos relatórios de auditoria, criamos um índice de corrupção, em que o numerador é o número de OSs com ao menos um tipo de irregularidade (como definido anteriormente) e o denominador é o número total de OSs relacionadas à saúde no mesmo município. Portanto, esse índice representa a proporção de incidentes de corrupção na administração de programas de saúde sobre o total de transferências investigadas pelos auditores da CGU no mesmo município.

Em nossa amostra, a população média dos municípios é de 25.351 habitantes. Em geral, cerca de 20% das OSs relacionadas à saúde tiveram pelo menos um caso de corrupção, tal como definido. As médias para montante total de recursos federais auditados por município foram de R$ 1.7486.56 e o valor dos repasses com pelo menos uma irregularidade foi de R$ 390.526. Evidências de pelo menos um caso de corrupção foram identificadas em 602 municípios (55,9% do total) — um resultado muito preocupante.

A fim de estimar os efeitos da governança sobre a má gestão e a corrupção em repasses federais aos municípios brasileiros relacionados à saúde, usamos uma análise estatística de regressão multivariada. Utilizamos um modelo para analisar a corrupção que se baseia no pressuposto de que a propensão ao crime depende (diretamente) dos ganhos desse crime e (inversamente) do tamanho da punição (o valor da multa, o número de anos na prisão etc.) e da probabilidade de ser pego. Como nosso principal objetivo neste estudo é analisar os efeitos da governança sobre a corrupção na gestão local dos recursos de saúde, estamos particularmente interessados em verificar sinais de que instituições e políticas públicas são eficazes em dissuadir as pessoas de se envolver em corrupção. Acreditamos que conselhos de saúde municipais bem estabelecidos aumentam a probabilidade de detecção de práticas de corrupção — e nosso modelo de regressão procura testar essa hipótese.

Examinamos os efeitos da *accountability*, pois esta tem se mostrado particularmente relevante para explicar o desempenho dos governos na América Latina. Para capturar a *accountability* vertical, verificamos o efeito da concorrência política, como um mecanismo de controle eleitoral. Para levar em conta a probabilidade de um prefeito com mau desempenho ser destronado na próxima eleição, foi utilizada a margem de vitória entre o prefeito e o segundo colocado medido em pontos percentuais.

Como já mencionado, a descentralização pode aumentar a responsabilização local; ainda, a *accountability* pode precisar de algumas condições específicas para funcionar. Autoridades eleitas para servir no nível municipal, que têm o poder de tomar decisões políticas de saúde, podem perseguir objetivos que diferem daqueles que deveriam ser perseguidos pela utilização das verbas federais; particularmente, nos casos em que a reeleição não é possível, encurtando o horizonte político. Para dar conta desses casos, incluímos uma variável que identificou prefeitos reeleitos que estão em seu segundo mandato.

As hipóteses por trás dessas duas últimas variáveis são derivações da literatura sobre a *accountability* democrática: maior competição política requer a presença de uma forte oposição para monitorar as ações do governo, e isso deve levar a uma melhor utilização dos recursos. Prefeitos em seu segundo mandato — não capazes de concorrer à reeleição — devem ser mais propensos a desviar recursos públicos para benefício privado.

Para medir a *accountability* horizontal, nos concentramos na capacidade dos conselhos municipais de saúde, medida pela idade acumulada do Conselho de Saúde até o ano da auditoria de gestão. Decidimos usar essa medida para capturar a capacidade municipal porque acreditamos que governos locais adquirem *expertise* para gerir o sistema de saúde ao longo do tempo, e cada ano adicional representa um ganho marginal de capacidade local. Os 881 municípios da amostra tinham estabelecido um Conselho de Saúde antes ou durante o ano da auditoria (99 municípios não tinham informação sobre o ano de criação do Conselho de Saúde), a idade média dos conselhos era de 11 anos.

Para aumentar a *accountability* no nível local, os municípios que recebem repasses de saúde do governo federal são obrigados a estabelecer um Conselho Municipal de Saúde. As funções do Conselho de Saúde são definir as prioridades básicas para o setor e supervisionar a prestação de serviços de saúde no município. Em particular, os conselhos aprovam o orçamento municipal de saúde (*ex ante*), e monitoram as despesas (*ex post*). Os conselhos são órgãos permanentes que se reúnem regularmente e cujos membros eleitos incluem cidadãos, representantes de movimentos sociais, prestadores de serviços e profissionais de saúde. Aqui, estamos particularmente interessados no papel desempenhado por essas organizações como atores de *accountability* horizontal.

Embora a lei federal tenha determinado a criação de conselhos como precondição para receber doações, nem todos os municípios estabeleceram essas instituições ao mesmo tempo. Com base nos dados coletados e publicados pelo Ministério da Saúde, criamos uma variável para medir a idade do conselho, que é igual ao número de anos de a criação do Conselho até o ano de auditoria. No nosso modelo de regressão, empregamos essa variável como um indicador de qualidade do conselho. Consideramos que conselhos mais experientes são mais bem informados sobre questões de saúde e seus atores, melhor equipados para responsabilizar os governos locais e, assim, impedir a corrupção de forma mais eficaz.

Uma vez que também estamos preocupados com a descentralização e responsabilidade fiscal, incluímos uma variável que mede a extensão em que as despesas de saúde municipais dependem de recursos intergovernamentais. No Brasil, os gastos municipais de saúde são financiados a partir de uma combinação de recursos e subsídios transferidos aos governos locais por parte dos governos estadual e federal. Nos municípios que dependem sobretudo dos recursos intergovernamentais, os gestores podem ser menos cuidadosos em suas decisões de dispêndio, pois os contribuintes locais não irão arcar completamente com os custos dos erros. Por outro lado, os governos locais podem ser incentivados a ter mais cuidado, devido à expectativa de uma auditoria do governo federal nas localidades que recebem uma grande parte dos recursos de Brasília. Devido a essas explicações igualmente válidas, mas concorrentes, o impacto da descentralização sobre a corrupção não pode ser determinado *a priori*. Para investigar essa questão empiricamente, usamos a proporção de repasses de saúde em relação ao orçamento da saúde municipal como uma medida da dependência do orçamento de saúde local de recursos dos governos federal e estadual.

Uma afirmação comum na literatura é que nem todos os tipos de despesas de saúde são igualmente propensos a práticas corruptas, portanto, decidimos incluir um conjunto de variáveis que controlam diferentes categorias de gastos. Procuramos examinar se os pagamentos aos prestadores de serviços de saúde ou a aquisição de medicamentos são recursos mais propensos à corrupção do que os pagamentos a funcionários, cujos salários são indexados e monitorados de perto. Incluímos a parcela do orçamento municipal de saúde que é dedicada aos gastos com pessoal, aquisição de medicamentos, investimentos e provedores de saúde. A fonte de informação para os gastos municipais de saúde é o Sistema de Informações sobre Orçamentos Públicos em Saúde (Siops).

Nós também incluímos duas variáveis para controlar diferentes características dos municípios que podem influenciar a capacidade dos cidadãos para avaliar o desempenho do governo. A primeira variável é o percentual da população abaixo da linha da pobreza. O raciocínio aqui é que os municípios com maiores taxas de pobreza tendem a ter parcelas superiores do eleitorado com baixos níveis de educação, e, portanto, reduzida capacidade de acessar informações que podem ser usadas para monitorar a prestação de serviços de saúde pública. A segunda variável é o tamanho da população, que incorpora o pressuposto de que o conhecimento de irregularidades cometidas por autoridades locais irá circular mais facilmente entre as populações menores. Os dados foram retirados do Ipeadata, uma agência de informação estatística do governo.

Concentramos nossa análise nos efeitos da *accountability* vertical e horizontal sobre a redução da corrupção. Comparamos os municípios com tamanho e grau de desenvolvimento econômico similar que diferem em termos de grau de competição política, idade do Conselho de Saúde, dependência das transferências federais para financiar gastos com a saúde e distribuição de tipos de despesas de saúde. Essa análise tem como objetivo identificar os fatores que podem ajudar a explicar os padrões de corrupção entre os municípios brasileiros.

3. Principais resultados

Os resultados da regressão confirmam a hipótese de que os conselhos municipais de saúde ocupam um papel importante na *accountability* da gestão de saúde no nível local, pois existe uma relação negativa consistente entre a idade do Conselho Municipal de Saúde e o nível de corrupção nos municípios brasileiros. Em outras palavras, os municípios com conselhos de saúde mais antigos têm menor incidência de corrupção do que os municípios com conselhos mais recentes.

Cada ano a mais de experiência do Conselho de Saúde está associado a uma diminuição do índice de corrupção em 0,4 ponto percentual. Consideramos esse impacto relativamente elevado, uma vez que o percentual médio do índice de corrupção é de 19%. Usando essa proporção como base, isso significa que, em um município com 19% de taxa de incidência de corrupção, a presença de um Conselho de Saúde levaria a um declínio desse indicador para 15% ao longo de um período de 10 anos. Em outras palavras, se o impacto for linear, o índice de corrupção seria reduzido em 21%, o que é considerável.

Um teste mais robusto do papel dos conselhos de saúde na diminuição dos níveis de corrupção deveria incluir uma variável que permite uma maior diferenciação de tipos e de qualidade de conselhos de saúde. Embora as auditorias sejam realizadas apenas em cidades com menos de 500 mil habitantes, não acreditamos que os conselhos da mesma idade são necessariamente igualmente eficazes no monitoramento dos programas de saúde nos municípios. Estudos sugerem, por exemplo, que os conselhos municipais de saúde têm desempenho mais fraco em cidades com menos de 50 mil habitantes. Com melhores medidas para capturar as diferenças entre os conselhos municipais de saúde, poderíamos explorar ainda mais o efeito da qualidade do conselho sobre a incidência de corrupção. Esperamos aprofundar essa questão em pesquisas futuras.

Os resultados da regressão também indicam uma possível relação entre a competição eleitoral e a propensão de governos municipais em exibir altos níveis de corrupção na gestão dos fundos de saúde, embora a natureza exata dessa relação não tenha ficado clara. A teoria sugere que prefeitos eleitos com margens mais estreitas são acompanhados mais de perto pelos partidos da oposição e, portanto, estão menos propensos a se envolver em comportamento corrupto. Esse efeito acabou sendo verificado, mas não foi estatisticamente significativo nos níveis convencionais. Já no caso da variável que mede se prefeitos em segundo mandato são mais propensos a se envolver em comportamento corrupto, isso não se verificou. Pelo contrário, o resultado foi o oposto do que o previsto na teoria, que indica que aqueles prefeitos não elegíveis a uma reeleição tenderiam a cometer mais atos corruptos. No entanto, a estimativa da análise estatística, nesse caso, foi imprecisa.

Os resultados também sugerem que o desvio de recursos públicos é mais provável de ocorrer em municípios cujos orçamentos dependem de doações intergovernamentais. Mas, considerando o efeito da governança do Conselho, a descentralização dos gastos não impacta significativamente os níveis de corrupção. Se abandonarmos a variável idade do Conselho de nossas regressões, o impacto da variável proporção de verbas federais nos índices de corrupção é significativo. Uma interpretação desse resultado é que o desequilíbrio vertical pode aumentar a corrupção na saúde. A boa notícia é que os municípios com conselhos de saúde mais experientes (e, portanto, com maiores níveis de *accountability* horizontal) podem ser capazes de compensar essa lacuna.

Por fim, os resultados sugerem que não existe uma correlação entre o tipo de despesas de saúde e a incidência de corrupção. Isso se manteve mesmo quando tiramos a variável idade do Conselho das regressões. Poderíamos esperar que governos mais corruptos direcionassem suas carteiras de gastos para os tipos de despesas em que as irregularidades são mais facilmente escondidas. Por exemplo, tem havido atenção significativa para documentar a frequência de corrupção na aquisição de medicamentos. Embora essa relação tenha sido verificada, não é estatisticamente significativa. No geral, nossos resultados não apoiam a tese de que certos tipos de gastos com saúde são mais propensos a ser associados à corrupção.

4. Os impactos do estudo e um olhar à frente

Este texto contribui para os estudos sobre corrupção e sua conexão com a descentralização e a *accountability*. Supondo-se que a descentralização dos gastos direciona melhor as demandas locais, procuramos investigar se instituições de *accountability* eficientes são necessárias para assegurar que os funcionários dos municípios deem seguimento a essas melhores escolhas de gastos, e para restringir o seu envolvimento em práticas corruptas. Além disso, exploramos em que medida a *accountability* horizontal e vertical pode, cada uma, contribuir para reduzir a propensão dos governos municipais em desviar recursos da saúde pública para fins privados.

Nossa análise supera duas deficiências importantes na literatura sobre corrupção, o que é crucial para o avanço na compreensão de como a *accountability* funciona em um ambiente descentralizado. Nossos resultados não se baseiam em medidas subjetivas da corrupção, que normalmente misturam a real incidência da corrupção com a sua percepção por parte de informantes. Essa questão é particularmente relevante em estudos de sistemas de saúde, em que é difícil distinguir a corrupção de erros honestos em um ambiente complexo. Também superamos uma segunda desvantagem, que é a ausência virtual, nos estudos de corrupção, de análises no nível micro baseadas em um grande número de observações. Usamos um novo conjunto de dados com base em evidências objetivas relatadas em auditorias de despesas feitas em municípios brasileiros e usamos essas medidas mais precisas de corrupção para estudar quais fatores podem ajudar a explicar sua incidência.

O sistema público de saúde brasileiro é um bom caso para estudar. A Constituição de 1988 abriu espaço para a descentralização dos serviços de saúde, que culminou com a criação do Sistema Único de Saúde (SUS). Os municípios ganharam a responsabilidade por uma parcela maior da prestação de serviços de saúde — e também dos gastos. Além disso, há grande variação social e econômica entre os municípios brasileiros, uma característica que aumenta o potencial de investigação comparativa sobre esses casos de forma a fornecer uma base de dados sólida para o teste de hipóteses. Os resultados desta pesquisa providenciam alguma orientação potencial para as autoridades públicas em relação ao direcionamento de esforços para a redução da corrupção.

Para concluir, vamos brevemente recapitular nossas principais descobertas e discutir suas implicações políticas. Em primeiro lugar, a experiência dos conselhos de saúde adquirida ao longo do tempo parece ter importância na redução da incidência de corrupção em gastos com saúde pública no nível municipal. A literatura sobre a *accountability* local raramente presta atenção ao processo de "aprender fazendo", que pode contribuir para que os conselhos de saúde tornem-se mais eficazes na superação dos problemas habituais associados ao monitoramento de despesas de saúde — tais como a complexidade, a falta de transparência e a assimetria de informação. Uma recomendação política importante decorrente de nossa pesquisa é que os *policy makers* deveriam procurar identificar políticas e programas que acelerem o processo de aprendizagem para que os membros do Conselho possam adquirir maior *expertise* no monitoramento de despesas de saúde em um período de tempo mais curto.

Em segundo lugar, em termos de *accountability* vertical, embora não estatisticamente significativos nos níveis convencionais, os resultados sugerem que as autoridades nacionais estariam bem servidas em continuar a trabalhar para garantir que as eleições locais sejam justas e competitivas. De acordo com a literatura, a disciplina imposta por um processo eleitoral aberto, em conjunto com uma oposição ativa, pode ajudar a deter a corrupção no nível local.

Em terceiro lugar, nossos resultados implicam que os municípios altamente dependentes de verbas federais e estaduais podem apresentar maior incidência de corrupção. Entretanto, os resultados também sugerem que o aumento da *accountability* horizontal, exercida por instituições de governança local, neste caso, um Conselho Municipal de Saúde, pode servir como contrapeso. Assim, enquanto as auditorias federais são uma ferramenta anticorrupção dirigida centralmente importante, a supervisão complementar local eficaz é fundamental para fazer com que funcionários municipais prestem contas e para reduzir a corrupção.

Em suma, se a *accountability* local não se tornar um mero chavão, deve-se dirigir maior atenção para que as instituições de governança local possam construir uma capacidade de exercer a supervisão eficaz dos funcionários municipais. Essa necessidade é particularmente relevante no monitoramento de gastos com a saúde e para evitar a corrupção na área. Os resultados deste estudo oferecem evidências empíricas que dão suporte às nossas recomendações. Esperamos que contribuam para políticas e práticas que possam melhorar a governança nos sistemas de saúde descentralizados.

Para ir além

BECKER, G. S. Crime and punishment: an economic approach. *Journal of Political Economy*, v. 76, p. 169-217, 1968.

BRINKERHOFF, D. W. Accountability and health systems: toward conceptual clarity and policy relevance. *Health Policy and Planning*, v. 19, p. 371-379, 2004.

FEREJOHN, J. Incumbent performance and electoral control. *Public Choice*, v. 50, p. 5-25, 1986.

GOEL, R. K.; NELSON, M. A. Corruption and government size: a disaggregated analysis. *Public Choice*, v. 97, p. 107-120, 1998.

KEEFER, P.; KHEMANI, S. Democracy, public expenditures, and the poor: understanding political incentives for providing public services. *The World Bank Research Observer*, v. 20, p. 1-27, 2005.

LEWIS, M. Governance and corruption in public health systems. *Working Paper #78*. Washington, DC: Center for Global Development, 2006.

MOREIRA, M. R.; ESCOREL, S. Municipal health councils in Brazil: a debate about the democratization of health policies in the twenty years of SUS. *Ciência & Saúde Coletiva*, v. 14, p. 795-806, 2009.

O'DONNELL, G. A. Delegative democracy. *Journal of Democracy*, v. 5, p. 55-69, 1994.

SAVEDOFF, W. D.; HUSSMANN, K. Why are health systems prone to corruption? In: *Transparency international*. Global corruption report 2006. Londres: Pluto Press, 2006. p. 4-16.

SHLEIFER, A.; VISHNY, R. W. Corruption. *The Quarterly Journal of Economics*, v. 108, p. 599-617, 1993.

11 Como a gestão escolar pode fazer a diferença

Diretores com treinamento em gestão, empreendedores e capazes de criar um clima escolar favorável influenciam o bom desempenho dos alunos

Fernando Luiz Abrucio

1. A importância do tema

A gestão faz diferença no desempenho das escolas brasileiras e, por conseguinte, de seus alunos? Essa questão, que motivou a pesquisa a seguir, ainda é pouco explorada. Não existem, no país, muitos estudos sobre como a gestão das escolas afeta os resultados acadêmicos dos alunos. Ao investigar esse tema, o objetivo é acrescentar mais conhecimento, não só em termos de respostas, como também quanto às perguntas que devem orientar futuros trabalhos sobre gestão escolar.

Outras três motivações direcionaram este estudo. Uma é de origem metodológica. Três lacunas costumam aparecer nos trabalhos existentes sobre gestão escolar. A primeira delas se refere à capacidade de combinar a visão micro com a macro. De um lado existe um número razoável de estudos de caso que relatam bem a diversidade de fatores que atuam sobre o cotidiano escolar brasileiro, mas que não têm um referencial geral e comparativo. De outro, utiliza-se uma abordagem estatística que, se consegue dar um sentido explicativo mais amplo à gestão, não consegue observar empiricamente o funcionamento das unidades escolares, e, desse modo, não capta os mecanismos que conformam a lógica dos bons gestores educacionais.

Como resposta a essas insuficiências, partiu-se aqui de uma metodologia que combina a perspectiva quantitativa com a qualitativa, para tentar ter um sentido generalizante e, ao mesmo tempo, conhecer como se dá a formação dos mecanismos que geram as causas da eficácia escolar.

Também há outro problema metodológico nas pesquisas em gestão escolar que acontece no Brasil, mas que não é exclusividade do país. Quase a totalidade dos trabalhos sobre esse assunto baseia-se na busca das melhores práticas. Tais estudos são importantes para encontrar determinadas ações ou políticas que deram certo em algum lugar, procurando depois disseminar essa prática. Porém, quando o estudo foca apenas as "escolas boas", não é possível conhecer plenamente o que poderá modificar as "escolas fracas". Particularmente, não se tem uma dimensão generalizante com essa abordagem, tampouco se descobre qual é o peso do contexto no desempenho dessas instituições.

Neste sentido, a pesquisa por nós realizada procurou estudar unidades escolares que fugissem dos extremos no plano dos resultados e que fossem similares em termos contextuais. Dessa maneira, os casos poderiam ser comparados e dessa comparação se poderia descobrir o que produz a diferença no que tange aos sucessos e fracassos relativos àquela realidade.

Existe, ainda, uma terceira lacuna metodológica nos estudos qualitativos realizados no Brasil. Geralmente, esses trabalhos ou fazem uma análise das instituições educacionais, daí retirando consequências para o funcionamento das escolas; ou então fazem investigações aprofundadas sobre uma ou mais unidades de ensino, mas não interligam isso com o sistema escolar. A presente pesquisa procurou sair dessa dicotomia, estudando como a secretaria municipal e/ou estadual e a comunidade interagem com cada uma das escolas estudadas.

Outra motivação para a realização deste trabalho relaciona-se com o objeto de estudo. Nesse caso, duas dimensões estiveram presentes. A primeira e mais importante é a necessidade de entender melhor a figura do diretor escolar e dos gestores que trabalham com ele, tema também pouco estudado no país. Paralelamente a essa pesquisa, a Fundação Victor Civita e o Ibope fizeram um *survey* nacional com diretores, buscando analisar suas opiniões e atitudes no que tange ao ambiente profissional e a questões relevantes de educação. As respostas obtidas pela enquete ajudaram muito na reflexão sobre a pesquisa de campo relacionada às 10 escolas públicas paulistas.

Procurou-se, no entanto, ir além: com o acompanhamento das unidades de ensino e de seu entorno comunitário e institucional, o objetivo foi ver "o diretor em ação" — ou, melhor, "os gestores escolares em ação". Dessa maneira, pode se perceber a complexa relação entre a fala e a prática dos principais comandantes das escolas — que o papel do diretor e de seus principais auxiliares nem sempre é o que eles desejariam que fosse, e que suas funções ainda precisam ser mais bem definidas.

Continuando no campo do objeto, a pesquisa escolheu municípios paulistas que não representassem os extremos da situação educacional. Nem os menores, cuja dimensão do problema deve ser bem menor, nem a cidade de São Paulo, cuja especificidade daria um viés à pesquisa, pois se trata de um município muito diferente dos demais. A motivação que nos levou a seguir essa linha foi a busca de casos mais próximos da maioria das municipalidades. Vale comentar que seria muito interessante estudar a capital numa outra oportunidade, utilizando o mesmo método de comparação.

A última motivação vincula-se à realização de uma pesquisa aplicada, mas com diálogo com a produção acadêmica. A separação entre essas duas dimensões dificulta a produção de políticas públicas. Nesse sentido, é interesse explícito desta pesquisa tentar intervir no debate público utilizando o ferramental científico.

Para dar conta dessas motivações, foram analisados os fatores comuns mais importantes para diferenciar a gestão em 10 escolas públicas paulistas, divididas em cinco pares.

2. Raio X da pesquisa

Defende-se aqui que a principal métrica deve ser o desempenho dos alunos. Qualquer avanço na gestão escolar só será útil caso consiga produzir bons resultados no corpo discente. Dessa maneira, a definição da performance das 10 escolas públicas paulistas terá como critério central, para efeito de escolha e comparação, um indicador padrão do desempenho dos alunos.

Se é verdade que o direito educacional tem nos alunos o seu portador, também é correto pensar que isso só será atingido caso se consiga montar uma organização escolar adequada. Embora a qualidade escolar tenha como critério central o desempenho acadêmico do alunado, isto não poderá ser alcançado se não houver determinado grau de motivação e satisfação no conjunto do sistema, composto por gestores escolares, professores, funcionários, os próprios alunos, a comunidade em volta da escola — principalmente as famílias dos discentes — e a sociedade de maneira geral. Seguindo esse raciocínio, a seleção, avaliação e comparação das escolas terão como âncora um medidor padrão do desempenho dos alunos, porém a compreensão dos mecanismos e dos resultados da gestão escolar levará em conta a qualidade do processo organizacional. Na verdade, o que se pretende mostrar com esta pesquisa é que há, nas melhores escolas dos pares selecionados, uma conexão maior entre esses dois elementos.

Buscando combinar métodos quantitativos com qualitativos, a pesquisa escolheu casos a partir de um referencial mais geral e estatístico, além de outras dimensões qualitativas de cunho contextual e teórico. Para tanto, foram utilizados sete filtros. O primeiro utiliza um dado consagrado que mensura o desempenho dos alunos. Trata-se da Prova Brasil de 2007, referente às provas de língua portuguesa e matemática. As escolas públicas paulistas foram, inicialmente, classificadas segundo as notas nesta avaliação, o que permitiria uma seleção segundo o direito de aprendizado dos alunos.

Sabe-se que o desempenho dos alunos tem uma relação importante com o que é feito na escola, mas há outros fatores que importam. Na verdade, a maior parte da performance do alunado deriva de sua condição social. Para evitar essa distorção contextual na comparação das unidades de ensino de São Paulo, foi utilizado um segundo filtro que controla os efeitos extraescolares e procura obter um efeito escola "mais puro".

Por meio desse instrumento, foi possível selecionar as 10 escolas públicas paulistas, sendo cinco com efeito alto/médio e cinco com efeito médio/baixo. Elas foram dispostas em pares, de modo a ter uma escola com efeito maior e outra com menor efeito, ambas em situação similar, a partir do controle dos efeitos extraescolares. Deste modo, foram comparadas duas unidades de ensino com notas diferentes, mas que teriam, em tese, condições de ter o mesmo resultado. Tendo essa base de seleção, a hipótese orientadora do trabalho foi de que a gestão poderia ser um fator decisivo — não o único, obviamente — para explicar o desempenho diferenciado das escolas.

O terceiro filtro considera que o controle aumenta quando comparadas escolas de um mesmo município. Mas foi preciso mais um filtro, o quarto, para fazer a escolha do ponto de vista territorial. Isso porque na Federação brasileira existe a possibilidade de se ter no mesmo município, quiçá na mesma rua, uma escola municipal e outra estadual. Por conta dessa situação federativa, escolhemos estudar seis escolas municipais e quatro estaduais, tendo como suposto que a descentralização no estado de São Paulo já significou uma grande municipalização do Ensino Fundamental. Não obstante, mais um filtro, o quinto, foi necessário: embora a unidade de análise seja o Ensino Fundamental, ele é dividido em dois ciclos — os antigos primário e ginásio. Assim, foram escolhidas quatro escolas do chamado Fundamental I e seis do Fundamental II.

Faltava ainda uma variável mais diretamente vinculada à gestão escolar. Escolheu-se então uma ligada ao diretor, a liderança mais importante numa escola. Adotou-se um sexto filtro: só seriam estudadas unidades escolares nas quais o diretor estivesse há pelo menos dois anos no cargo. Das 10 escolas estudadas, nove passaram por esse critério. Numa delas havia um diretor com menos do que dois anos no cargo, e decidimos analisá-la como um caso de controle. De fato, foi a escola com o pior resultado em termos de capacidade de gestão. No meio da pesquisa, houve a troca de outro diretor, mas os efeitos foram menos sentidos, porque o antigo já estava lá por um bom período e não houve tempo para mudar muito o cenário.

Para finalizar o processo de escolha, só poderiam ser escolhidas escolas que permitissem uma investigação mais aprofundada, pois os pesquisadores ficariam, no mínimo, por 15 dias em cada uma delas. Assim, uma das selecionadas originalmente teve de ser retirada da amostra, porque se percebeu que não haveria como realizar a contento a investigação por lá. Cabe frisar que, para garantir a qualidade do trabalho de campo, nos comprometemos a não revelar nomes de pessoas ou das escolas estudadas. Foi a única maneira de poder adentrar profundamente na vida daquelas escolas e de suas comunidades.

Depois de construídos estes filtros e escolhidas as escolas, foram montados os instrumentos de pesquisa. Basicamente, foram usadas três técnicas qualitativas. A primeira foi a análise histórico-institucional, recurso utilizado para descrever as condições mais gerais da cidade e do entorno das escolas estudadas. Além disso, buscou-se conhecer a estrutura das Secretarias e das Diretorias Regionais, bem como investigar a relação destas com as unidades de ensino. O segundo instrumento de pesquisa foram as entrevistas em profundidade com os atores-chave da rede de ensino, da escola, da comunidade e da sociedade local.

Utilizou-se, ainda, a etnografia como instrumento de pesquisa. Essa técnica foi essencial, pois ela nos permitiu observar a vivência mais profunda das escolas e cotejar as opiniões com a prática efetiva. Assim, pôde-se perceber desde dissonâncias entre discurso e ação, até diferenças entre o organograma formal e o real no processo decisório das escolas.

O trabalho etnográfico foi realizado de duas maneiras. A primeira foi o acompanhamento formal de atividades regulares e estruturadas nas unidades escolares ou nas Secretarias. A segunda foi composta de observações e conversas realizadas em lugares sem uma atividade prévia.

3. Principais resultados

A hipótese básica do trabalho era que a gestão e o papel dos gestores, em especial o diretor, fazem diferença nos resultados das escolas. O teste dessa visão teórica se mostrou efetivo em determinados aspectos da gestão que produziram diferenças entre os pares de unidades escolares. Mas, antes, vale realçar qual é a especificidade da gestão escolar.

A escola é uma organização complexa que pode ser pensada, em parte, pelos mesmos requisitos de outras, inclusive privadas, mas ela se assemelha mais às organizações que não têm fim lucrativo e às governamentais. Além de critérios de eficiência, efetividade e eficácia, contam outros Es, como equidade, ética pública e empoderamento.

Assim, devem ser evitadas duas visões extremas: a de ignorar a necessidade de os gestores escolares conhecerem e desenvolverem ferramentas de gestão, e a de acreditar que basta implantar um modelo gerencial "importado" de qualquer grande empresa, trazendo junto um diretor com perfil de "gerente", que serão resolvidos os problemas. Tais visões aparecem regularmente no debate educacional e produzem efeitos deletérios para o avanço da gestão escolar.

Tendo esse parâmetro conceitual em mente, o trabalho detectou vários aspectos relacionados à gestão escolar com influência sobre os resultados das escolas. Mas somente quatro foram comuns a quatro dos cinco pares, diferenciando o desempenho dentro deles. No outro par, esses fatores não ficaram tão evidentes e não se obteve uma explicação satisfatória acerca do desempenho diferenciado entre as escolas.

Os quatro fatores explicativos comuns à quase totalidade dos pares são os seguintes:

a) O fator que primeiramente saltou à vista foi o que chamamos de *qualidade do corpo de gestores*, em particular do diretor. Se a literatura internacional destaca que o bom diretor é aquele capaz de exercer o papel de líder, a presente pesquisa mostrou que, para a amostra escolhida, é o aspecto formativo que possibilita, em boa medida, o exercício da liderança. Em outras palavras, é preciso formar melhor os líderes, em vez de esperar que os diretores tenham esse dom natural.

A qualidade do corpo gestor foi medida por quatro critérios. Primeiro, a formação inicial dos diretores. Os que disseram não ter uma graduação que os preparasse para a função eram exatamente os que comandavam a maioria das piores escolas em quatro dos cinco pares. É verdade que todos reclamaram do curso de pedagogia em relação à função diretiva, mas só uma parte (das escolas piores) disse que a faculdade que fizeram não os habilitava para o exercício do cargo.

Com mais peso do que esse critério aparece a capacitação posterior. Ter feito capacitação foi um fato positivo, mais ainda se foi direcionada para um curso em gestão. Esse fato não só realça a insuficiência do curso de pedagogia para a função diretiva, mas ressalta que, embora todos os diretores tenham dito ter feito capacitação nos últimos anos, uma boa parte não o fez em gestão.

A forma como os gestores escolares, em especial o diretor, responderam às perguntas do questionário relacionadas à gestão deixou ainda mais nítidas as diferenças entre eles. Os que tinham melhor formação foram mais a fundo em tais questões, demonstrando maior domínio sobre o tema e, principalmente, interesse em tratar do assunto. Inversamente, aqueles com pior formação responderam de maneira ligeira e pouco interessada ou, na melhor das hipóteses, apresentaram ideias muito gerais, verdadeiros truísmos, evitando entrar nas minúcias ou controvérsias. Esse fato ficou mais claro nas situações-problema, nas quais os diretores com melhor formação buscavam debater mais o que fora colocado.

O efeito da melhor formação ficou evidenciado ao longo das observações e entrevistas. Era como se o acúmulo de indícios sobre o aspecto formativo se refletisse na prática da gestão. O mesmo interesse em discutir os temas propostos pelo questionário também apareceu em reuniões e encontros coletivos. Constatou-se que liderança precisa de uma bagagem prévia para poder ser criada e exercida.

b) O segundo fator diferenciador dos pares de escolas foi o *tipo de liderança construída pelo diretor*. Ela pode ser dividida em duas características: *uma atitude empreendedora em relação à escola e uma visão sistêmica da gestão*.

A atitude empreendedora significa não ter um comportamento "burocratizante", isto é, que fique preso de maneira formal às atividades administrativas definidas pela secretaria. Interessante notar que o comportamento "burocratizante" leva também a uma desresponsabilização do diretor, que ou descentraliza atividades sem acompanhar o seu funcionamento, ou culpa "outros" (principalmente a Secretaria) e deixa de enfrentar certos problemas.

Obviamente que há limites ao empreendedorismo na gestão escolar, por conta da pouca autonomia que os seus gestores têm e pela forte burocratização de suas atividades — nos casos estudados, maior nas escolas estaduais do que nas municipais. Mas exemplos de atitude empreendedora apareceram na forma de atração das famílias à vida escolar, na motivação dos professores, em processos de assimilação das avaliações externas ao plano pedagógico interno, na capacidade de atrair parcerias para ajudar as escolas ou seus alunos em horário extraescolar, enfim, em diversas atividades que não precisam do "carimbo" superior.

A pesquisa observou que essas atitudes empreendedoras estavam fortemente relacionadas com a qualidade do corpo de gestores, embora outros fatores influenciassem, como a existência prévia de parcerias, a própria ação de ONGs ou empresas em busca de maior atuação na educação, ter algum pai ou professor — ou mesmo professores — com grande capacidade de liderança. Porém, a partir de uma visão mais comparativa, o empreendedorismo na gestão escolar esteve mais vinculado ao perfil e às ações dos diretores e seus principais assessores.

A liderança positiva do diretor esteve igualmente ligada à capacidade de se ter uma visão sistêmica da escola, isto é, com capacidade de integrar as várias partes e atividades que envolvem o gerenciamento de uma unidade escolar. Para conseguir isso, além de melhor formação e atitude empreendedora, os diretores precisam descentralizar algumas funções, pois é impossível executar todas elas. O processo de repasse de funções, por sua vez, depende de duas coisas: da qualidade do restante do corpo gestor e da criação de mecanismos de monitoramento.

Não basta analisar o desempenho do diretor para compreender a gestão escolar. Outros gestores são fundamentais, como vice-diretor, coordenador pedagógico e assessoria direta, entre os principais postos. A qualidade do diretor, no geral, era melhor do que a do restante do corpo gestor, mas, nas escolas piores dentro dos pares, o conjunto do grupo diretivo era inferior ao presente nas melhores escolas — mais claramente em três das cinco duplas.

Dado que o diretor tem pouquíssima capacidade de selecionar pessoal, é possível que haja uma seleção adversa inicial ou intertemporal. Se for a primeira, os próprios funcionários da educação escolheriam aquelas que seriam as melhores e fugiriam das piores escolas. Percebeu-se que, a despeito das condições contextuais similares, os atores sabiam quais eram as melhores unidades escolares. Só que isso é um fenômeno que, do ponto de vista organizacional, começou em algum momento do tempo. E aí entra o fator intertemporal. Este processo de perpetuação do bom ou mau corpo diretivo só pode ser explicado de duas formas: a primeira tem a ver com a capacidade de a secretaria municipal ou estadual mudar isso; e a segunda, com a forma como o diretor atua sobre a lógica da atração ou repulsa dos profissionais depois de eles entrarem nas escolas.

A Secretaria estadual, na amostra analisada, não tem exercido esse poder de monitoramento e troca para evitar a seleção adversa. No caso das congêneres municipais, a troca de diretores tem sido mais utilizada como mecanismo para equilibrar mais a oferta e a demanda dos gestores escolares. Todavia, percebeu-se nesses casos que mais importante do que a qualidade prévia dos gestores é a capacidade de o diretor conseguir criar um entrosamento que o torne capaz de motivar e cobrar seus colegas de gestão. Dito de outro modo: é possível que uma escola obtenha os melhores gestores mas não os mantenha unidos, e o diretor tem um papel relevante para evitar isso.

c) O fator que apareceu com maior poder explicativo foi o clima organizacional. No que se refere à presente pesquisa, esse fator teve as seguintes características:

— Ênfase no trabalho em equipe, tanto no plano dos gestores como no âmbito dos professores e funcionários, definindo claramente formas de participação e responsabilização;
— Coesão e comprometimento da equipe gestora, e capacidade de conseguir estes resultados também no restante da comunidade interna à escola;
— Comando e princípios organizacionais bem definidos.

O clima organizacional tem como base a formação da identidade organizacional, a partir da qual podem se estruturar o planejamento político pedagógico e as metas. O ponto de partida é o envolvimento de toda a comunidade interna à escola em suas principais decisões. Isso só é possível se a proposta participativa não significar processos meramente formais, e caso ela tenha clareza quanto ao comando organizacional e a responsabilização dos agentes. Cabe reforçar que isso terá mais chances de ser atingido se o trabalho em equipe for ativado constantemente.

A maior parte das melhores escolas da amostra não pode ser classificada como um paradigma do trabalho em equipe e do envolvimento institucional. No entanto, em comparação aos seus pares, elas tinham um grau muito elevado de participação e trabalho em equipe. Conforme as entrevistas e conversas informais, o maior efeito desse processo era tornar as pessoas mais comprometidas com a direção da escola.

Para alcançar os objetivos organizacionais, foi mais importante para as escolas com boa performance ter coesão e comprometimento na equipe gestora. É claro que, se isso não irradiasse para o restante da organização, de pouco adiantaria. Mas o envolvimento de toda a comunidade interna perde força quando se percebe que não existe coerência ou que há conflitos muito grandes entre o diretor e os outros gestores.

Do ponto de vista da gestão escolar, portanto, é fundamental o entrosamento do corpo diretivo. Essa variável é essencial inclusive para manter ou potencializar a ação dos gestores escolares de boa formação. Nos casos com pior desempenho, a falta de formação e do tipo de liderança encontrado são grandes impeditivos para alcançar bons resultados, e tanto pior se essa situação for acrescida da fragilidade e desunião dentro da direção da escola.

O clima organizacional tende a ser mais satisfatório se o comando e os princípios organizacionais forem bem definidos. Uma escola organizada tende a ter desempenho melhor do que a desorganizada. Cabe notar que isso não deve ser feito por um "diretor autoritário", mas de outras três maneiras: cumprindo as normas organizacionais, com o exemplo sendo dado primeiramente pelos membros do corpo diretivo; com os professores, funcionários e alunos percebendo que suas opiniões sobre as regras são levadas em conta; e quando a arbitragem em relação às ambiguidades e conflitos é sentida, pelo menos pela maioria, como justa. Este último ponto foi visto em uma das escolas: uma situação que começou com alto grau de conflitividade teve um desfecho positivo, porque o diretor, segundo os entrevistados, além de ser respeitado porque seguia fielmente os parâmetros, ouviu a todos os lados e tomou uma decisão que criou um padrão de comando claro dali para diante.

d) O último fator que apareceu como um elemento diferenciador comum foi a *capacidade de dar importância e de utilizar as avaliações externas como parâmetro para a escola*. Esse aspecto esteve presente claramente em três dos cinco pares, e num outro revelou um contraste um pouco favorável à melhor escola, embora de um jeito menos nítido. Neste sentido, foi a causalidade comum com menor peso na amostra estudada.

A existência desse fator dependeu de três pontos. O primeiro diz respeito ao convencimento dos professores quanto à relevância da avaliação externa. Na maioria dos casos bem-sucedidos e mesmo em outros três do polo oposto dos pares, tal objetivo foi atingido. O diretor teve um papel importante nesse processo e sua tarefa tornou-se mais fácil quando foi ajudado por uma ação direta da secretaria, o que ocorreu com maior regularidade nos municípios. Cabe ressalvar que a resistência docente está, hoje, menos em aceitar avaliação externa como legítima e muito mais em suas possíveis consequências, principalmente no que se refere ao salário e à carreira do professor. Sobretudo a questão do bônus nas escolas estaduais gerou um enorme "ruído na comunicação", com muitas dúvidas e incertezas que demonstram dificuldade de o governo do estado chegar aos professores.

Só que essas duas questões não dizem respeito à direção das escolas. Elas são definidas pelas secretarias e o diretor não tem impacto sobre isso. Para ele, o desafio maior é como incorporar a avaliação na vida escolar, criando atividades pedagógicas extras e definindo quais metas deveriam ser alcançadas pelos alunos. Em três dos líderes dos pares, isso foi feito, sendo muito elogiado pelas comunidades interna e externa às escolas. Porém, ao mesmo tempo, há o temor, entre professores e alunos, de se criar uma lógica educacional à parte, que conviva esquizofrenicamente com as "aulas normais".

A incorporação do modelo de avaliação e metas dependeu ainda da capacidade de os diretores atraírem a comunidade, notadamente os pais, para esse processo. Novamente, em três líderes dos pares isso foi feito. Nesse item apareceram as inovações mais interessantes detectadas pela pesquisa, com parcerias com ONGs e empresas, gincanas e competições envolvendo a comunidade, murais criativos, entre os principais exemplos.

A maior dificuldade para utilizar as metas e avaliações como referência está na sala de aula, ou, mais especificamente, na fragilidade da gestão da aprendizagem. Trata-se do ponto mais frágil da gestão escolar encontrado nos estudos de caso. A corrida pela melhoria da performance dos alunos ocorre paralelamente ao modelo pedagógico vigente, modificando-o muito pouco. A mudança de currículo, o melhor uso do planejamento político pedagógico, a formação mais adequada em termos de conteúdo e didática dos professores e, especialmente, a inclusão de competências de gestão da aprendizagem na capacitação dos diretores seriam os remédios para esse problema.

4. Os impactos do estudo e um olhar à frente

A presente pesquisa trouxe uma série de questões sobre a gestão escolar. Antes de avaliar o desdobramento mais amplo destes achados, vale ressaltar os limites do trabalho.

Em primeiro lugar, não é possível generalizar todos estes resultados para o universo paulista, muito menos para o brasileiro. Valeria a pena, portanto, repetir esta metodologia num número maior de casos. Além disso, o foco do estudo foi a gestão e em nenhum momento partiu-se da hipótese de que ela resolveria todos os problemas das escolas — ao contrário, mostrou-se que a gestão escolar é limitada pela qualidade da gestão da rede. O papel dos professores, em termos de capacitação e estrutura de incentivos, continua sendo uma peça-chave para melhoria do desempenho dos alunos.

Mas os resultados alcançados não são triviais. Foi a primeira pesquisa no Brasil a fazer duas coisas essenciais do ponto de vista teórico-metodológico: comparar escolas em situação contextual similar e notas diferenciadas, além de ter separado a variável gestão para medir seu efeito. Os achados dialogam com a literatura nacional e internacional, por meio de boas evidências empíricas, aprofundadas em pesquisa de campo que procurou rastrear mais profundamente a vida escolar. As descobertas para as 10 escolas paulistas não devem simplesmente ser generalizadas, mas elas trazem fortes evidências de que isso pode estar acontecendo em outras partes do estado de São Paulo.

Daí ser fundamental relembrar os principais fatores encontrados como produtores de uma melhor gestão escolar. Em primeiro lugar, a qualidade do corpo de gestores, em especial do diretor. Assim, não será possível aperfeiçoar o gerenciamento escolar pela mera repetição de técnicas adotadas em casos bem-sucedidos, visto que a formação e a capacitação da direção escolar podem potencializar ou neutralizar tais instrumentos.

A formação e a capacitação devem ser voltadas para a construção de um tipo de liderança, que nas escolas estudadas mostrou-se mais adequado quando tinha as características do empreendedorismo e da visão sistêmica da gestão escolar. A essas qualificações devem ser adicionadas duas outras: a capacidade de atuar em prol de um bom clima escolar e a absorção das avaliações externas pelo processo educacional das escolas.

Outros aspectos, no entanto, também afetaram os resultados. Entre os que mais chamaram a atenção, podem ser citados a descontinuidade das políticas e pessoas; a falta de uma diferenciação do tipo de gestor e administração conforme o ciclo; os problemas de gestão de infraestrutura, da comunidade e do relacionamento com professores num momento de transição institucional; as falhas de organograma e na definição das funções; e o excesso de burocratização da gestão escolar.

Mas os dois pontos mais preocupantes foram o relacionamento entre as redes e as escolas e a gestão da aprendizagem. No que se refere ao primeiro ponto, o maior problema está no sistema estadual de ensino. Porém, para ambas, a estadualização e a municipalização, vale a seguinte conclusão: a grande questão no federalismo educacional brasileiro é como combinar a autonomia das escolas com supervisão e coordenação feitas pela rede de ensino.

Se o objetivo fosse especificar qual é o ponto mais frágil das escolas estudadas, seria a gestão da aprendizagem. Os diretores analisados tiveram pouca capacidade para mudar a prática de ensino na sala de aula. Talvez seja esse o tema que mais tenha de ser desenvolvido nas políticas públicas educacionais. Isso porque o Brasil passou, nas últimas duas décadas, por duas ondas reformistas. Fruto dos resultados da Constituição de 1988, a primeira produziu maior democratização do ensino, seja do ponto de vista do acesso, seja do ponto de vista das relações internas às escolas. A segunda onda começou em meados da década de 1990 e diz respeito à introdução da avaliação e dos indicadores como parâmetros do desempenho escolar. Ela está num processo menos avançado, mas já tomou conta da agenda pública.

Falta agora iniciar uma terceira onda de reformas, destinada a produzir transformações na gestão da aprendizagem. Os avanços no campo da avaliação mostraram o quanto falta para caminharmos para um cenário desejável, porém, não se sabe ainda como chegar a essa nova situação, a não ser pressionando os gestores e atores educacionais para alcançar determinados índices. Em outras palavras, a reflexão dos pesquisadores e formuladores de políticas públicas deveria se concentrar, cada vez mais, nos meios e métodos que efetivamente mudam os resultados do trabalho pedagógico.

Os resultados da pesquisa permitem, por fim, apontar alguns pontos que deverão ser desenvolvidos em termos de políticas públicas. O primeiro é a melhoria do processo de formação, capacitação e profissionalização do gestor escolar. Na mesma toada, é preciso transformar positivamente as organizações e a burocracia das redes de ensino. Mas o maior desafio, como dito, é como estruturar o processo pedagógico para que ele tenha os efeitos desejados na sala de aula e, consequentemente, no desempenho dos alunos.

Se pudéssemos sintetizar o modelo de diretor almejado, ele seria baseado na construção de um contrato com um gestor profissionalizado, o que demandaria melhor formação e capacitação desses dirigentes, a montagem de uma forte e entrosada equipe de apoio e a criação de um horizonte temporal estável para aferição dos resultados propostos pela direção. Este diretor lideraria a produção e a execução de um projeto político pedagógico que pudesse ser acompanhado e medido, por métricas objetivas e pela discussão com a comunidade e com a rede de ensino.

Para ir além

ALVES, Maria Teresa Gonçalves; FRANCO, Creso. A pesquisa em eficácia escolar no Brasil: evidências sobre os efeitos das escolas e fatores associados à eficácia escolar. In: BROOKE, Nagel; SOARES, José Francisco (Org.). *Pesquisa em eficácia escolar*: origens e trajetórias. Belo Horizonte: Editora da UFMG, 2008.

CARNOY, Martin. *A vantagem acadêmica de Cuba*: por que seus alunos vão melhor na escola. São Paulo: Ediouro, 2009.

HANUSHEK, E. The failure of input-based school policy. *The Economic Journal*, v. 113, 2003.

LOUZANO, Paula. *Do schools matter in Brazil?* Excellence and equity in Brazilian primary education. PhD thesis — Harvard University, Harvard, 2007.

LUCK, Heloísa. *Dimensões da gestão escolar e suas competências*. São Paulo: Fundação Lemann; Positivo, 2009.

REYNOLDS, David; TEDDLIE, Charles. Os processos da eficácia escolar. In: BROOKE, Nigel; SOARES, José Francisco (Org.). *Pesquisa em eficácia escolar*. Belo Horizonte: Editora da UFMG, 2008.

SOARES, José Francisco. O efeito da escola no desempenho cognitivo dos seus alunos. In: SOUSA, Alberto Mello (Org.). *Dimensões da avaliação educacional*. Petrópolis: Vozes, 2005.

SOARES, José Francisco; ALVES, Maria Teresa Alves. *Escolha de escolas para estudo do efeito da gestão escolar no desempenho dos alunos de Ensino Fundamental*. São Paulo: Fundação Victor Civita, 2010. Mimeografado.

PARTE 5
Competitividade internacional

12 O que leva à internacionalização dos *clusters*

O perfil das pequenas e médias empresas participantes e a forma de governança do *cluster* influenciam nas estratégias de inserção no mercado externo

Sergio Bulgacov
Sieglinde K. da Cunha
Yára Lúcia Mazziotti Bulgacov
João Carlos da Cunha

1. A importância do tema

Ao fincar seus negócios em um mesmo território, pequenas e médias empresas de um mesmo setor conseguem muitas vezes formar redes e parcerias que possibilitam superar obstáculos em sua trajetória de crescimento. Estudos mostram que o compartilhamento de experiências e conhecimentos entre os participantes dos chamados *clusters* pode gerar vantagem competitiva, ampliando as escolhas estratégicas e delineando novos modelos de negócios competitivos.

Os *clusters* também permitem a inserção em mercados que seriam inacessíveis para cada uma das empresas, inclusive internacionalmente. Mas não necessariamente aquelas companhias que fazem parte de um *cluster* unem esforços para se colocarem no mercado externo. O objetivo deste estudo é identificar em que condições essa inserção tem maiores chances de ocorrer.

Processos de internacionalização exigem conhecimentos não comumente existentes na comunidade das pequenas empresas. Requerem a constante busca por informações que oriente uma decisão adequada a respeito do modo de entrada, da caracterização das oportunidades de negócio e da permanência nos novos mercados.

Enquanto pesquisas anteriores têm seu foco direcionado principalmente para o que leva à formação de *clusters* em termos socioeconômicos, e para o posicionamento das empresas dentro da rede, a contribuição deste artigo é a de reconhecer os fatores que levam à formação e manutenção dos processos de internacionalização nos *clusters*.

Nesse sentido, o trabalho procura identificar os condicionantes para a internacionalização de pequenas e médias empresas, em cinco *clusters* do estado do Paraná, considerando três aspectos: 1) as relações internas e externas dos participantes (práticas relacionais); 2) os fatores externos, ou exógenos, que influenciam essas relações; e 3) os fatores internos, ou endógenos, que facilitam ou dificultam a internacionalização.

Assim, teoricamente este trabalho justifica-se por envolver essas três categorias de análise, que buscam uma compreensão maior sobre essa realidade complexa — o que pode servir de sugestão e apoio a estudos futuros. Além disso, utiliza-se um modelo de práticas estratégicas graduais e processuais, de forma a mostrar como funciona um ambiente de formação do conhecimento para a internacionalização. O trabalho também tem relevância para os gestores dos *clusters* e das empresas participantes, assim como para as instituições governamentais e não governamentais ali atuantes. Destaca-se, inclusive, a relevância dos *clusters* como geradores de emprego e renda que influem praticamente em toda a população de suas comunidades.

2. O estado da arte no campo

Todas as abordagens sobre *clusters*, tais como arranjos produtivos locais, distritos industriais, aglomerações de Porter, *milieux* inovadores e redes sociais, têm como elemento comum o estudo das relações entre os participantes como fator primordial que proporciona a absorção de conhecimento.

O conhecimento adquirido internamente pode ser considerado consequência das relações entre todos os agentes que mantêm algum tipo de relação com a organização. Além de intensificar as relações no *cluster*, para se tornarem competitivas internacionalmente, as empresas necessitam desenvolver canais com agentes externos para permitir o fluxo de conhecimento, aprendizagem e capacitação tecnológica.

Diversos autores destacam a importância das relações entre os próprios participantes e entre empresas de redes externas como crucial para a aquisição, criação e difusão do conhecimento para as suas empresas. A combinação entre as relações internas e as relações externas, quando existente, gera conhecimento, aprendizagem e inovação, constituindo-se em condição importante para a internacionalização das empresas.

Essas relações podem ser consideradas fonte privilegiada de aquisição de conhecimento, estimulada pela proximidade geográfica e tecnológica. A proximidade favorece a complementaridade tecnológica, as interdependências socioculturais, o fluxo de informação, o conhecimento e a capacitação tecnológica das empresas.

Estudos contemporâneos, entretanto, destacam que a proximidade física muitas vezes deixa de ser relevante em privilégio de outros condicionantes, tais como a confiança e o compromisso com a busca por novas oportunidades em mercados internacionais.

Além das práticas relacionais, há fatores exógenos e endógenos que geram condições à internacionalização. Quanto aos fatores exógenos, o ambiente, a estratégia, os avanços tecnológicos e a cultura influenciam nas relações que terão os membros dos *clusters* para avançar no mercado internacional.

Os laços entre as companhias participantes dos *clusters* permitem administrar as incertezas ambientais e atender as necessidades de recursos, para dividir os custos e os riscos de um projeto. Com o aumento do número de parceiros, a maior cooperação entre eles e os efeitos do aprendizado interno, as empresas do *cluster* tornam-se mais capacitadas para aumentar sua competitividade, ampliam seus canais de relacionamento com a economia global, desenvolvem fortes conexões com outros *clusters* internacionais, reproduzindo novas relações de aprendizagem, de conhecimento e de contínua capacitação.

Em relação aos fatores endógenos, grande parte da literatura destaca a disponibilidade ou a ausência de informação que facilita ou dificulta as relações entre as empresas. Outra variável endógena significativa a ser considerada no processo de internacionalização diz respeito à influência da inovação. É possível observar algumas pesquisas cujos resultados têm mostrado que a inovação vem impactando de forma positiva e significativa a internacionalização. Porém, o enfoque sobre a relação entre inovação e internacionalização tem sido pouco explorado e, consequentemente, há poucos estudos empíricos que exploram essa relação de forma recíproca.

Segundo a perspectiva da teoria da dependência dos recursos, utilizada neste estudo, nenhuma organização é capaz de gerar todos os recursos de que necessita, nem toda atividade pode ser realizada somente internamente de maneira isolada e independente. As organizações dependem do seu ambiente e de outras organizações como forma de obter o acesso aos recursos de que necessitam.

Partindo do pressuposto de que não existe autossuficiência, a competição por recursos escassos leva à dependência de algumas organizações em relação a outras. As escolhas estratégicas é que vão determinar o posicionamento de uma organização perante seus competidores. Entre as oportunidades que podem ser exploradas para melhorar essa posição, estão as ações coletivas.

Nas ações coletivas, a questão essencial é ajustar as estratégias entre os parceiros de forma que o relacionamento contribua positivamente para o alcance dos objetivos de cada uma das partes — assim como para aprender a operar em novos mercados domésticos ou externos ou para inovar e diversificar em novos negócios.

Nesse contexto de busca por recursos de modo coletivo, a aprendizagem organizacional ocorre quando a organização tem a capacidade de identificar elementos facilitadores e barreiras, ou aqui representados pelos condicionantes para a internacionalização, a partir de um contexto prévio para aprender.

Em um cenário de mudanças, o desafio para a empresa é selecionar informações úteis ao seu processo de formação e a comunicação dos conhecimentos aos seus participantes. À medida que as organizações aprimoram sua capacidade de distinguir entre dados, informação e conhecimento, estarão gradativamente selecionando conhecimentos que de fato irão agregar valor ao processo de aprendizagem e, portanto, ao de inovação e diversificação para a internacionalização.

Assim, por se entender que um dos desafios dos *clusters* de pequenas empresas seja adquirir uma nova forma de trabalhar cooperativamente para competir no mercado internacional, por meio da sinergia de recursos, a questão da aprendizagem emerge como um conjunto de atividades ou práticas situadas enquanto construção social. Uma das questões a investigar nesse processo são condições que predispõem as lideranças a construírem uma cultura comum que garanta a transmissão de conhecimento — e que por sua vez facilite o sucesso para a cooperação das empresas internacionalmente.

Essa análise pode ser orientada por quatro questões básicas: a) Quem são os sujeitos que aprendem e como eles são definidos e localizados? b) Por que eles aprendem e o que os leva a fazer esse esforço? c) O que eles aprendem e quais os conteúdos e os resultados da aprendizagem? d) Como eles aprendem e quais as ações-chave ou processos de aprendizagem? A partir dessas respostas, emerge o pressuposto: com a aprendizagem compartilhada, as empresas desenvolvem melhores estratégias para a internacionalização de seus negócios.

Neste estudo, entende-se a internacionalização como processo de etapas incrementais. A partir do aprendizado e da captação de recursos obtidos com a expansão de seu mercado, a organização utiliza diferentes modos de entrada, iniciando por um simples processo de exportação indireta via representante (local ou internacional), contratos de parceria internacional, alianças com ou sem investimento até o envolvimento total via aquisição ou Green Field.

Assim, a internacionalização é considerada um processo de natureza incremental, baseado em aprendizagem e conhecimento. Isso significa que as empresas aprendem mais por meio das relações interorganizacionais e menos como consequência de etapas deliberadas e planejadas. Uma das principais contribuições dessa abordagem é a de assumir a racionalidade limitada dos indivíduos e direcionar os estudos ao comportamento organizacional das organizações ao se internacionalizarem, assumindo que o processo também envolve aprendizagem.

Essa forma processual da internacionalização surge das grandes incertezas, dos elevados custos com informação e também da falta de conhecimento empírico sobre o mercado, principalmente em empresas de pequeno e médio porte. Portanto, a exportação seria uma espécie de inovação para essas organizações, devido ao alto grau de incerteza que apenas será reduzida adquirindo-se experiência. Entretanto, apesar da importância dessa abordagem, há estudos que salientam a discrepância entre a teoria e o efetivo comportamento nos processos de internacionalização, destacando a necessidade de se pesquisar mais sobre como as empresas, de fato, escolhem seus modos para se tornarem internacionais.

3. Raio X da pesquisa

Foram selecionados cinco *clusters* para análise, todos no estado do Paraná, escolhidos por tipicidade, relevância socioeconômica regional, acessibilidade e por proverem os condicionantes para a internacionalização de suas empresas. O quadro 1 mostra detalhes de cada um deles.

Quadro 1
Características dos *clusters* pesquisados

Cluster	Localidade	Produtos principais	Número de empresas envolvidas	Empresas em processo de internacionalização
Confecções	Maringá e região	Vestuário	91	12
Confecções	Francisco Beltrão e região	Vestuário	195	19
Confecções de bonés	Apucarana e região	Bonés e camisetas	109	24
Mobiliário	Arapongas e região	Móveis	576	72
Metais Sanitários	Loanda	Torneiras e acessórios	34	6

Fonte: Autores.

Foram realizadas 39 entrevistas e coletados dados das atividades dos escritórios das governanças dos *clusters* e de nove empresas (três do setor madeireiro, uma de confecções de Maringá, uma da associação de produtores de bonés de Apucarana, uma do arranjo de Francisco Beltrão e três do *cluster* de metais de Loanda). Além disso, foram feitas análises documentais de relatórios, atas de reuniões, atos de constituição e normatizações existentes nas governanças de cada um dos *clusters*. Os dados foram coletados durante nove meses divididos entre os cinco *clusters* e se referem aos anos de 2008 a 2009.

A coleta de dados foi realizada em duas etapas. Primeiramente, foram obtidas informações por meio da Federação das Indústrias do Paraná (Fiep) e nos escritórios dos *clusters*. Na segunda etapa, esses dados iniciais foram complementados com entrevistas informais com pessoas que atuam nas entidades de apoio aos arranjos como o Serviço Brasileiro de Apoio a Micro e Pequena (Sebrae) e a própria Fiep. A primeira fase durou aproximadamente quatro meses e a segunda, aproximadamente cinco meses.

As entrevistas foram feitas com três dirigentes da associação que constitui o *cluster* de confecções de Maringá, seis do madeireiro, um de confecções de Francisco Beltrão, um do *cluster* de metal de Loanda e cinco de confecções de bonés de Apucarana. O restante das 23 entrevistas foi realizado com dirigentes das empresas participantes, que ao mesmo tempo são os seus proprietários. A maioria dos dirigentes das empresas, inclusive os dirigentes das associações, são os fundadores das empresas. Com exceção de seis dos dirigentes, cinco assumiram a empresa da família e um a adquiriu após seis anos de fundação. Nove dos entrevistados possuem curso superior. O restante concluiu o curso secundário e todos realizaram diversos cursos técnicos relativos ao seu negócio ou atividade principal.

Com os dados, foi possível realizar uma análise temática e assim identificar as práticas individuais e coletivas estratégicas nos processos de internacionalização. Em seguida, iniciou-se a análise de conteúdo, e os temas foram relacionados aos seus significados compartilhados para cada uma das categorias de análise da proposta.

4. Principais resultados

Os dados da pesquisa apontam algumas das práticas relevantes que são promovidas pela estrutura de governança e pelos próprios participantes para criar relações de confiança no *cluster*. Assim, eles começam a se envolver em processos de aprendizagem sobre como buscar e explorar novas oportunidades, não só dentro como fora do país. Afinal, o que constitui a rede de cooperação, conforme têm demonstrado vários autores, é a troca de informações, o intercâmbio de ideias, o desenvolvimento de visão estratégica, a definição de áreas de atuação, a análise conjunta dos problemas e a busca de uma solução em comum.

Alguns depoimentos colhidos durante a pesquisa mostram como se desenvolvem essas práticas de estreitamento de relacionamentos. "São promovidas reuniões informais para a aproximação social dos empresários", diz um dos participantes. "Objetiva-se inicialmente a troca de informações para, num segundo momento, procurar uma governança para a consolidação de iniciativas colaborativas mais consistentes."

Nesses encontros, são também previstas reuniões periódicas para a atualização do planejamento estratégico e operacional. Na posição de um dirigente do *cluster* moveleiro: "Na última reunião do ano, estiveram presentes 78 empresários", onde "foram apresentados aos novos participantes os canais coletivos de comunicação, como o jornal e o site". "Por esses canais, as atividades e decisões tomadas pela coordenação do APL (Arranjo Produtivo Local) são informadas para todas as empresas, facilitando a disseminação das informações a respeito das experiências das empresas e dos seus resultados."

Nesse *cluster*, as atividades coletivas de aprendizagem e troca de conhecimentos são projetos cooperativos que ocorrem entre as empresas e várias entidades com atuação efetiva ao longo do tempo, tais como sindicatos, entidades governamentais, governos estaduais e municipais. Assim, afirma um dos participantes: "A maioria das empresas que faz parte do sindicato, de modo geral, são as que possuem mais de 19 empregados e, assim, podem recorrer a consultorias e ao Senai para solução de problemas de ordem operacional e tecnológica. O Sebrae contribui com o desenvolvimento de cursos na área de gestão".

Identificou-se que as ações promovidas pela governança dos *clusters*, como a participação em feiras, a leitura de matérias de revistas especializadas e o acompanhamento das informações do setor, são percebidas como importantes na disseminação do conhecimento para a comunidade de modo geral.

Os dados das entrevistas, somados aos documentos levantados pela pesquisa, sugerem quatro agrupamentos ou perfis comportamentais orientados para as práticas relacionais que podem promover a aprendizagem e, consequentemente, a internacionalização das empresas:

Perfil 1 — Empresas que não se relacionam com a finalidade de trocar experiências e conhecimento entre si

Observa-se, em todos os *clusters*, que o relacionamento entre as empresas em busca de troca de experiências e aprendizagem para a internacionalização não se dá de forma fácil e natural. Ao contrário. Uma barreira diz respeito à noção persistente da concorrência entre as próprias empresas participantes do *cluster*. Como diz um dos entrevistados, "os integrantes têm como referência apenas o mercado local". Observa-se que este perfil 1 é representado pelo maior número de empresas de todos os *clusters* da pesquisa, a maioria, micro e pequenas.

Perfil 2 — Empresas que participam de algumas atividades relacionais, mas não colaboram com a troca de informações

A troca de informações nem sempre é natural nos *clusters*. Coletamos alguns depoimentos que mostram como há, em muitos casos, uma barreira nesse sentido: "Embora participem de algumas atividades relacionais, os integrantes não colaboram na troca de informações"; "Esperam por comunicados, experiências e benefícios das demais, mas não atuam colaborativamente"; "Embora o grau de pessoas que não colaboram na troca de informações seja pequeno [...] eles exercem influência negativa na percepção dos demais, prejudicando a disseminação da confiança entre os demais participantes".

Perfil 3 — Pequenos grupos de empresas que atuam de forma colaborativa entre si e paralelamente ao grande grupo de empresas dos *clusters*

Neste perfil, as relações acontecem por meio de "orientações próprias em um grupo constituído pela confiança" "construída" com o passar do tempo "entre eles" — as definições entre aspas são dos próprios entrevistados. Ou então ocorrem por meio de uma das entidades agregadoras para a promoção da troca de experiências e aprendizagem, como diz um entrevistado, "principalmente em conhecimentos operacionais, troca de materiais, revisão de custos e empréstimo de equipamentos". De acordo com as entrevistas, pode-se concluir que esses grupos são representados em geral por um número pequeno de empresas, de três a cinco.

Perfil 4 — Empresas com atividades de relacionamento e colaboração estratégica intensiva com outras empresas e entidades

Os dados indicam que as empresas deste perfil participam coletivamente na busca por inovações, novos mercados e, conforme diz um dos entrevistados, "atuam com centrais de compras e cooperativas de exportação" em conformidade com as definições de aprendizagem relacional. Mas, de acordo com os dados coletados, são poucas as empresas que participam desse perfil.

Os quatro perfis são apresentados no quadro 2.

Quadro 2
Perfis comportamentais referentes às atividades relacionais

	Não trocam informações	Trocam informações
Empresas que se relacionam com o *cluster*	**Perfil 2:** Grupo diversificado de empresas Estabelecem relacionamentos no *cluster*, mas não colaboram com informações de interesse coletivo	**Perfil 4:** Empresas de médio porte com experiências coletivas de aprendizagem Promovem troca intensiva de informações e aprendizagem
Empresas que não se relacionam com o *cluster*	**Perfil 1:** Maioria das empresas de micro e pequeno porte Não se relacionam no *cluster* e não trocam informações	**Perfil 3:** Grupo diversificado de empresas Criam grupos paralelos com troca de informações

Fonte: Autores.

Quanto à internacionalização, a maior parte das empresas que fazem parte dos *clusters* pesquisados atende ao mercado nacional. Pelos dados dos relatórios das governanças, a exportação representa aproximadamente 8% da produção, de modo geral, e tem apresentado forte crescimento. Apenas no *cluster* de vestuário de Francisco Beltrão, a tendência apresenta-se pela "preferência ao mercado nacional em forte crescimento", segundo um dos entrevistados.

De acordo com dados obtidos dos relatórios, as vendas para o mercado externo pelo menos dobraram no conjunto dos *clusters* nos últimos três anos. Nesse sentido, as empresas do terceiro e quarto perfis de comprometimento descritos anteriormente, que apresentam relacionamentos orientados para a internacionalização, estão buscando capacitação para facilitar a inserção no mercado externo. Elas vêm procurando se diferenciar em *design* e qualidade dos produtos, por meio do investimento em qualidade, modernizações dos equipamentos, lançamento de novos produtos e pela busca por novos canais de comercialização.

As primeiras experiências nos *clusters* de confecções relacionadas à internacionalização demonstram que os mecanismos colaborativos de aprendizagem ocorrem em processo e em fases. Segundo dados das entrevistas, percebe-se que as primeiras ações de exportação para o Mercosul ocorreram por iniciativas individuais. Num segundo momento, ações coletivas indicaram uma predisposição de algumas das empresas a "trabalharem colaborativamente nos processos de internacionalização principalmente pelas facilidades na obtenção de informações de modo coletivo", de acordo com um dos dirigentes consultados.

Foram observados alguns fatores contingenciais que dificultam uma melhor inserção dos *clusters* no mercado internacional, como a valorização da moeda brasileira (real). Outro fator diz respeito à falta de conhecimento das organizações brasileiras de pequeno e médio porte sobre os mercados internacionais. Aqui está presente o que os empresários chamam de "cultura exportadora", que consideram não possuir.

Com relação às estratégias para a internacionalização, elas são formuladas pelas lideranças dos *clusters*, que sugerem quais segmentos vão ser explorados e como o produto ou processo deve ser feito para atender a determinadas especificações. Depois disso, como diz um entrevistado, "é detalhado com as empresas quais ações serão levadas adiante". Esse processo é visto de forma positiva: "Essas ações têm promovido uma maior integração entre as empresas e, consequentemente, o aprendizado a respeito dos novos mercados". De modo recursivo, a colaboração das empresas situadas no quadrante quatro fornece os subsídios de suas melhores práticas para que a governança estenda as informações para o restante das empresas.

O processo de internacionalização se dá principalmente com o uso de agentes representantes no exterior e a adaptação sucessiva ocorre com a aplicação de novas técnicas de produção e *design* de produto. As práticas, obtidas dos bons resultados das empresas que passaram pela experiência e as disseminaram entre os participantes e orientadas para a internacionalização por *cluster*, são apresentadas no quadro 3.

Quadro 3
Práticas orientadas para a internacionalização dos *clusters*

Cluster	Produtos principais	Número de empresas envolvidas	Empresas em processo de internacionalização	Meios da internacionalização	Tendência observada
Confecções	Vestuário	91	12	Exportação por meio de representante	Crescimento
Confecções	Vestuário	195	19	Representante	Estabilidade
Confecções de bonés	Bonés e camisetas	109	24	Exportação direta e representante	Crescimento
Mobiliário	Móveis	576	72	Exportação direta e representante	Crescimento
Metais Sanitários	Torneiras e acessórios	34	6	Representante	Crescimento

Fonte: Autores.

Esses dados, em conjunto, sugerem que o perfil dos participantes influencia de modo significativo nas práticas relacionais entre as organizações e, consequentemente, naquelas orientadas para a internacionalização. Os diferentes perfis, principalmente os 3 e 4, podem ajudar a consolidar uma rede de cooperação, com a disseminação de experiências de ganho de escala, poder de mercado, provisão de soluções, aprendizagem e inovação e redução de custos e riscos.

Observa-se que as práticas de governança das redes assumem papel fundamental nas relações entre as empresas. Cabe destacar as reuniões de disseminação de experiências de internacionalização, culminando com sugestões como as da utilização inicial de agentes de representação para a comercialização em mercados pouco conhecidos.

5. Os impactos do estudo

Considerando que uma das propostas deste estudo era a de identificar fatores externos e internos para a consolidação dos processos de internacionalização de cinco *clusters* paranaenses, vale ressaltar que não foi possível nesta investigação separar os condicionantes exógenos e endógenos pela sua inter-relação e dependência.

Observa-se, entretanto, que o perfil dos participantes influencia de modo significativo as práticas relacionais entre as organizações e, consequentemente, aquelas orientadas para a internacionalização. Como os condicionantes são mais complexos na prática do que é apresentado pelas abordagens teóricas e pelos pressupostos da área, constata-se, portanto, que a relação entre esses fatores se dá de forma recursiva e não em uma relação de causa e efeito. Ainda é preciso considerar, nesse processo, diferentes contextos e configurações das interações existentes entre as empresas e entidades participantes.

Assim, o fato de a prática relacional existente nos *clusters* pesquisados ser um fenômeno dinâmico e subjetivo acaba dificultando uma análise direta com parametrização conforme almejado inicialmente. Entretanto, os resultados das análises das relações interorganizacionais permitiram identificar os seguintes subsídios qualitativos para compreensão dos fenômenos estudados — e que devem ser consideradas como sugestões para estudos futuros:

A existência da confiança interpessoal entre os participantes é decisiva para a consolidação das relações sociais dos *clusters*, e, principalmente, para a definição dos seus líderes, da estratégia e dos critérios de governança.

O perfil dos dirigentes de empresas, entidades governamentais e entidades não governamentais envolvidos nos *clusters* tem papel fundamental na consolidação e na manutenção das relações interorganizacionais, no apoio de estudos e prospecções em mercados desconhecidos e nas orientações técnicas e gerenciais.

A integração com o apoio governamental local, regional e nacional pode ser vista como diferencial para o acesso aos mercados externos, pois pequenas empresas têm maiores dificuldades para conhecer culturas e demandas dos diferentes mercados externos.

Para a consolidação da internacionalização, é necessária uma perspectiva de forma incremental e de médio e longo prazo, pois o imediatismo impede o comprometimento e o investimento orientado para o mercado internacional.

O comprometimento com o processo de internacionalização amplia o relacionamento entre as empresas do *cluster*, permitindo encontrar caminhos, ideias e meios para mobilizar e aproveitar os recursos internos ali existentes, ampliando o uso de formas alternativas de trabalho cooperativo.

As empresas que estabelecem alianças sinérgicas com outras empresas no processo de internacionalização tornam-se mais competitivas, individualmente, com a superação de suas deficiências organizacionais específicas e a revisão dos processos de relações com o mercado, entre outros aspectos.

Quando a governança do *cluster* amplia a ação coletiva, propicia às empresas nos seus processos de internacionalização maiores condições de negociação, exposição, confiabilidade e investimentos orientados para a capacitação técnica e gerencial.

A reputação dos empresários e dos líderes dos *clusters* é um fator que influencia significativamente o relacionamento interorganizacional, pois as organizações exercem influência umas sobre as outras e o fato de compartilharem atividades depende do grau de confiança e comprometimento.

Organizações mais centrais, devido à sua posição no *cluster* e na capacidade de gerar iniciativas, exercem mais influência sobre as demais empresas do que recebem.

A existência de estruturas de governança e mecanismos de controle social e técnico que garantam a observância da estratégia estabelecida e controlem riscos de oportunismo são pré-requisitos essenciais à consolidação das relações.

Quando empresas buscam a reestruturação e inovações em processos, recursos e produtos, por meio da cooperação, amplia-se o seu papel como agentes de colaboração e de disseminação das intenções coletivizadas pela governança.

As dificuldades para o estabelecimento dos critérios para se identificar as diferenças entre as empresas e sua participação nos processos colaborativos representam uma barreira para a troca de informações.

Os mecanismos de comunicação e de troca de experiências e informações entre os participantes são cruciais para a internacionalização e é preciso ter cuidado, nas ações de governança, com subgrupos que se encontram em níveis de desenvolvimento cooperativo diferentes.

A estratégia de competição se revela como o principal obstáculo às práticas relacionais para a busca de mercado externo. Para a maioria das empresas, a estratégia de cooperação se dá em busca da realização individual e de resultados imediatos e poucas empresas acabam por colaborar na troca de informações estratégicas.

A distância geográfica ainda se constitui em forte limitador à ampliação das relações interorganizacionais e colaborativas.

A divulgação das práticas positivas de internacionalização tanto pela governança como pelas empresas individualmente tem ampliado os grupos e subgrupos colaborativos nesse processo.

Resumidamente, pode-se afirmar que as ações cooperativas direcionadas à internacionalização são possibilitadas pelo próprio ambiente de relações e pelas próprias condições internas do *cluster* construídas historicamente. Os condicionantes endógenos e exógenos modelam os valores individuais dos empresários, de seus colaboradores e das instituições públicas envolvidas. Trata-se de uma relação recíproca, com potencial de ampliar as perspectivas colaborativas por meio da governança — quando se deixam explícitas e se atendem as expectativas da internacionalização.

Há dados suficientes para se constatar, nos *clusters* pesquisados, que as relações interorganizacionais, quando efetivas, são capazes de disseminar conhecimento entre seus membros, transformando o conhecimento tácito existente individualmente em conhecimento explícito para as demais empresas participantes. É um processo circular de troca de conhecimento que pode beneficiar a rede como um todo, com a busca por novas práticas, valores, comportamentos e legitimação no grupo.

Foram observadas três barreiras principais para que esse processo ocorra de maneira mais efetiva: problemas de comunicação, de comportamentos diferentes entre empresas do *cluster* e riscos de empresas competirem, em vez de cooperarem. Em contrapartida, a formalização e a institucionalização dos *clusters*, bem como a constituição de uma estrutura de governança, atuam como facilitadores por meio dos canais abertos de socialização e de comunicação. Nesse caso, possuem papel significativo para o estabelecimento da confiança e do comprometimento.

6. Um olhar à frente

A formação de parcerias entre empresas no sentido de ampliar a aprendizagem para a busca de novas oportunidades de mercado, inclusive internacionalmente, traz desafios para identificar quais são os fatores que influenciam esse processo. Verifica-se que há empecilhos, como a concorrência entre empresas de um mesmo *cluster* e assimetria entre as suas estratégias. Entretanto, há muitas empresas dispostas a colaborar umas com as outras, ampliando a relevância desse tema como campo de estudo.

A internacionalização exige, principalmente das pequenas empresas, conhecimentos não comumente encontrados. Trata-se de um processo gradual de aprendizagem, que requer a busca de informações e ações, muitas vezes coletivas, para o atendimento das exigências dos mercados selecionados.

Entende-se que o futuro do campo envolva o estudo aprofundado de casos, estudos longitudinais e *surveys* que conduzam a um maior entendimento dos motivos e fatores que envolvem as parcerias, assim como seus comportamentos organizacionais e estratégicos. Entre os temas sugeridos como estudos futuros, recomendamos:

De que forma os *clusters* e arranjos produtivos locais têm contribuído com o desenvolvimento local e regional?

Como se constitui a governança dos *clusters* quando há a formação de uma rede de colaboração?

Quais agências externas e internas ao *cluster* contribuem para sua governança e para as estratégias de internacionalização?

O perfil dos dirigentes tem alguma relação com a efetividade da rede de colaboração?

Quais os efeitos do comprometimento com o processo de internacionalização para as empresas em termos de tecnologia, mecanismos de marketing e investimentos em capacitação gerencial?

Quais os perfis colaborativos que são encontrados nos *clusters* nacionais e de que forma eles se relacionam entre si?

De que forma problemas de comunicação, de diferenças de comportamentos e de relações competitivas entre empresas de um mesmo *cluster* afetam o processo de colaboração?

Para ir além

BALESTRIN, A.; VARGAS, L. M. A dimensão estratégica das redes horizontais de PMES: teorização e evidências. *Revista de Administração Contemporânea*, ed. esp., p. 203-227, 2004.

BALESTRO, M. V. Características estruturais e mecanismos de governança em redes de cooperação: apontamentos conceituais. In: VERSCHOORE, J. R. S. (Org.). *Redes de cooperação*: uma nova organização de pequenas e médias empresas no Rio Grande do Sul. Porto Alegre: FEE, 2004. p. 49-67.

CASAROTTO FILHO, N. Instrumentos de integração e governança em aglomerações competitivas. 2005. Disponível em: <www.ucdb.br/coloquio/arquivos/Casarotto.pdf>. Acesso em: 30 abr. 2010.

CASSIOLATO, J. E.; LASTRES, H. M. M. O foco em arranjos produtivos e inovativos locais de micro e pequenas empresas. In: LASTRES, H. M. M.; CASSIOLATO, J. E.; MACIEL, M. L. (Org.). *Pequena empresa*: cooperação e desenvolvimento local. Rio de Janeiro: Relume Dumará, 2003.

CUNHA, S. K.; CUNHA, J. C. Experiências paranaenses na avaliação sistêmica de *clusters*. In: FAURÉ, Yves-A; HASENCLEVER, L. (Org.). *Caleidoscópio do desenvolvimento local no Brasil*: diversidade das abordagens e experiências. Rio de Janeiro: IE-UFPRJ, 2007. v. 1, p. 93-130.

JOHANSON, J.; VAHLNE, J. The Uppsala Internationalization process model revisited: From liability of foreignness to liability of outsidership. *Journal of International Business Studies*, v. 40, n. 9, p. 1411-1431, 2009.

LASTRES, H. M. M.; CASSIOLATO, J. E. Glossário de arranjos e sistemas produtivos e inovativos locais: quinta revisão. *Rede de Pesquisa em Sistemas Produtivos e Inovativos Locais*. s.l.: s.n., jun. 2005. p. 1-30. Disponível em: <www.redesist.ie.ufrj.br/>. Acesso em: 13 jan. 2009.

LIMA, F. G. S. N.; CAMPOS FILHO, L. A. N. Mapeamento dos estudos contemporâneos em alianças e redes estratégicas. *Revista Brasileira de Gestão e Negócios*, v. 11, n. 31, 2009.

REZENDE, S. F. L.; VERSIANI, A. F. Relacionamentos intersubsidiárias e processos de internacionalização de multinacionais. *Revista de Administração — Rausp*, São Paulo, v. 42, n. 2, abr./jun. 2007.

TÁLAMO, J. R. Formação e gestão de redes de cooperação empresarial. 233f. Tese (doutorado em engenharia de produção) – Setor de Ciências Exatas, Escola Politécnica da Universidade de São Paulo, São Paulo, 2008.

TALLMAN, S. et al. Knowledge clusters and competitive advantage. *Academy of Management Review*, v. 29, n. 2, p. 258-271, 2004.

WOITCHUNAS, L. F.; SAUSEN, J. O. Fatores críticos de sucesso no processo de formação, desenvolvimento e manutenção de redes de cooperação e suas relações com o desenvolvimento local e regional. In: ENCONTRO DA ANPAD, 29, 2005, Brasília. *Anais*... Distrito Federal: s.n., 2005. p. 1-16.

13 Os investimentos preferidos pelos gestores estrangeiros na América Latina

Os administradores de fundos de fora do país desejam ações de empresas de maior visibilidade

João Luiz Piccioni Junior
Hsia Hua Sheng
Mayra Ivanoff Lora

1. Introdução

De acordo com dados do Investment Company Institute (ICI), o total de ativos registrado pela indústria de fundos mútuos ao redor do globo alcançou US$ 24,7 trilhões no final de 2010, uma evolução de 108% desde o início da década. Os cinco países detentores da maior fração dessa indústria eram os Estados Unidos (48%), Luxemburgo (10,2%), França (6,6%), Austrália (5,9%) e Irlanda (4,1%).

No entanto, o valor dos ativos nas economias periféricas tem crescido a um ritmo mais intenso do que o dos ativos das economias desenvolvidas. Os números do ICI revelam que a indústria de fundos mútuos nos chamados *emerging markets* evoluiu cerca de 660% na última década, enquanto a indústria localizada nas economias desenvolvidas cresceu 96,3%.

Os ganhos de diversificação com a internacionalização do portfólio já foram objeto de diversos estudos. Gestores de fundos mútuos procuram ampliar sua base de ativos por meio da busca de companhias localizadas em outros países. Entretanto, várias pesquisas envolvendo decisões de investimento em países desenvolvidos chegaram à conclusão de que a proporção de ativos estrangeiros nas carteiras de fundos mútuos é pequena, abaixo do que seria ideal para uma diversificação de ativos conforme a teoria moderna de portfólio. Esse viés foi denominado *home bias*.

Ao investir em empresas de outros países, mostram estudos, os investidores preferem alocar seus recursos em companhias grandes ou que possuam elevados níveis de exportação. Esse aspecto vai de encontro com a ideia de que os estrangeiros preferem investir em companhias mais visíveis, que possuam mais informações. É possível argumentar, então, que a assimetria de informação é um direcionador do *home bias*.

O presente trabalho tem como objetivo testar a hipótese de que os gestores estrangeiros, ao investir na América Latina, preferem companhias cujas características geram grande visibilidade, ou seja, se são guiados pela questão da assimetria de informação emergente da teoria do *home bias*.

O foco nos países da América Latina é a principal contribuição do trabalho, já que a região passa por um forte crescimento da indústria de fundos mútuos e de suas bolsas de valores, mas ainda se encontra em um estágio anterior de desenvolvimento quando comparada a outras regiões do planeta.

2. O estado da arte no campo

Segundo a premissa básica da teoria de portfólios, investidores deveriam diversificar sua carteira ao redor do globo na busca da melhor relação entre risco e retorno. Mas estudos têm mostrado que essa premissa não se faz presente: na prática, investidores tendem a preferir alocar grande parte de seus recursos em ativos baseados em seu domicílio.

Surgiram então três explicações para esse fenômeno, denominado *home bias puzzle*. A primeira está relacionada às barreiras explícitas e observáveis a investidores estrangeiros, tais como controle de capitais, restrição de investimento em determinadas classes de ativos ou, ainda, altos impostos aos estrangeiros.

A segunda explicação está nas barreiras implícitas (não observáveis), de duas naturezas: os riscos políticos e a assimetria de informação. Em relação aos riscos políticos, o principal argumento é que investidores poderiam ter alguma dificuldade de se desfazer do seu investimento em ações em mercados estrangeiros ilíquidos e capazes de mudanças repentinas de arcabouço político. Dessa forma, a preferência dos gestores seria pelos mercados com maior liquidez.

Quanto à assimetria de informações, há evidências de que a proximidade geográfica das companhias com os gestores de fundos mútuos é determinante para a seleção de ativos. Os gestores parecem preferir colocar dinheiro em ativos que lhes são familiares e em papéis de empresas cujos gestores são mais facilmente acessíveis. Além disso, os investidores estrangeiros tendem a manter posições menores de investimento em países cuja proteção ao minoritário é pobre, com baixa governança corporativa e que possuem companhias controladas por grandes acionistas, fatores que ampliam a assimetria de informação.

A terceira explicação diz respeito à diversificação dos portfólios. Gestores de portfólios seriam mais sofisticados e possuiriam melhores ferramentas para a seleção de ativos ao redor do mundo. Vários estudos relacionados às composições de portfólios procuraram capturar essas características preferenciais dos gestores. A maioria verificou que há uma preferência por grandes companhias, com ações mais líquidas e com mais informações de mercado.

No caso dos investidores estrangeiros, não necessariamente o dinheiro é destinado aos papéis com maior retorno esperado. Outras características parecem mais determinantes: grande capitalização de mercado, baixo risco não sistemático, desempenho positivo, liquidez, alto grau de exportações. Em mercados emergentes, pesam também o número de analistas que cobre a companhia, as boas práticas de governança e a listagem também nas bolsas americanas (por meio de ADRs).

Ou seja, variáveis ligadas à visibilidade mostram-se importantes para caracterizar o investimento, tanto por parte de gestores domésticos quanto pelos estrangeiros. Essas variáveis são capazes de reduzir a barreira implícita, por meio da menor assimetria de informação e, também, pela melhor possibilidade de acesso a mercados com melhores condições de negociabilidade (no caso da dupla listagem).

Neste estudo, foram empregadas essas características com o intuito de verificar qual o comportamento do gestor estrangeiro ao investir na América Latina. Além disso, algumas variáveis utilizadas por outros estudos foram aplicadas ao modelo, de forma a avaliar se são importantes no critério de seleção de ativos dos gestores estrangeiros.

3. Raio X da pesquisa

Foi construído um banco de dados único, com a posição dos fundos mútuos estrangeiros e domésticos nas companhias listadas em bolsas dos países representantes da América Latina em três períodos distintos (2008, 2009 e 2010). O banco de dados utilizado no trabalho foi estruturado em quatro passos. Os países selecionados para representar a América Latina foram Argentina, Brasil, Chile, Colômbia, México e Peru, que juntos representavam aproximadamente 99% do valor de mercado da região. Então, foram selecionadas as companhias/ações listadas nas bolsas de valores desses países, cujos dados estivessem disponíveis nos sistemas da Bloomberg e da Thomson Reuters.

O segundo passo foi a captura das informações relacionadas às companhias/ações na amostra, provenientes do sistema da Bloomberg. A base de dados construída contém informação da posição em ações nos cinco países de 4.964 fundos mútuos em 2008, 4.740 em 2009 e 5.252 em 2010. A base ainda provê outras informações, tais quais: o nome do fundo, o país no qual está sediado, o número de ações de cada companhia na qual investe e a data de divulgação das posições que possui. Vale ressaltar que nessa base não é possível auferir o mandato dos fundos, seu estilo de investimento ou seu tamanho, já que são observadas somente as posições dos ativos presentes nos países da amostra.

Os fundos mútuos presentes no banco de dados foram classificados em domésticos e estrangeiros. A classificação baseou-se na seguinte regra: se o fundo tivesse a mesma origem de seus ativos, seria classificado como doméstico; se não, seria classificado como estrangeiro. A análise dos dados registrou uma situação curiosa: em nenhum dos períodos da amostra foram obtidas posições de fundos domésticos para os países Peru e Colômbia. Nesses casos, a classificação dos investidores no sistema da Thomson Reuters pode não ter sido contemplada de forma correta. Dessa forma, preferiu-se excluir das estimações os dados desses países quando observadas as posições dos fundos domésticos.

O passo seguinte foi a compilação dos dados provenientes da base de acionistas das companhias, proveniente do sistema da Thomson Reuters e montada a partir de documentos oficiais disponibilizados pelas companhias para os órgãos regulamentares. Para o estudo foram observadas as posições dos fundos mútuos nas companhias referentes ao final de junho para os anos de 2008, 2009 e 2010.

O passo final foi mesclar ambos os bancos de dados, de forma a fornecer as informações necessárias para o estudo.

Quanto às características a avaliar no banco de dados, com base nos estudos anteriores, foram selecionadas aquelas consideradas importantes para a tomada de decisão dos gestores de fundos mútuos. Foram intituladas características básicas aquelas relacionadas aos balanços das companhias e às atividades de pregão: ativos totais, caixa, dívida líquida/patrimônio líquido total, retorno sobre o patrimônio líquido, preço da ação/patrimônio líquido, retorno total do ativo, valor de mercado, volatilidade das ações nos últimos 360 dias, beta (indicador que mede a correlação das oscilações semanais dos ativos em relação às oscilações dos índices das bolsas), liquidez, quantidade de dias de negociação que o ativo possui e preço da ação.

O segundo conjunto de características observadas, intituladas de características de visibilidade, tem um foco maior na questão da visibilidade das companhias para o restante do mercado. As características de visibilidade utilizadas no estudo foram três: 1) número de analistas que realizam a cobertura das ações da companhia; 2) se a companhia possui ou não ADRs, ou seja, se é listada nas bolsas americanas; e 3) se a companhia se enquadra em setores exportadores.

Por fim, foi elaborado um modelo estatístico para o trabalho que visa capturar as preferências dos gestores estrangeiros quando selecionam ações nos mercados latinos-americanos. As posições do investimento dos fundos mútuos em cada ação foram definidas como variáveis dependentes, enquanto as características básicas e de visibilidade foram definidas como variáveis independentes.

O modelo proposto visa testar a hipótese de que os gestores possuam preferências por ações que detenham as características ligadas à visibilidade. O mesmo teste foi repetido para os gestores domésticos, de forma a verificar se ambos atuam de forma semelhante.

Primeiramente, foram compilados os dados em quintis. Nessa primeira parte o objetivo foi ranquear as companhias de acordo com suas características e verificar em quais níveis das características básicas os gestores estrangeiros possuem maior posição.

O segundo passo foi a montagem de um painel com os três períodos da amostra. Nesse painel foram contempladas as características de visibilidade, juntamente com as características básicas das ações. Além dessas variáveis, o modelo procurou verificar se os gestores estrangeiros atuam de forma diferenciada ao diversificar seus portfólios dentro da América Latina.

O mesmo modelo foi utilizado para os investidores domésticos, com o intuito de verificar as diferenças ou similaridades nas preferências por características de visibilidade dos ativos.

4. Principais resultados

Quais são as escolhas preferenciais dos gestores estrangeiros quando investem na América Latina? Em relação às características básicas, os resultados obtidos mostram a existência de uma relação positiva entre a participação dos fundos estrangeiros e o tamanho das empresas, medido pelo valor de mercado.

É o mesmo padrão obtido em estudos em outros continentes, o que corrobora a ideia que os investidores de fora preferem companhias de maior porte. A variável liquidez e o beta também se mostraram relevantes na escolha de ações por fundos estrangeiros.

No entanto, as variáveis preço/valor patrimonial e retorno sobre patrimônio líquido, diferentemente das demais pesquisas, não mostraram ser influentes na decisão dos gestores de fundos.

Esses resultados indicam que o comportamento dos gestores estrangeiros foge às expectativas da teoria básica de finanças de que investidores procurariam companhias que lhes trouxessem melhores expectativas de retornos. Os números mostram que, em geral, não existe para a América Latina a busca por barganhas (algo que poderia ser caracterizado pela aquisição de companhias com baixo preço/valor patrimonial) e nem mesmo a preocupação de investir em companhias com forte rentabilidade ao acionista. Assim, é de se esperar que haja a preferência por características ligadas à visibilidade ou a uma maior conexão dessas companhias com o exterior.

Os resultados obtidos confirmaram essa hipótese. As três variáveis utilizadas no modelo se mostraram significantes, respeitando o comportamento dos investidores estrangeiros observados em outros estudos. Cobertura de analistas, listagem em ADRs e empresa exportadora são características que possuem relação positiva com o nível de investimento dos gestores de fora dos países. Esses resultados reforçam a ideia de que gestores estrangeiros não diversificam seus investimentos entre as companhias participantes do mercado, mas selecionam ativos com base no seu contato, ou conhecimento.

Os resultados das interações entre as variáveis de visibilidade e as variáveis básicas também se mostraram interessantes. Nas companhias que possuem ADRs, os gestores parecem levar em consideração as seguintes características básicas: retorno total do ativo em 12 meses, preço/valor patrimonial da ação, retorno sobre o patrimônio, volatilidade e liquidez.

Ao se observarem os coeficientes, verificam-se relações negativas para preço/valor patrimonial por ação (o gestor procuraria, portanto, barganhas dentro dessa classe), para retorno total do ativo em 12 meses (o que indica preferência por ações que se desvalorizaram mais intensamente) e para volatilidade (mostra preferências por ações com menor volatilidade). Por outro lado, houve relações positivas com retorno sobre o patrimônio e liquidez. O que mostra, no primeiro caso, uma busca por rentabilidade e expectativas de retorno e, no segundo, uma procura por ativos mais líquidos.

Para as companhias exportadoras, a interação com beta subtrairia o coeficiente, ou seja, o resultado mostra que o gestor estaria mais propenso a investir em companhias com menor risco não sistemático.

A observação dessas características implica um maior conhecimento sobre a companhia. Ou seja, os resultados indicam que a ligação entre as empresas e o mercado de atuação dos gestores estrangeiros é importante para o processo de seleção de ativos, já que isso reduz a assimetria de informação e permite a familiarização dos gestores com ativos localizados em outros países.

O modelo ainda contemplou as diferenças entre os países. Por ter o maior número de companhias e representar cerca de 50% do valor de mercado da amostra, o Brasil foi utilizado como parâmetro de comparação. Os resultados mostram que investidores estrangeiros possuem posições inferiores no Chile, Colômbia e Peru, independentemente do restante das características. Na Argentina e México, as posições são mais relevantes — no caso do México, há indicação de que as posições dos gestores estrangeiros podem ser semelhantes àquelas observadas no Brasil.

Por fim, três interações entre países e características básicas se mostraram significantes, sendo duas delas para a Argentina e uma para o México. No caso da Argentina, retorno sobre o patrimônio e volatilidade mostraram relação negativa com a posição dos gestores. E, no caso do México, a característica preço/valor patrimonial se mostrou negativamente relacionada.

Para efeito de comparação, foram elaborados os mesmos estudos para os gestores domésticos. Os resultados obtidos mostram diferenças em relação àqueles encontrados para os gestores estrangeiros. Primeiramente, não há relações claras entre os quintis, ou seja, as posições dos gestores domésticos possuem uma maior dispersão entre as características básicas selecionadas para o estudo.

Esse aspecto vai na contramão de estudos anteriores, que mostram preferências claras dos gestores domésticos por determinadas características das ações. Em segundo lugar, a análise dos quintis indica uma possível preferência por ações com menor capitalização, diferentemente dos gestores estrangeiros e também dos resultados de outras pesquisas.

Essa dispersão das posições dos fundos nos quintis pode ser explicada pela teoria básica das finanças. Esta prevê a manutenção de um portfólio de mercado na busca da melhor proposição entre risco e retorno, ou ainda na redução de assimetria de informação — o que induziria gestores a procurar outros aspectos qualitativos para fundamentar seus investimentos.

O painel elaborado para os gestores estrangeiros possuía o intuito de testar a hipótese de que as características de visibilidade eram importantes na seleção de ativos. Para os gestores domésticos, o objetivo foi semelhante. As características de visibilidade não se mostraram significantes. Esse aspecto difere do resultado obtido para os gestores estrangeiros, indicando que a redução da assimetria de informação implica uma maior diversificação em ativos que não precisam necessariamente ter ligações com outros mercados.

Os resultados apontaram haver significância em quatro características básicas: valor de mercado, volatilidade, liquidez e dias de negociação. As duas primeiras mostraram relações negativas com a posição dos fundos mútuos domésticos e as últimas se mostraram positivamente relacionadas. Assim, as variáveis volatilidade, liquidez e dias de negociação mostraram resultados compatíveis com outros estudos, ou seja, gestores domésticos deveriam preferir companhias cujas ações apresentassem menor risco, com maior número de negócios e com certo histórico.

Em comparação aos investidores estrangeiros, as variáveis valor de mercado e dias de negociação apresentaram resultados divergentes. A primeira indicou que gestores domésticos teriam preferências por companhias de menor capitalização. Pode-se inferir, então, que gestores domésticos não se preocupariam com a questão da assimetria de informação, uma evidência já revelada pelo comportamento das variáveis de visibilidade.

O mesmo, no entanto, não se pode inferir em relação à variável dias de negociação: gestores domésticos preferem companhias mais antigas, com maior histórico, diferentemente do que foi observado para os gestores estrangeiros. A essa preferência podemos atribuir um maior contato entre gestores domésticos e administradores das companhias mais antigas, ou até um melhor histórico de rentabilidade. Já para o estrangeiro, a assimetria de informação colocaria essas companhias em um patamar de igualdade. Cabe aqui ressaltar também a recente enxurrada de ofertas públicas nesses países, nas quais o investidor institucional estrangeiro possui grande participação.

As interações entre países e características básicas mostram que os gestores domésticos chilenos procuram investir em companhias com menor capitalização que os demais e, por fim, observam a variável beta, da mesma forma que os gestores estrangeiros.

5. Os impactos do estudo

O presente trabalho traz para a América Latina a discussão sobre quais são as preferências dos gestores de fundos mútuos estrangeiros. Por meio da construção de um banco de dados único, composto pelas listas de acionistas das companhias e suas características básicas, procurou-se observar quais variáveis seriam relevantes na seleção de ativos por parte dos gestores para essa região.

Os resultados encontrados mostram que características ligadas à visibilidade do ativo em outros mercados são importantes para o gestor estrangeiro. Eles preferem investir em companhias que possuam listagem internacional (ADRs), maior cobertura de analistas e que sejam exportadoras. Essas características são importantes redutores da assimetria de informação, barreira emergente da teoria de *home bias*, que implica um menor investimento em mercados não tão bem explorados.

Também foram encontradas evidências de que os gestores estrangeiros possuem preferências por companhias com maior valor de mercado, com alta liquidez em seus mercados, beta elevado e que sejam mais novas.

As interações do modelo proposto, no entanto, é que trazem diferenças em relação aos demais estudos: o investimento pelo gestor estrangeiro em ADRs é feito com maior detalhamento, ou seja, quando presente uma característica capaz de reduzir a assimetria de informação, o investimento nos ativos se torna mais criterioso. Os resultados das interações mostram que são preferidas companhias com índices menores de preço em relação ao valor patrimonial, cujos retornos tenham sido piores no último ano, com maior retorno patrimonial e com menor volatilidade.

O trabalho também traz evidências sobre o comportamento dos gestores domésticos latino-americanos. Os resultados apontam para maiores níveis de investimento em companhias de menor valor de mercado, com menor volatilidade, com maior liquidez e com maior tempo de vida. As características ligadas à visibilidade não se mostraram importantes, diferindo das preferências dos gestores estrangeiros.

A principal contribuição do trabalho foi identificar as características importantes a serem observadas pelos gestores estrangeiros ao realizar investimentos na América Latina. Esse resultado abre novas frentes de estudos relacionadas à investigação dos resultados desses gestores, ou, ainda, no direcionamento das companhias pela busca de novos acionistas e, consequentemente, pela maior valorização para suas ações.

6. Um olhar à frente

O processo de integração de mercado financeiro e de comércio global introduz novos riscos e oportunidades para os executivos financeiros das empresas. As transações não têm mais fronteiras e são expostas aos fatores de riscos sistemáticos internacionais, tais como taxa de câmbio, taxa de juros e preços de *commodities*.

O cenário atual demanda mais preparo por parte das organizações. Uma flutuação repentina dos fatores internacionais pode deteriorar a lucratividade e continuidade dos negócios. Além disso, distância geográfica, diferenças culturais e barreiras com línguas estrangeiras podem aumentar ainda mais o grau de dificuldade da gestão. Consequentemente, uma administração financeira com visão e prática global é fundamental para apoiar essas operações internacionais.

O estudo mostrou, por exemplo, como, de fato, são diferentes as decisões de alocação de recursos de gestores estrangeiros e domésticos de empresas listadas em bolsa de valores na América Latina. Seria interessante, em estudos futuros, investigar qual a lógica que move os investidores internacionais no aporte também em companhias fechadas — como em fundos de *private equity* e *venture capital*.

Além desse aspecto, olhando para a gestão financeira internacional como um todo, as teorias atuais abordam as seguintes questões: a) fornecimento de capital de giro para apoiar cadeia produtiva e comercial; b) gestão de riscos para estabilidade de fluxos de caixa; c) decisão de composição de financiamento; d) implantação de mecanismos de governança para lidar com a complexidade cultural de agentes financeiros; e, por fim, e) decisão e forma de investimentos de ativos estrangeiros. Por exemplo, as teorias sobre o modo de entrada de multinacionais no exterior ajudam a analisar as decisões de investimentos das firmas, e a aplicação de teoria de carteiras fornece fundamentos para gestão de fluxos de caixa de moedas diferentes.

No entanto, essas questões costumam ser discutidas sob o ponto de vista de mercado organizado. A visão dos emergentes ainda é pouco explorada ou pouco exposta na literatura mundial. Há trabalhos regionais, mas nem sempre são publicados nas revistas internacionais de maior visibilidade. Portanto, os estudos futuros tendem a abordar os seguintes questionamentos:

Como o poder de negociação dos investidores dos próprios mercados emergentes modela a forma de entrada no exterior de empresas multinacionais?

De que forma as estratégias não orientadas pelo mercado, tais como aquelas influenciadas por política, regulação e outras questões institucionais, influenciam na forma de internacionalização?

Qual é o efeito do apoio direto e indireto de governo no grau de internacionalização das empresas? Esse apoio é importante nas economias informais?

Os perfis do investidor estrangeiro e do investidor local afetam a escolha dos ativos investidos?

Como o arranjo institucional e o ambiente macroeconômico dos países emergentes influenciam a composição de financiamento das multinacionais?

Como a gestão de riscos e o uso de estratégia de tesouraria influenciam a gestão de capital de giro das multinacionais?

Para ir além

AGGARWAL, R.; KLAPPER, L.; WYSOCKI, P. Portfolio preferences of foreign institutional investors. *Journal of Banking and Finance*, v. 29, p. 2919-2946, 2005.
COVRIG, V.; LAU, S.; NG, L. Do domestic and foreign fund managers have similar preferences for stock characteristics? A cross-country analysis. *Journal of International Business Studies*, v. 37, n. 3, p. 407-429, 2006.
DAHLQUIST, M.; ROBERTSSON, G. Direct foreign ownership, institutional investors, and firm characteristics. *Journal of Financial Economics*, v. 59, p. 413-440, 2001.
FALKENSTEIN, Eric G. Preferences for stock characteristics as revealed by mutual fund portfolio holdings. *Journal of Finance*, v. 51, p. 111-135, 1996.
FRENCH, K. R.; POTERBA, J. M. Investor diversification and international markets. *American Economic Review*, v. 81, p. 222-226, 1991.
GOETZMANN, W. N.; LI, L.; ROUWENHORST, G. Long-term global market correlations. *Journal of Business*, v. 78, n. 1, p. 1-38, 2005.
HUBERMAN, G. Familiarity breeds investment. *Review of Financial Studies*, v. 14, p. 659-680, 2001.
KANG, J. K.; STULZ, R. Why is there a home-bias? An analysis of foreign portfolio equity ownership in Japan. *Journal of Financial Economics*, v. 46, p. 3-28, 1997.
MERTON, R. A simple model of capital market equilibrium with incomplete information. *Journal of Finance*, v. 43, p. 483-510, 1987.

14 Como a localização influencia o desempenho das empresas

O país de origem é responsável por parte da variação nos resultados das empresas, em diferentes setores econômicos

Luiz Artur Ledur Brito
Flávio Carvalho de Vasconcelos

1. Introdução

As diferenças de desempenho entre as empresas têm sido um dos temas mais persistentemente estudados em organizações. Diversos estudos quantitativos analisaram dispersões de indicadores financeiros, decompondo-as estatisticamente em efeitos da empresa, corporativo, setorial e do ano. A grande maioria deles indicou que características individuais à empresa são mais relevantes do que o fato de pertencer a determinado setor ou ramo de negócios — enquanto o efeito corporativo tem apresentado resultados contraditórios e o componente ano tem apresentado influência ínfima, quando muito.

A maioria das pesquisas a respeito foi conduzida com dados dos EUA e se restringe ao ambiente de negócios da economia americana. Portanto, a localização, interpretada como o país onde a empresa opera, nunca foi levada em conta nesse tipo de estudo. A teoria econômica e de estratégia, contudo, reconhece que a localização é um dos mais importantes determinantes do desempenho das empresas. Na tradição de pesquisas econômicas, esse aspecto pode ser observado nos trabalhos do economista clássico David Ricardo, na noção das vantagens comparativas. No campo da estratégia, o trabalho de Michael Porter sobre a vantagem competitiva das nações e dos aglomerados industriais certamente relaciona o desempenho à localização.

Este estudo tenta contribuir com o esforço de ampliar o conhecimento atual sobre o que explica a diferença de desempenho entre as empresas, cobrindo o aspecto localização e explorando o ambiente de negócios em outros países. O primeiro objetivo é detectar a influência dos fatores no ambiente de negócios do país que afetam o desempenho das empresas de maneira positiva e negativa, como graves recessões ou períodos de extrema prosperidade e crescimento. Em outras palavras, o primeiro objetivo específico é responder a esta pergunta: o país importa? O segundo objetivo deste artigo é responder à próxima pergunta que, logicamente, se impõe: quanto importa o país? Isso será feito pela quantificação da magnitude desse efeito em diferentes setores da economia.

O efeito país, contudo, pode não ser independente dos outros efeitos. Os fatores relacionados ao país podem afetar alguns ramos de negócios específicos de maneira diferente e podem ser neutros em outros. O terceiro objetivo é identificar e quantificar a interação entre país e ramo de negócios.

Finalmente, este texto estima a composição da variação do desempenho em empresas de 78 países diferentes. O quarto objetivo é, então, avaliar a composição da variância do desempenho em ambiente verdadeiramente internacional, expandindo o que foi feito em estudos anteriores, que usavam principalmente dados dos EUA.

Tendo explicado o que este estudo pretende desenvolver, é conveniente deixar claro o que ele não intenta. A identificação e a quantificação de certo componente não permitem a conclusão sobre causa e efeito. Abordagens de pesquisa diferentes seriam necessárias para identificar quais aspectos do país influenciam o desempenho de maneira positiva ou negativa.

Compreender e mapear a distribuição do desempenho é, contudo, útil. Se grande proporção da variância é atribuível a certo fator, é lógico que aspectos específicos abrangidos por tal fator são relevantes e devem ser estudados; e o oposto é verdadeiro.

2. O estado da arte no campo

Em 1985, Richard Schmalensee publicou um artigo seminal na *American Economic Review*. Ao analisar resultados em 1.755 unidades de negócios, com base em dados de 1975 da Federal Trade Commission (FTC), o efeito ramo de negócios foi responsável por entre 19% e 20% da variância total. A pesquisa foi importante não só pelo que revelou, mas também pelo que ficou oculto. Ao reconhecer que o modelo não poderia explicar 80% da variação na rentabilidade das empresas, dizia o autor: "Apesar de as diferenças do ramo de negócios importarem, elas claramente não são tudo o que importa".

Posteriormente, em 1991, Richard Rumelt estendeu o trabalho original de Schmalensee, usando a mesma base de dados FTC, mas valendo-se de quatro anos de dados financeiros, em lugar de um, apenas. No total, 6.932 observações foram consideradas. Com quatro anos de resultados foi possível identificar a parte da variância total associada à unidade de negócios individual, e a variância associada à interação entre ano e ramo de negócios, separando as influências fixas e transitórias do ramo de negócios.

O modelo mostrou-se bem mais efetivo: foi capaz de explicar 63% da variância total. O ramo de negócios foi responsável por 16,2% da variância total, enquanto os efeitos permanentes associados ao ramo de negócios representaram apenas 8,3% desse valor. O restante foi atribuído à interação entre ano e ramo de negócios, mostrando, pois, uma influência transiente do ramo no desempenho. Os efeitos da empresa, associados a cada unidade de negócios individual, responderam por 46,4% da variância total.

Apesar de esses dois artigos oferecerem descobertas consistentes, eles foram usados para justificar correntes teóricas diferentes. O trabalho de Schmalensee deu suporte à análise estratégica baseada na estrutura do setor. Já os resultados de Rumelt serviram para que se questionasse essa visão, pois apontaram para uma significativa influência dos fatores associados às empresas individualmente. Dessa forma, enfatizaram outra corrente dos estudos em estratégia, a visão baseada em recursos, que procura explicar as vantagens competitivas a partir de recursos e competências distintos entre as empresas.

Diversos outros estudos foram realizados desde então, com diferentes amostras, metodologias e abordagens, com notáveis coincidências nos componentes da variância. O mais relevante sempre foi o efeito associado às características individuais das unidades de negócios, correspondendo a um valor entre um terço e metade da variância total. O ramo de negócios também tem se mostrado importante, mas sua influência está, de forma geral, entre 10% e 20% da variância total, e parte disso é devida à interação com o ano.

No entanto, análises com dados fora dos EUA têm sido muito limitadas, e não têm utilizado a localização como fator de influência sobre a variância do desempenho. Mas a geografia tem sido ligada ao desempenho econômico das empresas desde os primeiros dias do pensamento econômico. No século XVIII, Adam Smith introduziu a ideia da vantagem absoluta, na qual uma região com custos menores poderia dominar o mercado, exportando para outros. No século seguinte, David Ricardo aprofundou a discussão, ao elaborar a noção da vantagem comparativa. Segundo Ricardo, o comércio exterior é baseado nas desigualdades dos fatores de produção entre os países. Países com abundância de certos fatores de produção podem explorar suas vantagens comparativas, produzindo bens que demandam uso intenso desses fatores. Por essa teoria, por exemplo, países com baixos custos de mão de obra têm uma vantagem comparativa na produção de bens que necessitam de grande intensidade de mão de obra no processo produtivo.

Entre os economistas contemporâneos, Paul Krugman reavaliou os efeitos da geografia sobre a posição competitiva das empresas, e concluiu que estes são relevantes, ou seja, que ainda não existe uma economia sem fronteiras — apesar da redução dos custos de transportes e do aumento das trocas de informações.

Em artigo publicado no *Strategic Management Journal*, Bruce Kogut também verificou que localização importa: diferenças competitivas entre empresas podem ser atribuídas em parte ao seu país de origem. Segundo o estudo, a persistência dessas diferenças competitivas entre países é função da relativa permeabilidade das fronteiras dos países *versus* as fronteiras das empresas. Outra explicação está na menor taxa de difusão das capacidades organizacionais em relação às capacidades tecnológicas.

Outra contribuição relevante foi de Michael Porter, que desenvolveu toda uma teoria da competição baseada em aglomerados. Os aglomerados afetam a competição de três maneiras: eles aumentam a produtividade das empresas ou ramos de negócios constituintes; aumentam sua capacidade de inovação; e estimulam a formação de novos negócios que amparam a inovação e expandem o aglomerado.

Portanto, diversas teorias e pesquisas nas áreas da economia e estratégia apoiam a noção de que a localização afeta o desempenho das empresas. Neste estudo, será analisado o efeito país, de forma a capturar fatores específicos do país que afetam todas as empresas deste de forma semelhante. Isso engloba a maior parte do conceito proposto por Kogut, mas apenas parte da influência dos aglomerados conforme estudada por Porter. A influência dos aglomerados não é fácil de ser incluída, uma vez que envolve algumas empresas de certo ramo de negócios, mas não todas; assim como algumas empresas de ramos de negócios diferentes, mas relacionados; e, finalmente, a definição geográfica pode não coincidir com as fronteiras nacionais. Parte desse efeito de aglomerado pode ser, contudo, capturado na interação do país com o ramo de negócios, mas deve ser reconhecido que esta não é a definição estrita de aglomerado.

3. Raio X da pesquisa

A primeira questão que surge para a análise é: como medir o desempenho de uma empresa? O desempenho tem sido visto, geralmente, como tendo uma natureza multidimensional, relativa aos vários *stakeholders* envolvidos e não podendo ser representado por um único índice. Além disso, uma verdadeira medida de desempenho estratégico deveria incluir um componente futurístico relativo à capacidade de a empresa enfrentar desafios futuros.

Na prática, acabam sendo utilizados indicadores financeiros, pois estão disponíveis e são comparáveis. Porém, é necessário ter em mente que somente uma dimensão limitada de desempenho está sendo medida. A maioria dos estudos anteriores da composição da variância do desempenho usou como indicador a razão entre lucro contábil e os ativos totais da empresa. Alguns autores, no entanto, exploraram outras medidas financeiras como o *q de Tobin*, lucro econômico, valor de mercado, medidas híbridas e mesmo pesquisas entre os gerentes, chegando a conclusões similares.

Reconhecendo todas essas limitações, esta pesquisa adotou o retorno sobre os ativos como medida de desempenho. Foi usada a definição de retorno sobre os ativos da base de dados Compustat Global, que é calculada como a receita antes dos itens extraordinários dividida pela média dos ativos totais dos dois últimos anos. Essa base de dados compila os dados financeiros e de mercado de mais de 13 mil empresas em mais de 80 países em todo o mundo.

Os dados Compustat Global são coletados pela Standard & Poor's, usando conjuntos consistentes de itens de dados financeiros, que são desenvolvidos com base no exame das demonstrações financeiras das empresas. Os dados são normalizados de acordo com os princípios contábeis locais, métodos de divulgação e definições de itens de dados. Algumas empresas multinacionais relatam seus resultados em seus países de origem em vez do país onde as operações estão sendo realizadas. Este estudo está considerando essa definição de país, ou seja, o país onde os resultados são reportados. Outra limitação é que a base de dados Compustat Global não fornece uma discriminação das atividades da empresa por unidade de negócio. Um código de quatro dígitos é atribuído a cada empresa, considerando sua atividade mais típica. Isto provavelmente leva a uma subestimação do efeito indústria ou ramo de negócios.

Na análise, foram incluídas somente as empresas com receitas e ativos totais de mais de 10 milhões de dólares americanos, e com resultados relatados em pelo menos quatro dos cinco anos considerados (1997-2001). No total, 12.592 empresas atenderam a esses critérios, fornecendo 60.092 observações, cobrindo 78 países.

Foi utilizada a técnica estatística de componentes de variância. Ela tenta decompor a variância observada em uma variável específica. No caso, o retorno sobre ativos em componentes, que representam a contribuição de cada efeito aleatório que esteja causando essa variância final: os efeitos empresa, ramo de negócios, ano e país.

4. Principais resultados

A análise descritiva da amostra considerada, cobrindo 78 países, oferece uma perspectiva interessante das características da distribuição de desempenho medido como retorno sobre os ativos. A estimativa da média foi de 1,71% e do desvio-padrão de 13,72%. Esse valor de desvio-padrão é comparável aos estudos anteriores, feitos somente com base em dados dos Estados Unidos.

É importante entender o que significa essa dispersão para uma empresa individual. Aquela que estiver somente um desvio-padrão acima da média apresenta resultados muito bons, enquanto outra que se situe em desvio-padrão abaixo da média estará apresentando desempenho realmente fraco e preocupante.

A análise dos componentes da variância foi feita para cada setor econômico e os resultados apresentaram grandes variações na composição da variância. A tabela 1 mostra a composição da variância de cada setor econômico, usando um modelo simples no qual não se considerou a interação dos efeitos.

Tabela 1
Composição da variância, modelo simples

	Agricultura	Mineração	Construção	Manufatura	Transporte	Atacado e Varejo	Seguro, Finanças e Imóveis	Serviços
Empresa	27,7%	14,0%	6,5%	37,2%	49,5%	42,6%	40,4%	43,3%
País	20,8%	8,2%	16,9%	2,0%	0,0%	5,0%	2,9%	0,0%
Ramo de Negócios	0,0%	15,6%	0,5%	3,2%	15,6%	0,7%	6,8%	0,8%
Ano	0,6%	2,9%	0,2%	1,2%	0,4%	0,8%	0,2%	2,5%
Erro	50,9%	59,4%	75,8%	56,5%	34,5%	50,8%	49,7%	53,4%
Total	100%	100%	100%	100%	100%	100%	100%	100%

Fonte: Autores.

Na maioria dos casos, o modelo simples explica de 40% a 50% da variância total, o que é consistente com estudos anteriores. O efeito da empresa individual foi o mais importante na maior parte dos setores econômicos, com exceção de construção e mineração, em que foi o segundo fator mais influente. O efeito indústria ou ramo de negócios variou de zero a 15,6% na mineração e no transporte. Foi surpreendentemente baixo na maioria dos setores econômicos, quando comparado com os estudos anteriores. O efeito ano esteve sempre abaixo de 3%, consistentemente com todos os estudos anteriores. O efeito país foi detectado e mostrou variação não sistemática nos diversos setores econômicos, variando de não existente a 20,8% na Agricultura.

O setor econômico manufatura contém o maior número de observações e tem sido o mais explorado nas áreas de economia e estratégia. O efeito empresa explicou 37,2% da variância total, enquanto o efeito ramo de negócios, somente 3,2%, um patamar inferior ao encontrado em outros estudos.

Uma possível explicação para essa diferença seria o fato de a amostra incluir empresas americanas e não americanas, enquanto pesquisas anteriores foram feitas somente com dados dos EUA. A composição da variância fora dos Estados Unidos poderia ser diferente. Isso foi verificado realizando a análise separadamente para os países americanos e não americanos, porém os resultados não mostraram diferenças significativas para as duas subamostras.

Outra explicação possível poderiam ser os períodos diferentes de coleta das amostras e a ocorrência de uma alteração na composição da variância com tempo, o que, considerando outros estudos, parece ser uma hipótese bem razoável. Um outro fator, ainda, poderia ser o fato de a base de dados Compustat Global atribuir um código para a empresa de acordo com o setor mais representativo, enquanto os resultados das empresas americanas da base de dados são divididos por linhas de negócios relatadas separadamente. Isso leva a uma combinação dos resultados que poderia reduzir o efeito do ramo de negócios em empresas diversificadas.

O efeito país, no caso da manufatura, foi de apenas 2% da variância total. O efeito país foi maior nos setores econômicos de agricultura e de construção, respondendo por 20,8% e 16,9% da variância total. No setor de mineração também atingiu 8,2%. Isso não é surpreendente, uma vez que em todos esses setores econômicos os aspectos geográficos poderiam ter influência importante nos fatores de produção.

A interação do país com o ramo de negócios também foi explorada, usando-se um modelo ampliado. Se as condições particulares de certo país afetam, positiva ou negativamente, somente certos ramos específicos, esse fator de interação captura tal variação. Isso certamente tem relação com o conceito de aglomerado industrial ou *cluster*. Se as empresas pertencentes ao ramo de calçados, na Itália, têm desempenho melhor do que as empresas de calçado em outras regiões do mundo, a contribuição dessa diferença à variância total seria atribuível a esse fator de interação.

De fato, a definição de aglomerado industrial ou *cluster* é mais específica, uma vez que não necessita incluir todas as empresas de dado setor industrial em um país; assim, o fato de que uma parte da variância pode ser explicada por meio dessa interação é altamente significativo. A tabela 2 apresenta os resultados do modelo com interação entre país e ramo de negócios.

Tabela 2
Composição da variância — modelo com interação país e ramo de negócios

	Agricultura	Mineração	Construção	Manufatura	Transporte	Atacado e Varejo	Seguro Finanças e Imóveis	Serviços
Empresa	26,3%	11,9%	2,4%	40,9%	23,6%	33,8%	28,1%	45,6%
País	17,7%	7,5%	13,5%	2,1%	0%	5,5%	2,3%	0%
Ramo de Negócios	0%	8,2%	0%	1,3%	5,9%	0%	8,6%	1,2%
Ano	0,6%	3%	0,2%	1,1%	0,3%	0,8%	0,2%	2,4%
País × Ramo de Negócios	4,5%	7,5%	11,7%	0%	45%	12,2%	19%	0%
Erro	50,9%	61,9%	72,1%	54,7%	25,2%	47,7%	41,8%	50,8%
Total	100%	100%	100%	100%	100%	100%	100%	100%

Fonte: Autores.

Os setores econômicos de transporte, atacado e varejo, e seguro, finanças e imóveis mostraram comportamento diferente nos dois modelos. No simples, o efeito empresa foi dominante, com mais de 40% da variância total; o efeito país variou de zero para o setor de transporte a 5% para atacado e varejo; o efeito ramo de negócios variou de 0,7% para o setor de atacado e varejo, a 15,6% no transporte.

Quando esses setores econômicos foram analisados com o modelo com interação, a interação entre país e ramo de negócios apresentou alto poder de explicação. No transporte, a interação respondeu por 45% da variância total, tornando-se o efeito dominante, enquanto o efeito empresa caiu para 23,6%. Um fenômeno similar, entretanto menos marcante, pôde ser visto nos setores de atacado e varejo e no de seguro, finanças e imóveis. O desempenho das empresas, nesses setores econômicos, parece estar fortemente ligado a fatores associados ao país e ao ramo de negócios, deixando menos variância explicável pelos fatores específicos da empresa — em comparação a outros setores econômicos.

Finalmente, no setor de serviços, os efeitos país não apareceram nem no modelo simples nem no modelo com interação.

5. Os impactos do estudo e um olhar à frente

Esta pesquisa investigou a existência e a magnitude de um novo tipo de efeito na explicação do desempenho das empresas. Seu principal achado foi que a localização é capaz de explicar parte da variação no desempenho observado entre as empresas, em diferentes setores econômicos e ramos de negócios, em todo o mundo. O país importa, e muito, quando se trata de explicar a dispersão do desempenho. Embora isso tenha sido indicado como fator importante na literatura econômica e estratégica, essa é a primeira avaliação estatística ampla dessa influência, que cobriu 12.592 diferentes empresas em 78 países.

A natureza estatística e a grande base da amostra desta pesquisa também permitem uma avaliação da resposta à segunda pergunta natural: quanto o país importa? De forma geral, fatores associados à empresa individual ainda são a fonte mais importante de explicação da dispersão do desempenho. O efeito país compete pelo segundo lugar com o efeito ramo de negócios.

A composição da variância é diferente de acordo com cada setor econômico. Os setores econômicos foram definidos como grupos amplos de indústrias ou ramos de negócios com algum tipo de similaridade como mineração, agricultura, manufatura e varejo. O país parece importar mais em setores econômicos em que os fatores de produção estejam logicamente associados à geografia, como agricultura, mineração e construção.

A interação do país com o ramo de negócios também foi explorada, usando-se um modelo ampliado. Essa interação capta o efeito que fatores específicos de determinado país têm em certos ramos de atividade.

Na agricultura, mineração e construção a interação foi claramente perceptível, variando de 4,5% na agricultura a 11,7% na construção. A influência total do país pode ser estimada somando-se as porcentagens do país isoladamente com a interação país-ramo de negócios. Na agricultura, essa soma chegou a 22,2%, próximo do efeito empresa (com 26,3%); na mineração e construção o total representou o fator mais importante, explicando 15% e 25,2% da variância total, respectivamente.

Nos setores econômicos de transporte, varejo e finanças, em que o modelo simples detectou um efeito país pequeno ou não existente, a introdução da interação produziu um resultado surpreendente. O modelo com interação revelou um efeito de interação significativo que foi capaz de explicar uma proporção relevante da variância total que não era capturada pelo modelo mais simples. No transporte, a interação país × ramo de negócios conseguiu explicar 45% da variância total, contra 23,6% do efeito empresa. A variância total, explicada pelo modelo, que era de 49,2% com o modelo simples, saltou para 74,8% quando foi incluído o efeito interação. No varejo e em finanças a interação país-ramo também se mostrou relevante, com 12,2% e 19%, respectivamente. Em serviços, não se detectou a interação de país e ramo de negócios.

Esta pesquisa ofereceu ainda a oportunidade de observar a composição da variância do desempenho fora dos EUA de modo amplo, pois as análises se estenderam a 78 países. Em termos gerais, a análise indica que a variância desempenho no resto do mundo não é radicalmente diferente daquela encontrada com os dados dos EUA. O efeito empresa domina a explicação da variância do desempenho.

Resumindo, podemos sintetizar as principais contribuições do estudo:
- O padrão de variabilidade do desempenho no cenário internacional não é muito diferente do encontrado nos Estados Unidos;
- Os fatores associados à empresa individual, algo como o DNA da empresa, explicam a maior parte da variabilidade do desempenho;
- O país importa para o desempenho, pelo menos tanto quanto o efeito do ramo de negócios;
- O efeito país é mais relevante em setores econômicos associados à geografia como mineração, agricultura e construção;
- A combinação país e ramo de negócios pode ter um efeito muito relevante em determinados setores econômicos até mesmo superando o efeito da empresa individual.

Este trabalho concentrou-se em mostrar que, além dos elementos específicos do ramo de negócios e da empresa, o país aparece como fonte relevante da variância de desempenho das empresas. Isso leva a um conjunto de questões que não estão normalmente presentes na discussão estratégica dos negócios. Essas questões incluem o entendimento de como e por que alguns países constituem ambiente de negócio mais favorável do que outros, permitindo que as empresas tenham desempenho consistentemente melhor.

As respostas preliminares a essas perguntas podem ser encontradas na nova economia institucional e na economia do desenvolvimento. A nova economia institucional desenvolve uma visão das relações econômicas que rompe parcialmente com as premissas econômicas neoclássicas. Ela concorda com os teóricos neoclássicos na questão fundamental: a economia é construída essencialmente em torno da alocação racional de recursos escassos. Há, porém, uma abordagem divergente com relação à racionalidade e ao papel das instituições. A nova economia institucional desenvolve a noção de racionalidade limitada de Herbert Simon, para postular que, devido a essa racionalidade limitada e ao fato de os tomadores de decisão serem instituições imperfeitas, ideias e ideologias importam. Os novos economistas institucionais argumentam que as instituições impõem restrições à interação humana para estruturar o comportamento econômico. As instituições econômicas são, nessa perspectiva, as "regras do jogo" de uma sociedade, ou, em outras palavras, os mecanismos formais e informais que estruturam a vida social. O modo como as instituições evoluem, em cada país, afeta, provavelmente, o desempenho das empresas diretamente; a compreensão de como essas instituições são criadas e evoluem é vital para entender as diferenças entre países.

Por outro lado, alguns desdobramentos recentes na economia do desenvolvimento podem fornecer outras perspectivas importantes sobre como lidar com a criação de estratégias de negócios em diferentes países. A primeira geração de economistas que estudou os processos econômicos de desenvolvimento criou modelos de alta complexidade matemática, visando a transformações estruturais na economia, a começar pelo envolvimento do governo como agente planejador e como catalisador do processo de mudança, incluindo os aspectos econômicos, sociais e institucionais. Esses modelos iniciais concentravam-se no crescimento real da renda *per capita*, levando em consideração que a população estava crescendo e que, em muitos desses países, o fenômeno inflacionário também era persistente. A consequência lógica desses modelos foi que o acúmulo de capital era a primeira prioridade e que o Estado era o agente-chave no processo de desenvolvimento.

Entretanto uma segunda geração de economistas de desenvolvimento concentrou-se em uma nova ideia. O desenvolvimento econômico depende, essencialmente, de agentes produtivos individuais que, por meio de suas capacidades, valores e recursos, se adaptam ativamente às condições locais para aumentar sua riqueza pessoal e a produtividade geral do sistema econômico. Essa perspectiva abre novas possibilidades de diálogo entre a economia e a gestão estratégica, com enfoque diferente, investigando como o capital humano, competências, recursos, empreendedorismo, instituições, desenvolvimento e prosperidade estão ligados no cenário nacional pluralístico.

Em um mundo no qual as diferenças entre ricos e pobres estão cada vez maiores, uma abordagem pluralística deverá ser uma prioridade na ordem do dia da pesquisa para a gestão estratégica nos próximos anos.

Para ir além

BANDEIRA-DE-MELLO, R.; MARCON, R. Unpacking firm effects: modeling political alliances in variance decomposition of firm performance in turbulent environments. *Brazilian Administration Review*, v. 2, n. 1, p. 21-37, 2005.

BRITO, L. A. L.; VASCONCELOS, F. C. d. Las empresas latinoamericanas: factores determinantes de su desempeño. In: DE PAULA, G. M.; FERRAZ, J. C.; NUÑEZ, G. (Ed.). *Gobernabilidad corporativa, responsabilidad social y estrategias empresariales en América Latina*. Bogotá: Cepal, 2005. p. 201-222.

BRITO, L. A. L.; VASCONCELOS, F. C. d. The variance composition of firm growth rates. *Brazilian Administration Review*, v. 6, n. 2, p. 118-136, 2009.

GOLDSZMIDT, R. G. B.; BRITO, L. A. L.; VASCONCELOS, F. C. d. Country effect on firm performance: a multilevel approach. *Journal of Business Research*, v. 64, n. 3, p. 273-279, 2011.

HAWAWINI, G.; SUBRAMANIAN, V.; VERDIN, P. Is performance driven by industry— or firm— specific factors? A new look at the evidence. *Strategic Management Journal*, v. 24, n. 1, p. 1-16, 2003.

KARNIOUCHINA, E. V. et al. Extending the firm vs. industry debate: does industry life cycle stage matter? *Strategic Management Journal*, v. 34, n. 8, p. 1010-1018, 2013.

MAKINO, S.; ISOBE, T.; CHAN, C. M. Does country matter? *Strategic Management Journal*, v. 25, n. 10, p. 1027-1043, 2004.

MCGAHAN, A.; PORTER, M. E. How much does industry matter, really? *Strategic Management Journal*, v. 18, n. 4, p. 15-30, 1997.

MCGAHAN, A.; VICTER, R. How much does home country matter to corporate profitability. *Journal of International Business Studies*, v. 41, n. 1, p. 142-165, 2010.

RUMELT, R. P. How much does industry matter? *Strategic Management Journal*, v. 12, n. 3, p. 167-185, 1991.

15 Como inovam as multinacionais brasileiras

Inovações no modelo de negócios e na redução de custos despontam como as mais relevantes para o Brasil competir internacionalmente

Afonso Fleury
Maria Tereza Leme Fleury
Felipe Mendes Borini

1. A importância do tema

Nos dias de hoje, a inovação é condição indispensável para que empresas e países sobrevivam e prosperem em um ambiente global altamente competitivo e turbulento. Acredita-se que a inovação é resultado de importantes descobertas científicas patenteáveis; no entanto, se esse argumento estiver correto, como podem os países emergentes, que carecem de um potencial científico comparável ao dos países desenvolvidos, inovar para avançar na corrida global?

Neste estudo, lançamos luz a essa questão por meio da análise do caso específico das multinacionais brasileiras. O Brasil não está bem posicionado em *rankings* especializados que tomam como base os dois principais indicadores tradicionais em inovação: investimento em pesquisa e desenvolvimento e número de patentes. Não obstante, as empresas brasileiras estão se internacionalizando com sucesso e, portanto, suas estratégias, por princípio, devem ter como base inovações competitivas.

Ocorre que a abordagem à inovação adotada por empresas brasileiras assume uma perspectiva diferente daquela apreciada em países desenvolvidos, a qual considera que a pesquisa científica tradicional leva ao avanço tecnológico. A abordagem brasileira pode ser ilustrada pela declaração do CEO de uma de suas multinacionais mais importantes. Questionado sobre quais as atitudes adotadas no país para a inovação, ele declarou ao jornal *O Estado de S. Paulo*, em 23 de janeiro de 2012: "As empresas brasileiras respondem aos desafios que o mercado e o ambiente econômico lhes impõem. O essencial é entender que as empresas inovam por razões econômicas". Em outras palavras, a) a resposta que uma empresa é capaz de dar é precondicionada pelo ambiente onde atua e b) se a companhia estivesse operando em um ambiente diferente, muito provavelmente iria responder de forma distinta à necessidade de inovar.

A literatura sobre as multinacionais dos países emergentes ainda está em estágio inicial. Há controvérsias se seriam necessárias teorias específicas para explicar o fenômeno ou não. A questão das estratégias das multinacionais emergentes e, em particular, o papel que a inovação desempenha em suas estratégias de internacionalização ainda são áreas de conhecimento pouco exploradas.

Almejamos contribuir para a discussão ao abordar as seguintes questões de pesquisa:

- Quais são os diferentes tipos de inovação em que as multinacionais brasileiras estão envolvidas?
- Como esses diferentes tipos de inovação impactam as estratégias de internacionalização dessas empresas?
- Qual o papel das instituições locais em moldar as habilidades de inovação das multinacionais brasileiras?

Para responder a essas perguntas, desenvolvemos uma abordagem que admite que a capacidade de inovação de uma empresa é determinada pelo seu perfil de competências organizacionais e que esse perfil é muito influenciado pelas características do ambiente em que a companhia está inserida. Olhando especificamente para o caso do Brasil, partimos do pressuposto de que o padrão de inovações de multinacionais brasileiras é justificado pelo perfil distinto de competências e capacidades que elas desenvolveram em um ambiente extremamente turbulento e não propício para inovações do tipo científico.

Nesse estudo, vamos mostrar que o jeito brasileiro de inovar é o resultado de uma série de fatores e circunstâncias que envolvem: a evolução do ambiente social e político que afetou a cultura organizacional e o empreendedorismo no país; a formação de políticas econômicas de desenvolvimento que deram espaço para subsidiárias de multinacionais de fora competirem em condições de igualdade com as empresas locais; e, finalmente, as competências e recursos que deram suporte para que multinacionais brasileiras passassem a competir em mercados internacionais.

Iremos discutir, a partir de um estudo empírico estatístico com 61 multinacionais brasileiras, como a interação entre o ambiente local e a competição global moldou as competências organizacionais que levaram aos padrões de inovação que vêm apoiando a internacionalização e a expansão de empresas brasileiras. O estudo contribui para o novo campo das estratégias de empresas dos países emergentes, especialmente no que diz respeito à forma como elas inovam para criar sua base competitiva.

2. O estado da arte no campo

Nos últimos 50 anos, a maior parte das publicações sobre inovação se debruçou sobre a inovação tecnológica. Entretanto, mais recentemente, nos últimos 15 anos, o conceito de inovação começou a ser ampliado e, para alguns autores, passou a considerar os novos conhecimentos que as empresas desenvolvem para lidar com novos produtos, mercados, processos, tecnologias e modelos de negócios.

O conceito de inovação também está sendo desafiado a partir de mudanças na economia global, com o papel cada vez mais central das economias emergentes, principalmente após a crise econômica global de 2008. Os mercados dos Brics (Brasil, Rússia, Índia e China) suportaram de forma surpreendentemente positiva a crise econômica mundial que abalou as principais economias. Novas multinacionais estão emergindo nesses países, e também na África do Sul e no México, entre outras grandes economias em desenvolvimento.

O crescimento do Brasil e de outras economias emergentes também desafia o modelo mental dominante acerca da inovação. A forma tradicional de se pensar aponta para o a inovação em produtos sofisticados, desenvolvidos para clientes e consumidores sofisticados e exigentes os quais, em sua fase de declínio, passam a ser oferecidos em economias emergentes. Entretanto, inovações hoje são transferidas em várias direções, de economias emergentes para economias desenvolvidas e assim como são direcionadas para a base da pirâmide. Outras formas de inovação têm sido utilizadas por empresas de economias emergentes como uma forma de assegurar vantagem competitiva em face das empresas dominantes de economias desenvolvidas.

Por exemplo, estudiosos das multinacionais chinesas afirmam que seu sucesso advém de uma "inovação de custo", o que parece pouco ortodoxo diante do conceito dominante de inovação atrelada à adição de valor. Portanto, contrariando o modelo mental dominante, empresas chinesas têm criado formas de inovar que são difíceis de serem imitadas por empresas da tríade (EUA, Europa, Japão), utilizando seus recursos de forma a criar diferenciais competitivos ante as companhias desses países.

No caso brasileiro, a forma com que é tratada a questão da inovação sofreu uma mudança significativa nos anos 1990. Antes, com o mercado doméstico protegido e dependente das ações do governo, o estilo empreendedor e gerencial predominante foi orientado para o mercado interno e desprovido de visão global. Para sobreviver e prosperar, as empresas privadas desenvolveram competências principalmente na área de produção, enquanto estatais investiram mais pesadamente na construção de competências tecnológicas e de produção. A inovação não fazia parte dos fatores críticos de sucesso exceto para um grupo restrito de empresas de propriedade do Estado, como Petrobras e Vale, e de algumas companhias privadas consideradas "ilhas de excelências", tais como Metal Leve, Varga e Gradiente.

No início dos anos 1990, uma série de medidas resultou na abertura do mercado brasileiro à concorrência externa. Ocorreu então uma espécie de processo darwiniano: apenas aquelas empresas que haviam desenvolvido competências fortes foram capazes de sobreviver. Foi nesse cenário que cresceu a internacionalização de empresas brasileiras.

Mas o ambiente de negócios para as empresas brasileiras desenvolverem suas competências de forma a competir no mercado internacional mudou apenas em parte de lá para cá. Houve avanço no regime competitivo, estabilização monetária, controle da inflação. Mas várias outras reformas necessárias à competitividade do país ainda não foram implementadas. Os impostos sobre a produção e os encargos trabalhistas estão entre os mais altos do mundo. Mais importante, o sistema educacional fica bem atrás para os padrões internacionais e há preocupações crescentes quanto à deterioração da infraestrutura do país. Com o chamado "custo Brasil", a base para a competição baseada em inovação, no sentido clássico do termo, situa-se bem distante.

Por outro lado, um avanço considerável vem sendo observado em outras áreas como administração da produção e das operações. Desde o começo da década de 1990, empresas líderes do país almejaram alcançar níveis de produtividade e qualidade comparáveis a líderes globais. O modelo japonês de produção tornou-se sua principal fonte de inspiração. Sua disseminação foi liderada por empresas como Petrobras, Vale, Embraer, Gerdau e Weg, entre outras. Essas empresas, então, estabeleceram estratégias baseadas em excelência operacional.

Nessas circunstâncias, algumas corporações brasileiras desenvolveram meios únicos de fazer negócios e se aproximar da inovação, explorando recursos e desenvolvendo competências específicas. Os recursos naturais podem claramente oferecer vantagens comparativas e podem ser usados para alavancar a inovação. As especificidades da cultura local podem ser transformadas em uma cultura organizacional que sustente inovações administrativas.

Neste estudo, vamos mostrar que esse jeito brasileiro de inovar é resultado de uma série de fatores e circunstâncias envolvendo: a evolução do ambiente social e político, que afetou a cultura organizacional e o empreendedorismo no país; as políticas econômicas que fizeram com que companhias brasileiras tivessem que competir com subsidiárias de multinacionais estrangeiras; e as competências e recursos que deram suporte às estratégias das multinacionais brasileiras para competir no mercado internacional.

Nossa base analítica considera, portanto, a conexão entre competências organizacionais e fatores ambientais. As competências organizacionais consideradas chave são: produção (incluindo manufatura, logística e administração da cadeia produtiva), marketing (marketing, vendas e administração da relação com o consumidor) e pesquisa e desenvolvimento/inovação (desenvolvimento de produtos e serviços, engenharia e competências administrativas). O ambiente de negócios inclui tudo que cerca a organização e é capaz de afetar suas competências, estratégias e desempenho.

Fica implícito que, devido a diferenças nas instituições, empresas de países diferentes vão ter competências organizacionais distintas. Empresas em um determinado país compartilham de um conjunto de competências específicas, que vão ser diferentes das competências de empresas de países estrangeiros, mesmo que operem no mesmo setor. Por exemplo, os EUA têm uma longa vantagem comparativa em liderança tecnológica e empreendedorismo, o que influencia a construção de competências em cada empresa do país. As empresas indianas podem desenvolver um conjunto de competências diferentes do que as brasileiras, com base no valor que o país dá à educação e com a abundância de profissionais altamente qualificados. A questão de como aspectos culturais de um país influenciam o estilo gerencial também vem sendo cada vez mais considerada nos estudos.

Além de fatores institucionais e culturais, outro aspecto do ambiente local a ser considerado é a dotação de fatores de produção. Fatores naturais, de capital humano e de capital financeiro são, há muito tempo, reconhecidos como capazes de diferenciar o desenvolvimento econômico e a competitividade internacional. Por exemplo, entre os Brics, o Brasil e a Rússia distinguem-se por seus recursos naturais, enquanto China e Índia, por sua enorme população.

Em suma, a dotação de fatores de produção define os recursos a que as empresas podem ter acesso localmente; os traços culturais também influenciam a cultura organizacional das empresas e as atitudes gerenciais; e as opções políticas formuladas pelas instituições afetam tanto os sistemas de administração como os modelos mentais dos dirigentes das empresas. Considerando essas inter-relações, pretendemos responder como o ambiente local (instituições, cultura, fatores de produção) influencia o desenvolvimento das competências para que as multinacionais brasileiras inovem e desenvolvam suas estratégias.

3. Raixo X da pesquisa

Para fins desta pesquisa definiu-se multinacional brasileira como a empresa brasileira que gerencia ativamente uma ou mais operações produtivas no exterior. Isso inclui empresas manufatureiras e empresas de serviços com presença significativa em outros países.

Esta abordagem torna o universo de pesquisa distinto daqueles de onde partem outras pesquisas que são baseadas em informações oficiais sobre investimentos no exterior. Em nosso caso, o universo das multinacionais brasileiras é definido a partir de um banco de informações primárias e secundárias, que começou a ser montado há anos e é sistematicamente atualizado e comparado com outras listas.

Em meados de 2010, foram identificadas 95 multinacionais brasileiras em diferentes setores da economia. Destas, 70 são empresas manufatureiras e 25 são empresas de serviços. As empresas manufatureiras foram classificadas de acordo com as posições que ocupam em redes globais de produção: baseadas em recursos naturais, produtoras de insumos, produtoras de peças e componentes, montadoras. As 25 empresas do setor de serviços foram categorizadas nos segmentos de a) Serviços Técnicos Especializados de Engenharia; b) Serviços Técnicos Especializados de Tecnologia de Informação; e c) Operadoras de Serviços (empresas de varejo).

As 95 empresas do universo de multinacionais brasileiras foram convidadas a participar da pesquisa; 61 concordaram em responder ao questionário — e os respondentes foram seus CEOs. Isso representa um percentual de respostas de 63%. Entre as 61 que participaram, 42 são do setor industrial (69% da amostra) e 19 são do setor de serviços (31%). São em sua maioria médias e grandes empresas tanto em termos de faturamento quanto em termos do número de funcionários.

No questionário, 17 questões foram aplicadas para avaliação das capacidades organizacionais das empresas e para sua internacionalização. As questões diziam respeito a produto com reconhecimento mundial, grande experiência e capacidade no uso de ferramentas de marketing, critérios de boa governança corporativa e assim por diante. Os respondentes tinham que assinalar, numa escala de um a cinco pontos, se concordavam ou não com a existência daquelas capacidades nas suas empresas.

Com base nas respostas, foram utilizadas técnicas estatísticas de análise fatorial exploratória e de *clusters* para identificar os tipos de competências presentes nas multinacionais brasileiras investigadas (administrativas e financeiras, comerciais, tecnológicas, operacionais e ligadas à projeção de imagem em âmbito mundial). As empresas foram divididas em quatro grupos (*clusters*) conforme as características de suas competências.

Posteriormente, foi realizado um cruzamento desses grupos com o tipo de inovação predominante nas empresas. A classificação do tipo de inovação foi feita conforme a Pesquisa de Inovação (Pintec) do IBGE: i) inovação de produto, em que um produto ou serviço é criado ou substancialmente aperfeiçoado; ii) inovação em processo, em que tecnologias e métodos novos ou aprimorados de produção resultam em aumento de qualidade ou diminuição do custo unitário; e iii) inovação em gestão, com a implementação de um novo método organizacional nas práticas de negócios, na organização do local de trabalho ou nas relações externas, visando melhorar o uso do conhecimento, a eficiência dos fluxos de trabalho ou a qualidade dos bens ou serviços.

4. Principais resultados

A partir da divisão das multinacionais brasileiras em quatro grupos, ou *clusters*, a pesquisa mostra diferentes formas de inovação, que refletem as influências que mercados e instituições exercem sobre as estratégias das empresas. Nas empresas do *cluster* 1, predomina a inovação de gestão. Nas dos *clusters* 2 e 3, a inovação de produto. E, no *cluster* 4, verifica-se a predominância de empresas com inovação de processo.

A tabela 1 mostra o cruzamento dos quatro *clusters* em relação a tipo de inovação predominante.

Tabela 1
Clusters por tipo de inovação predominante

Inovação	Cluster 1	Cluster 2	Cluster 3	Cluster 4	Total
Produto	3	11	9	3	26
Processo	3	4	5	10	22
Gestão	9	2	0	0	11
Total	15	17	14	13	59

Fonte: Autores.

A maioria daquelas no *cluster* 1 entende como mais importantes ativos para a internacionalização as competências administrativas e organizacionais. No grupo se encontram as empresas líderes, aquelas mais lembradas quando se fala sobre multinacionais brasileiras, como Embraer, Gerdau, AmBev e Odebrecht. Para sobreviver e prosperar no turbulento ambiente brasileiro, onde as únicas certezas durante muito tempo foram a descontinuidade e a imprevisibilidade, essas empresas tiveram de desenvolver capacidades dinâmicas para detectar, apropriar-se e reconfigurar oportunidades. Precisaram fazer uma gestão hábil e eficiente, mais do que grandes estratégias, e, ao mesmo tempo, procuraram fisgar as melhores chances de negócios no meio das oscilações de mercado.

No nível operacional, essas empresas tiveram de realizar inovações de gestão, com a implementação seja de novas práticas, processos, estruturas ou técnicas capazes de transformar as metas da organização. Por exemplo, a Embraer inovou em gestão de projetos complexos e em parcerias de risco com fabricantes globais; a produtora de bebidas AmBev tornou-se mundialmente conhecida por sua excelência em gestão de operações e por suas práticas de recursos humanos com altos incentivos individuais.

Portanto, as empresas desse primeiro grupo podem ser consideradas inovadoras no modelo de negócios. Significa que mesmo que estejam entregando produtos que não são revolucionários, o fazem de uma nova maneira. Inovações em modelos de negócios são fortemente influenciadas pela cultura organizacional no contexto da infraestrutura sociopolítica local. As especificidades dessa abordagem incluem uma mistura de certos traços culturais (como o "jeitinho brasileiro" ou improvisação criativa), competências muito fortes em finanças e operações, e a inspiração de modelos de gestão estrangeiros, especialmente americanos e japoneses.

As empresas do *cluster* 2 entendem que a sua principal competência é inovação em produtos. Mas se atentarmos para as empresas constituintes desse *cluster*, elas não são necessariamente fortes em pesquisa e desenvolvimento. São empresas voltadas à customização de produtos e serviços, cuja competência essencial mistura produção e operações com desenvolvimento de produtos voltados a determinados nichos de mercado.

Ou seja, sua flexibilidade e agilidade operacional fazem com que possam atender a requisitos específicos dos clientes.

Esse grupo inclui empresas como Marcopolo, que produz ônibus em cinco continentes, de acordo com pedidos específicos de cada cliente — o caso mais emblemático é o de um ônibus sem teto para transporte de peregrinos a Meca. Um caso similar é o da Guerra, que fabrica reboques comerciais e veículos especiais. Empresas de tecnologia da informação também estão incluídas nesse grupo.

As empresas do *cluster* 3 admitem que sua competência estratégica é inovação em produto. Mas as empresas que compõem o *cluster* lidam com os tipos tradicionais de produto: motores elétricos, autopeças e produtos químicos, por exemplo. A maioria dessas empresas é parte de cadeias globais de valor, lideradas por multinacionais de países desenvolvidos. Espera-se que inovem, desenvolvam e forneçam componentes, peças e subsistemas para o desempenho competitivo de toda a cadeia de produção.

É interessante observar que essas empresas consideram que as competências estratégias são relacionadas a inovação em produtos e processos. Não há destaque para inovação em gestão, exatamente porque essas empresas desempenham a função de contribuir para o desempenho das cadeias produtivas às quais estão relacionadas.

Embraco, WEG e Sabó são exemplos importantes no que diz respeito ao desenvolvimento de produtos nas cadeias globais da linha branca, de bens eletromecânicos e de automóveis, respectivamente. A Embraco é uma fabricante de compressores para o Grupo Whirpool. A WEG está entre os três maiores produtores de motores elétricos industriais do mundo, e ocupa a nona posição entre as 100 empresas mais competitivas na América Latina, de acordo com *ranking* da revista *Exame* de 2008. A Sabó é uma das principais fornecedoras de vedação para montadoras. Os três foram premiados no Brasil por suas competências inovadoras em termos de desenvolvimento de produto. As inovações levaram à maior competitividade nos mercados globais, mas são basicamente direcionadas por demandas que vêm das cadeias globais de produção.

As empresas dos *clusters* 2 e 3 revelam o posicionamento tímido das empresas brasileiras no que diz respeito a inovações radicais de produto, um ponto que foi mencionado anteriormente. Houve tentativas para desenvolver novos produtos no Brasil, mas, na maioria dos casos, as experiências tiveram vida breve. Por exemplo, o Brasil teve algumas experiências inovadoras em indústrias de alta tecnologia, como a automobilística: o Romi-Isetta na década de 1950, um carro compacto semelhante ao Tata Nano, e o Gurgel-Itaipu, um carro elétrico desenvolvido na década de 1980. Mas ambos os projetos terminaram em fracasso, devido ao *lobby* das multinacionais estrangeiras e da falta de apoio governamental (na realidade, houve mais desencorajamento do que apoio). O mesmo aconteceu na indústria eletrônica. A Gradiente tornou-se líder nacional até os anos 1990, mas não conseguiu resistir quando os mercados locais foram abertos à concorrência internacional.

Embora várias iniciativas e programas tenham sido estabelecidos para tentar reverter essa tendência, o número de empresas que são capazes de competir com base em inovações de produto ainda é incipiente e aqueles que o conseguem inserem-se em posições disputadas em cadeias globais de produção.

As empresas do *cluster* 4 apresentam um perfil inesperado: possuem competências que as distinguem em gestão financeira, mas não são tão fortes nas restantes competências. No entanto, a lista de empresas desse *cluster* inclui 11 produtores de *commodities* entre 13 no total (dois do setor de cimento, dois de produtos químicos a granel, dois fabricantes de aço, um produtor têxtil, dois de sapatos baratos, um de sacos plásticos e um provedor de grande escala de serviços de internet). Essas são informações reveladoras porque tornam possível definir a abordagem à inovação do *cluster* como "inovação em *commodities* para a otimização de custos", ou, inversamente, "otimização de custos por meio da inovação em *commodities*".

Devido a uma série de fatores, o Brasil tem condições privilegiadas para a produção de *commodities*. As *commodities* de recursos naturais ocupam uma posição relevante no crescimento da balança comercial brasileira e há evidências de que a demanda global por *commodities*, e seus preços, pode crescer nas próximas duas décadas. No entanto, como tem sido observado, parece "indelicado nomear certos produtos como *commodity*", porque alguns incorporam grande quantidade de conhecimento e tecnologia.

Para competir nos mercados de *commodities*, multinacionais brasileiras estão praticando inovações radicais, que podem ser caracterizadas como um salto quântico da inovação de processo. A inovação de processo é geralmente associada a investimentos em novas fábricas e equipamentos, para que as empresas obtenham ganhos em termos de produtividade, utilização de material, qualidade e confiabilidade, bem como para aumentar a capacidade para a fabricação de novos produtos. Diz-se também que o perigo associado à inovação de processo é que qualquer concorrente poderia facilmente seguir o mesmo caminho, acabando com a vantagem inicial adquirida com o investimento. No entanto, a inovação radical em *commodity* significa novas formas de obtenção de produtos que são padrão ou ligeiramente comoditizados, o que não é facilmente imitável e oferece ao inovador uma forte vantagem competitiva.

Por isso, as multinacionais brasileiras que operam nas indústrias baseadas em recursos e que produzem *commodities* investem fortemente em atividades de P&D, mantêm fortes laços com universidades e centros de pesquisa locais e internacionais e possuem um número significativo de patentes. O caso da Empresa Brasileira de Pesquisa Agropecuária (Embrapa), que a *The Economist* admitiu em 2010 ser responsável pelo "milagre agrícola brasileiro", é um bom exemplo.

A Petrobras é o exemplo mais relevante da inovação em *commodity*. Recentes descobertas da Petrobras nos últimos anos foram todas em águas ultraprofundas, mais de 5 mil metros abaixo do nível do mar, e sob uma camada de 2 mil metros de sal. Esta chamada camada "pré-sal" contém óleo leve com um volume recuperável estimado em cerca de 5 a 8 bilhões de barris. Sua exploração impõe desafios tecnológicos que são sem precedentes na indústria do petróleo. Um polo de pesquisa em tecnologia está sendo construído em torno do centro de pesquisa de tecnologia da Petrobras (Cenpes), que inclui algumas das empresas de tecnologia mais avançadas do mundo, como Schlumberger, GE, Siemens e Halliburton.

Outro exemplo deste quarto *cluster* é o da Votorantim Cimentos. A empresa era líder incontestada indústria de cimento no Brasil até meados dos anos 1990, quando os produtores estrangeiros que já haviam ocupado posições estratégicas no mercado latino-americano iniciaram a sua entrada no Brasil. A Votorantim então começou seu processo de internacionalização, com a aquisição de duas plantas no Canadá. Para enfrentar as ameaças da concorrência internacional, a empresa passou a investir na formalização de suas operações e práticas de gestão e, em 2003, estabeleceu uma *joint venture* com a americana Suwannee Cement Company, localizada na Flórida, nos EUA, para construir uma planta experimental, com o objetivo de desenvolver novos processos.

O quadro 1 sintetiza os tipos de inovação que as multinacionais brasileiras adotam para competir nos mercados internacionais.

Quadro 1
Tipos de inovação desenvolvidos por multinacionais brasileiras

Tipos de inovação	Tipo de empresa
Inovações no modelo de negócio	Multinacionais líderes não relacionadas a recursos naturais
Inovações na customização de produtos e serviços	Multinacionais que almejam mercados de nicho
Inovações de produtos	Multinacionais ligadas a cadeias globais de produção
Inovações em *commodities*	Multinacionais líderes na área de recursos naturais

Fonte: autores.

5. Os impactos do estudo e um olhar à frente

O surgimento de novas empresas multinacionais em países como o Brasil oferece uma oportunidade para revisitar e construir modelos e teorias para empresas em estágio inicial de internacionalização. Mais especificamente, a pesquisa sobre como as multinacionais brasileiras inovam para competir nos mercados internacionais pode ajudar a identificar diferentes estratégias para a internacionalização, exemplos os quais são fornecidos neste texto.

A abordagem analítica mostrou claramente que a inovação tem sido impulsionada por uma mistura de fatores: institucional, setorial e de cada empresa. O ambiente institucional raramente tem sido positivo para o desenvolvimento da inovação; no entanto, as empresas que aprenderam a partir de sua interação com as instituições foram as que criaram as inovações mais competitivas. E estas foram o suporte para seu processo de internacionalização, o que, por sua vez, induz e reforça o desenvolvimento de capacidades inovadoras, em um ciclo virtuoso.

Dos quatro grupos identificados nesta pesquisa, dois são internacionalmente competitivos, os *clusters* 1 e 4, enquanto dois ficam atrás, pois ocupam espaços deixados abertos por outras multinacionais nos mercados internacionais. Os dois grupos em que a inovação tem realmente um valor estratégico são aqueles em que as empresas foram capazes, em sua interação com o meio ambiente local, de aprender e desenvolver competências estratégicas e, em seguida, utilizar essas competências para inovar com base nos recursos locais.

Novos tipos de inovação emergiram da pesquisa como relevantes para a competitividade internacional, como a inovação em *commodity*, que foi retratado como uma "inovação em *commodity* para a otimização de custos", ou, inversamente, "uma otimização de custos através da inovação em *commodity*". É interessante fazer uma comparação com a inovação de custo nos casos da China e da Índia. Na China, o custo da inovação é claramente observável nas indústrias de fabricação e montagem, e, na Índia, no setor de serviços, especialmente em tecnologia da informação. No Brasil, ocorre nos setores primários. Claramente, um tipo de inovação — inovação de custo — foi hibridizado em cada país para cumprir com os recursos e competências existentes dentro de seus contextos institucionais.

No que diz respeito à contribuição para a teoria, o estudo reforça a necessidade de se considerar a diversidade de lógicas que levam à competitividade nos mercados internacionais, o que talvez leve ao desenvolvimento de uma abordagem analítica superior, em que as peculiaridades do país de origem das multinacionais sejam colocadas à frente no processo de criação de modelos.

A abordagem proposta neste estudo pode ser uma pequena contribuição para esse fim, apesar de reconhecermos as dificuldades associadas a torná-lo operacional. As dificuldades e limitações foram visíveis na parte empírica, em que construções e indicadores exigem melhorias para que sejam de aplicação geral.

Para ir além

BORINI, F. M.; FLEURY, M. T. L. Development of non-local competences in foreign subsidiaries of Brazilian multinationals. *European Business Review*, v. 23, n. 1, p. 106-119, 2011.

CASANOVA, L. *Innovalatino*: fostering innovation in Latin America. Insead; OECD; Fundación Telefónica, 2011.

FLEURY, A.; FLEURY, M. T. L. *Brazilian multinationals*: competences for internationalization. Cambridge: Cambridge University Press, 2011.

LAWSON, B.; SAMPSON, D. Developing innovation capabilities in organizations: a dynamic capability approach. *International Journal of Innovation Management*, v. 5, n. 3, p. 377-400, 2001.

MADHOK, A.; KEYHANI, M. Acquisitions as entrepreneurship: asymmetries, opportunities, and the internationalization of multinationals from emerging economies. *Global Strategy Journal*, v. 2, p. 26-40, 2012.

MUDAMBI, R. Location, control and innovation in knowledge-intensive industries. *Journal of Economic Geography*, v. 8, p. 699-725, 2008.

RAMAMURTI, R. Reverse innovation, emerging markets and global strategy. *Global Strategy Journal*, v. 1, n. 3-4, p. 191-205, 2011.

SETHI, S.; ELANGO, B. The influence of "country of origin" on multinational corporation global strategy: a conceptual framework. *Journal of International Management*, v. 5, p. 285-298, 1999.

SULL, D.; ESCOBARI, M. *Sucesso made in Brazil*. 3. ed. Rio de Janeiro: Elsevier, 2004.

ZENG, M.; WILLIAMSON, P. *Dragons at your door*: how Chinese cost innovation is disrupting global competition. Boston: Harvard Business School Press, 2007.

16 Estratégia de operações em um ambiente de mudanças

Como empresas do setor calçadista conseguiram migrar de meros fornecedores de baixo custo para fabricantes de produtos de maior valor agregado

Ely Laureano Paiva
Luciana Vieira

1. A importância do tema

A globalização tem criado oportunidades às empresas, em especial, no acesso a novos mercados. Entretanto, também pode ameaçar a sobrevivência de alguns setores industriais em diferentes países. A integração dos mercados globais, somada à dispersão da produção mundial, tem forçado as empresas e suas cadeias de suprimento a se adaptarem a mudanças por vezes rápidas e radicais.

Um exemplo desse processo está na indústria calçadista brasileira, que tem enfrentado períodos turbulentos desde o crescimento das exportações chinesas nas últimas décadas. A partir de 2000, os fabricantes brasileiros foram obrigados a buscar novas estratégias competitivas, em razão do domínio dos sapatos chineses que ganharam mercado inicialmente com produtos de baixo custo.

O setor calçadista brasileiro por anos foi usualmente identificado como uma cadeia *buyer-driven*, com uma orientação estratégica baseada em custo baixo e inserção numa cadeia governada pelos grandes varejistas globais. Este estudo analisa, a partir de uma perspectiva de gestão de operações, como empresas nesse setor estão usando estratégias distintas à usual de custo das cadeias *buyer--driven*. A proposição principal é que as mudanças e incertezas no mercado implicaram o desenvolvimento de novas prioridades competitivas, levando a decisões estratégicas específicas e, consequentemente, à necessidade de criação de novas competências (*capabilities*).

No estudo, procuramos identificar quais foram as mudanças na gestão de operações com novas necessidades e escolhas estratégicas. A partir dos estudos de caso, pudemos verificar uma transformação considerável, que pode servir de exemplo a outras empresas do setor calçadista ou ainda a outros setores de atividade que desejam ou necessitam se posicionar como fabricantes de produtos de maior valor agregado.

2. O estado da arte no campo

Na gestão de operações, as decisões estratégicas são desdobramentos das prioridades competitivas da empresa e devem estar relacionadas com as competências desta. Mesmo assim, não é possível identificar uma relação entre um único critério competitivo com todas as decisões tomadas pela área de operações.

Por exemplo, uma empresa com foco no critério competitivo de qualidade (*design*, conformidade e características funcionais etc.) irá demandar determinados esforços em instalações, tecnologias utilizadas, fornecimento e sistemas de qualidade, entre outros aspectos. Como resultado, as decisões provavelmente serão relacionadas às chamadas Advanced Technology Manufacturing (ATM), como CAD/CAM, Flexible Manufacturing Systems (FMS) e manufatura enxuta.

Por outro lado, uma empresa com foco estratégico em custo (inserida muitas vezes em uma cadeia do tipo *buyer-driven*) terá outra gama de decisões estratégicas nos mesmos aspectos (instalações, tecnologia e fornecimento). Essa segunda opção estratégica requer produção orientada para larga escala, tecnologias menos flexíveis e compras em grandes quantidades.

Um critério "ganhador de pedido" é identificável quando este é o principal influenciador na compra dos clientes, enquanto qualificadores são os critérios que a empresa precisa atender para que um cliente a considere como um possível fornecedor.

Flynn e Flynn (2004) argumentaram que as prioridades competitivas podem ser sinérgicas entre si, superando possíveis *trade-offs*. Ainda, a "cultura industrial" do país pode influenciar a forma como as competências são combinadas simultaneamente. Vale citar que, quando uma empresa atinge novos padrões de desempenho, os *trade-offs* existentes irão se modificar, configurando outros padrões de relacionamento entre os critérios ou prioridades competitivas.

Pode-se mencionar que as tecnologias avançadas na manufatura (ATMs), como a produção enxuta, as células de manufatura ou sistemas do tipo FMS, afetarão os *trade-offs* existentes. Por exemplo, após a implementação de manufatura enxuta, o *trade-off* entre custo e flexibilidade ainda existe, mas provavelmente com outro tipo de relação e intensidade.

Empresas que trabalham para um comprador global (cadeias *buyer-driven*) tendem a ser especialistas, com foco em desenvolvimento de competências com base em produção industrial e custo. Já aquelas que buscam uma configuração tipo *producer-driven*, caracterizada por produto de maior valor agregado e maior governança na cadeia de valor, necessitam desenvolver atividades como desenvolvimento de marca e de produto, além de competências específicas em operações. Portanto, uma empresa que busca diferenciação em seus produtos necessitaria desenvolver outras habilidades além da fabricação em si, com decisões mais próximas àquelas baseadas em uma estratégia do tipo *producer-driven*.

Em resumo, as prioridades competitivas estão relacionadas a decisões estratégicas e competências operacionais ao longo da cadeia de valor. Desse modo, as mudanças ocorridas nas prioridades competitivas para busca de retomada de competitividade em um setor como o calçadista influenciariam as decisões tomadas na cadeia de valor das empresas envolvidas.

3. Raio X da pesquisa

O estudo investiga as mudanças nas estratégias de empresas do setor calçadista brasileiro, que tem sido muito afetado por mudanças no cenário global. O processo de internacionalização do setor calçadista brasileiro se iniciou na década de 1970 com foco em compradores dos Estados Unidos. Esses compradores tinham sido anteriormente fabricantes e, portanto, foram capazes de fornecer assistência técnica para os produtores brasileiros. As empresas norte-americanas tinham inspetores próprios para a garantia de cumprimento de especificações pelos fornecedores brasileiros.

O sistema de produção foi configurado para grande escala com um total de 100 mil a 150 mil pares nos pedidos para um mesmo modelo de sapato, com uma lógica de produção do tipo "fordista-taylorista". Assim, esse processo inicial de "internacionalização" foi resultado de empresas compradoras dos Estados Unidos buscando condições favoráveis de custo de mão de obra e de incentivos governamentais ao investimento (principalmente incentivos fiscais).

Durante os anos 1990, assim como vários ramos industriais em diversos países, o setor calçadista brasileiro começou a perder competitividade para as empresas chinesas focadas em custo baixo. Somou-se a isso o aumento da demanda por sapatos sintéticos e tênis, o que resultou em pedidos decrescentes para os fabricantes brasileiros. Essas mudanças estruturais levaram à necessidade imediata de respostas estratégicas das empresas brasileiras desse setor para que sobrevivessem no novo cenário.

A incerteza ainda está presente na exportação brasileira de calçados. O total exportado em 2008 foi de US$ 1,881 bilhão, caindo para US$ 1,091 bilhão em 2012. De 2006 a 2008, o principal importador foram os EUA, com US$ 2,05 bilhões em compras. Houve queda dos valores totais, o valor por unidade tem oscilado em torno de US$ 9,0 entre 2004 e 2013.

A indústria brasileira foi considerada por alguns autores equivalente à italiana em relação à qualidade, mas essa comparação só vale se tomados como base produtos livres de defeitos ou conformidade. Uma possível indicação de que o calçado brasileiro não alcança os mesmos padrões presentes no calçado italiano pode ser identificada pelo valor médio dos produtos desses dois países. Enquanto a média do par do calçado brasileiro exportado não atinge US$ 10,00, o sapato italiano foi exportado com preço médio de mais de US$ 40 em 2012.

Com base nos resultados de um grupo de foco, técnica de pesquisa qualitativa que se baseia na discussão em grupo sobre um determinado tema conduzida por um moderador, se definiram quais seriam as prioridades competitivas no setor.

Desse modo, foi possível adaptar as prioridades competitivas para as especificidades da indústria de calçados. Assim, pode-se afirmar que o sapato brasileiro tem alcançado padrões próximos de qualidade do sapato italiano quando se analisa apenas conformidade. Por outro lado, os fabricantes brasileiros estão buscando adicionar valor ao produto ao desenvolver uma proposta de *design* e de marca brasileiros. Esse aspecto tem sido o principal diferencial do calçado italiano e ainda é um grande desafio para a indústria calçadista brasileira.

Mesmo que o *design* italiano ainda tenha uma grande influência sobre o *design* brasileiro, vêm surgindo associações como Shoe from Brazil e Brazilian Shoes, com o objetivo de diferenciar e criar uma identidade aos produtos exportados, buscando assim agregar valor com base em uma proposta de "país de origem" de *design* e de fabricação.

A partir do estudo de cenário recém-apresentado, foram conduzidos cinco estudos de casos com empresas brasileiras do setor calçadista que vêm migrando de uma estratégia orientada por custo para outra, de fabricação de produtos de maior valor agregado. A pesquisa qualitativa procurou identificar quais aspectos operacionais da cadeia foram modificados em função da reorientação estratégica.

Para conseguir informações com profundidade, os nomes das empresas não serão identificados. Chamaremos as cinco empresas de Alfa1, Alfa2, Alfa3, Beta e Gama. Todas estão localizadas na região sul do Brasil. Três delas são os maiores fabricantes da indústria calçadista brasileira e vêm mantendo suas vendas, mesmo com a concorrência chinesa.

4. Principais resultados

Com exceção da empresa Alfa2, as demais iniciaram suas exportações com vendas para América Latina. De acordo com seus dirigentes, a América Latina é um ambiente de aprendizagem importante para o setor. Foi nesse mercado que as empresas aprenderam a negociar com o exterior. Isso significa cumprir com os requisitos de entrega, de características do produto e de desenvolvimento de marca. Após a experiência inicial na América Latina, as quatro empresas foram capazes de buscar mercados mais sofisticados, como a Europa.

Escolhas estratégicas nas operações também influenciaram o desenvolvimento de novas competências. Tradicionalmente, os clientes dos Estados Unidos faziam pedidos em grandes lotes, atingindo 100 mil pares do mesmo modelo, o que proporcionava economias de escala. Atualmente, os pedidos mais robustos caíram para cerca de 20 mil pares, ou menos, quando originários de compradores dos Estados Unidos. Essa mudança para pedidos de volumes menores obrigou as empresas do setor calçadista a desenvolver de forma crescente competências de flexibilidade em seus sistemas de produção. De acordo com um fabricante, velocidade de entrega e desenvolvimento ágil de produtos têm sido competências identificadas pelos compradores estrangeiros nos fabricantes brasileiros nos últimos anos.

As principais diferenças entre os casos estudados e os exportadores tradicionais de calçados (participantes de cadeias globais tipo *buyer-driven*) estão relacionadas às prioridades competitivas. Para as empresas estudadas, as prioridades competitivas são orientadas pela busca de um produto de maior valor agregado, e incluem aspectos como qualidade, características do produto, entrega e *design*. No caso dos exportadores tradicionais, o principal critério competitivo é relacionado a custo baixo e entrega confiável.

As empresas analisadas dividem suas vendas entre o mercado interno e a exportação com o objetivo de compensar as flutuações constantes no câmbio. As empresas, que no início eram orientadas unicamente para o mercado doméstico, têm aumentado suas exportações segundo a lógica de internacionalização proposta pela escola de Uppsala, que defende que a internacionalização se dá de forma incremental e em países com cultura mais próxima da empresa internacionalizada. Assim, a maioria começou suas vendas internacionais para o mercado da América Latina e, na sequência, expandiu as vendas para a Europa Ocidental, especialmente para os mercados de Portugal, Alemanha e Espanha.

O mercado dos Estados Unidos apresenta grandes barreiras para entrantes com marcas próprias, o que exige investimentos consideráveis em marketing e distribuição. A exceção foi a empresa Alfa2, que começou como um exportador tradicional para o mercado dos Estados Unidos e depois desenvolveu uma nova estratégia com internacionalização baseada em maior valor agregado.

As empresas analisadas usualmente vendem para redes varejistas menores da Europa e algumas delas possuem lojas próprias ou franquias na América Latina e na Europa. Todas deslocaram-se de uma estratégia de baixa colaboração para uma de maior integração ao longo da sua cadeia de valor, incluindo fornecedores e compradores.

A empresa Alfa2 apresenta elevados níveis de verticalização quando comparada com as demais empresas. Com base nos casos apresentados, a tabela 1 sintetiza as principais diferenças entre a orientação *buyer-driven* tradicional e uma orientação de maior valor agregado, a partir de uma perspectiva de operações.

Tabela 1
Comparação entre a estratégia tradicional e a de maior valor agregado

Características	Tradicional	Maior valor agregado
Governança na cadeia	Comprador	Equilibrado
Integração com fornecedores	Baixa Visão de curto prazo	Crescente Visão de longo prazo
Desenvolvimento de produto	Feito realização pelo comprador	*Design* próprio "Brazilian brand"
Estratégia de operações (Ganhadores de pedido)	Custo Entrega confiável	Flexibilidade em volume *Design*
Vendas e distribuição	Companhias de *Trading* Intermediários	Feiras de calçados (Brasil e Europa) Equipe de venda e centros de distribuição próprios Representantes de venda regionais
Orientação de mercado	Compradores globais Estados Unidos e Reino Unido	Europa, América Latina e mercado doméstico
Perfil dos compradores	Grandes varejistas	Varejistas de pequeno e médio porte
Enfoque de qualidade	Conformidade (livre de defeitos)	Características dos produtos Conformidade
Integração vertical	Baixa	Crescente (do fornecimento até o varejo)
Faixa de preço do par (US$)	10/15	15/29

Fonte: Autores.

5. Os impactos do estudo e um olhar à frente

Os resultados deste estudo mostram como a estratégia de operações se desenvolve a partir de decisões nas diversas atividades relacionadas à cadeia de valor, em um ambiente de mudanças competitivas. As empresas estudadas ilustram a transição da indústria calçadista brasileira a partir de uma estratégia de custo baixo (em uma cadeia tipo *buyer-driven*) para uma lógica de busca de maior valor agregado.

Trata-se de assumir a governança na cadeia com um papel mais proativo e com maior controle das atividades, especialmente aquelas relacionadas à criação de valor — como desenvolvimento de produto, comercialização e marketing. Como resultado, as empresas estudadas estão vendendo diretamente aos seus clientes, o que resultou em uma redução do papel de intermediários, como as tradicionais empresas de *trading*.

Os casos mostram que essas empresas têm buscado replicar suas estratégias bem-sucedidas no mercado interno em mercados internacionais focalizados. Os resultados também sugerem que uma empresa, após anos como fornecedora em cadeias do tipo *buyer-driven*, pode enfrentar consideráveis restrições internas para assumir a governança na sua cadeia. Uma das razões é que essa mudança envolve a criação de novas competências e, consequentemente, decisões estratégicas distintas que podem contrastar com a cultura organizacional.

Nossos resultados identificaram mudanças nas decisões tomadas ao longo da cadeia de valor, modificando consideravelmente as atividades realizadas por esse grupo de empresas. Esses resultados podem indicar a outras empresas e a outros setores como melhorar sua inserção competitiva em cadeias globais, saindo de meros fornecedores de baixo custo para fabricantes de produtos de maior valor agregado.

Para ir além

FLYNN, B. B.; FLYNN, E. J. An exploratory study of the nature of cumulative capabilities. *Quality*, v. 22, p. 439-457, 2004.
GEREFFI, G. International trade and industrial upgrading in the apparel commodity chain. *Journal of International Economics*, v. 48, n. 1, p. 7-70, 1999.
HAYES, R. H.; PISANO, G. P. Manufacturing strategy: at the intersection of two paradigm shifts. *Production and Operations Management*, v. 5, n. 1, p. 25-41, 1996.
____; WHEELWRIGHT, R.; CLARK, K. B. *Dynamic manufacturing*: creating the learning organization. Nova York: The Free Press, 1988.
HILL, T. *Manufacturing strategy*: text and cases. Londres: Macmillan Business, 1995.
JOHANSON, J.; VAHLNE, J. E. The internationalization process of the firm — a model of knowledge development and increasing foreign market commitments. *Journal of International Business Studies*, v. 8, n. 1, p. 23-32, 1977.
SCHMITZ, H.; KNORRINGA, P. Learning from global buyers. *Journal of Development Studies*, v. 37, n. 2, p. 177-205, 2000.

17 A influência do governo na internacionalização das empresas brasileiras

Cultivar relações com o governo acelera a internacionalização da empresa

Rodrigo Bandeira-de-Mello

1. A importância do tema

A interveniência do governo no mundo dos negócios não é exclusividade brasileira, muito menos um fenômeno contemporâneo. Praticamente todos os processos de industrialização e de desenvolvimento conhecidos não foram espontâneos, mas orquestrados pelos governos. A utilização do poder do Estado — coercitivo, na determinação de políticas industriais; econômico, na atuação como comprador ou fornecedor de recursos; e social, na fonte de legitimação das estratégias — sempre foi fundamental para a ignição e manutenção da maioria dos processos de desenvolvimentos conhecidos. Foi assim, por exemplo, no Japão, na França e na Alemanha do pós-guerra, nos Estados Unidos do século XVIII e, mais recentemente, na Coreia do Sul.

Nesse contexto, as multinacionais historicamente têm desempenhado um papel importante para o desenvolvimento. Não é à toa que grande parte dos países em desenvolvimento, e até mesmo desenvolvidos, mantém agências de apoio aos negócios internacionais. Fomentos como informações, assistência técnica, garantias e financiamento são alguns instrumentos utilizados para apoio às multinacionais locais.

A relação empresa-governo e, particularmente, multinacional-governo varia consideravelmente entre países à medida que diferentes "receitas" são adaptadas ao gosto local. Neste capítulo, apresento um resumo dos principais resultados empíricos dos projetos coordenados sob minha responsabilidade no âmbito do grupo de pesquisa em estratégia do programa de pós-graduação em administração de empresas da Eaesp, cujos objetivos aglutinam-se para explicar como a relação empresa-governo afeta o processo de internacionalização das empresas multinacionais brasileiras (EMB).

2. O Estado brasileiro e as empresas

Peter Evans explica que o processo de desenvolvimento industrial brasileiro ocorreu por uma tríplice aliança entre governo, multinacionais estrangeiras e capitalistas locais. Estes foram convidados a suprir os vazios da matriz industrial em setores de tecnologia mais simples como têxtil e química. Para isso, o governo subsidiava a entrada e proporcionava garantias para a manutenção do negócio.

Como lembra Ben Ross Schneider e Mauricio Vinhas Lopes de Queiroz, essa indução pelo governo iniciou o processo de diversificação das empresas brasileiras e a gênese do que veio a se tornar hoje os grandes grupos empresariais. Já para setores com tecnologia mais complexa, multinacionais estrangeiras se viam impelidas a se implantarem no Brasil como uma das formas viáveis de suplantar altas taxas de importação. Para os demais setores, estratégicos ou pouco atrativos, o Estado criou suas empresas estatais.

O Estado brasileiro, na realidade, nunca se retirou da vida privada. Mesmo depois das privatizações da década de 1990, com a onda liberal, ele se metamorfoseou para participar das empresas privatizadas por meio do BNDES e dos fundos de pensão das estatais, notadamente, o Previ, como mostra Sergio Lazzarini.

Para as empresas, manter relações estreitas com o governo se configura como uma forma de proteção em um ambiente volátil, ou como uma possibilidade de desenvolver novos negócios, ou ainda como uma forma de garantir acesso a recursos raros no Brasil, como crédito barato. Para as multinacionais brasileiras, essa relação com o governo no país de origem não poderia ser diferente.

No governo do presidente Lula, particularmente no segundo mandato, e posteriormente com a presidenta Dilma, a participação do Estado como impulsionador das multinacionais brasileiras tem sido marcante. Essa receita não é brasileira, como mencionei anteriormente, mas suas variações foram utilizadas, por exemplo, para a industrialização tardia de países sem tecnologia proprietária, como explicou brilhantemente Alice Amsden.

Críticos a essa política concentram-se na ineficiência na alocação dos subsídios e nos incentivos ao *rent seeking*. Haveria uma distorção dos investimentos, que acabariam por ser atraídos para busca de vantagens políticas em vez de aumento de produtividade.

Algumas multinacionais têm seu processo de desenvolvimento tão fortemente ligado ao governo que são chamadas de "campeãs nacionais", ou seja, empresas "favoritas", escolhidas para serem fortes localmente e competitivas internacionalmente.

Obviamente nem todas as multinacionais brasileiras são campeãs nacionais. Algumas se desenvolveram internacionalmente sem a articulação direta do governo. Apesar disso, o governo não é um *stakeholder* a ser desprezado no Brasil. Temos evidências de que o fenômeno da EMB está fortemente associado ao governo e que essas empresas alocam recursos para aumentarem a probabilidade de serem escolhidas e ganharem impulso internacional.

O gráfico 1 não nos permite inferir causalidade, mas é uma primeira constatação importante. De 2006 a 2009, as empresas com alguma conexão com o governo apresentaram um crescimento maior do índice de transnacionalidade da Sociedade Brasileira de Estudos de Empresas Transnacionais e Globalização Econômica (Sobeet), medido pela participação das receitas, empregados e ativos no exterior em relação aos respectivos totais.

Gráfico 1
Índice de transnacionalidade das EMB

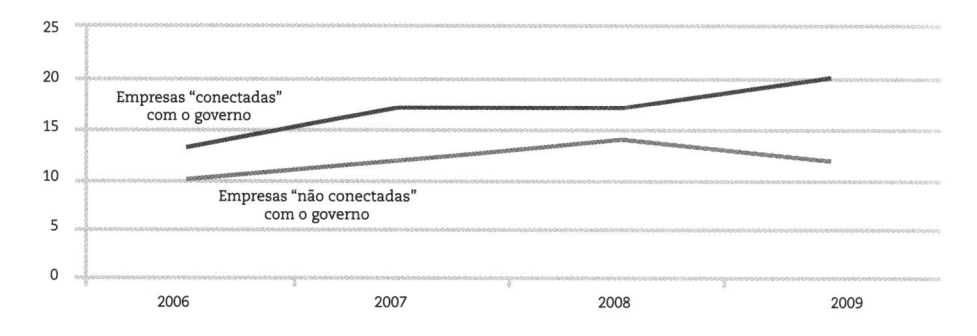

Nota: Amostra selecionada pelo índice Sobeett/Valor Econômico.
Fonte: Bandeira-de-Mello, Arreola e Marcon (2012).

Explicarei neste estudo as formas de conexão possíveis: financiamento de campanha, contratação de membros do conselho de administração ou executivos com experiência passada no governo, participação direta de um representante da empresa em um cargo público e relações pessoais.

A influência do Estado na internacionalização das multinacionais brasileiras é um fenômeno que não pode ser desprezado. Não podemos compreender as EMB somente pelo lado técnico, de suas estratégias e competências. As dimensões institucional e política de suas estratégias são importantes na medida em que a atuação política empresarial aumenta a chance de obtenção de ganhos incrementais na sua internacionalização.

3. Principais resultados

a) Mecanismos de influência do governo nas EMB

Já que o governo parece ser importante para as empresas multinacionais, como ele age, ou quais os mecanismos de influência, para acelerar a internacionalização das EMB? Uma série de resultados empíricos tem mostrado a influência do governo do país de origem na internacionalização de suas empresas. Seja para evitar ambientes hostis, como alta taxação ou regulamentação, seja para aproveitar acesso privilegiado a *country-specific assets*, o governo local tem um efeito não desprezível na internacionalização das empresas.

Nós conduzimos um estudo de campo utilizando dados publicados em fontes públicas e entrevistas com executivos responsáveis pela internacionalização e pela área de relacionamento com o governo de algumas EMB. Esse estudo permitiu identificar alguns mecanismos de influência do governo sobre as EMB, tanto diretos como indiretos. Os diretos são aqueles que agem especificamente sobre uma determinada empresa. Já os indiretos afetam a empresa por meio de uma política pública setorial ou de mais largo alcance. Irei abordar aqui apenas os mecanismos deliberadamente positivos. Efeitos negativos indiretos, como alta taxação, que impelem as empresas a se internacionalizarem para sobreviver, não estão contemplados.

Entre os mecanismos diretos descritos, está o fornecimento de empréstimos subsidiados por meio do BNDES. É notório e amplamente debatido no Brasil que a participação do BNDES na economia tem crescido nos últimos 10 anos e, com ela, o apoio à internacionalização. Mas qual o papel desses recursos? Dentro de uma visão de falhas de mercado, o destino clássico seria o investimento em projetos desenvolvedores de competências que o mercado não estaria disposto a financiar. Para o BNDES, esse recurso deve destinar-se a "investimentos relacionados à construção de novas unidades, aquisição, ampliação ou modernização de unidades instaladas e participação societária, bem como necessidades de capital de giro (a serem definidas durante a análise), desde que associadas a esses investimentos" (site do banco, acessado em 19 de novembro de 2013).

De fato, grande parte desse dinheiro tem sido investida em aquisições no exterior, uma forma de entrada clássica das multinacionais emergentes. Mas, diferentemente de multinacionais chinesas ou até mesmo indianas, as aquisições brasileiras não têm visado (com raras exceções) a conquista de novas competências, mas o acesso ao mercado. Na visão dos empresários entrevistados, o BNDES é importante como único fornecedor de capital de longo prazo e viabilizador desse processo de entrada no exterior. Por outro lado, críticos colocam que o financiamento para aquisição de mercados não ajuda a reduzir o *gap* tecnológico que separa o Brasil de países produtivos desenvolvidos.

O segundo mecanismo de ação direta do governo é a participação acionária minoritária controlada, direta ou indiretamente, pelo governo nas empresas por meio dos dois mais importantes investidores institucionais brasileiros: o BNDESpar e o fundo de pensão Previ do Banco do Brasil (este, junto com o Banco do Brasil, subordinado ao ministro da Fazenda).

O fornecimento de capital próprio dá ao governo voz nas empresas, mesmo sendo esse minoritário. Como detentor de recursos importantes do país, o poder do governo como sócio transcende o quinhão de suas ações. Para as empresas, além de possibilitar acesso mais próximo aos recursos do governo, elas ganham legitimidade de poder fazer parte da política de desenvolvimento do país.

Mas e a questão do *rent seeking*? BNDESpar e Previ têm uma vantagem nesse sentido em relação ao investimento direto pelo Tesouro ou pelas estatais: ao mesmo tempo que recebem influências diretas ou indiretas do governo, esses investidores também devem ser responsivos ao mercado. Essa dupla característica ajuda a frear o *rent seeking* e a balancear as pressões políticas e dos acionistas privados.

Já os mecanismos indiretos de influência do governo sobre as EMB passam pela implementação de política pública. Em nosso estudo, identificamos três:

Política de competição favorável: a maioria das EMB consegue operar no Brasil beneficiando-se de grande poder de mercado, com participações de mercado que chegam na faixa dos 60%. Esses níveis em países desenvolvidos normalmente não são aceitáveis.

Regulação técnica: diferentemente do senso comum de que exigências burocráticas são sempre ruins para a atividade empresarial, caso, por exemplo, de expedição de alvarás ou certidões sanitárias exigidas para exportação, os governos locais podem agir em conjunto com o país de destino para receberem a responsabilidade de emitirem essa documentação, facilitando o processo para as EMB exportadoras.

Política industrial: o governo brasileiro tem colocado em prática diversos planos de desoneração fiscal, redução de tarifas e incentivos para promover a competitividade de determinados setores. Essa parece ser a influência mais clássica de um governo sobre a competitividade das empresas locais.

Há ainda um último mecanismo que pode assumir tanto a forma de mecanismo direto como indireto. Trata-se da articulação entre os governos de origem e destino e entre o governo do país de origem e organismos internacionais com a finalidade de resolver questões setoriais e até mesmo de interesse de empresas individuais. Casos típicos envolvem as representações diplomáticas em organismos multilaterais de comércio, junto a países importadores e receptores de investimento direto do Brasil; e casos em que o governo local intervém quando do não pagamento do governo do país de destino de projetos executados por empresas brasileiras.

b) Como o governo escolhe as empresas

Uma das grandes críticas à intervenção do governo no mercado diz respeito a qual o critério utilizado para escolher as empresas que receberão os subsídios. Então, qual o critério utilizado pelo governo brasileiro para influenciar a escolha das empresas que receberão esses investimentos? Cito aqui dois estudos, sendo um deles feito em parceria com colegas da Univali, Insper e Harvard.

No primeiro estudo desenvolvido por nosso grupo, identificamos as variáveis mais representativas que interferem no aumento da probabilidade de uma firma ser escolhida para receber participação acionária pelo BNDESpar e Previ, conjuntamente. Os resultados foram obtidos a partir da estimação de um modelo econométrico que utilizou uma amostra restrita de apenas 30 EMB com ações listadas em bolsa que responderam ao questionário da Sobeet para mensuração do índice de transnacionalidade.

Apesar do pequeno número, e da autosseleção na resposta, trata-se de uma amostra de grandes empresas economicamente importantes para o país, o que nos permite fazer inferências razoavelmente seguras. O número de empresas com e sem participação acionária também é razoavelmente equilibrado, havendo ainda um aumento considerável ao longo do tempo tanto do número de EMB como de empresas com participação desses investidores. Nossa amostra compreende cinco anos: 2006 (o último ano do mandato de 2003-06) e os quatro anos do mandato de 2007-10.

Os resultados mostram que a idade da empresa, a afiliação a um grande grupo empresarial e sua rentabilidade parecem afetar positivamente a decisão do governo em participar como acionista minoritário utilizando ambos os investidores institucionais, BNDESpar e Previ. Empresas com data de fundação mais antiga, em tese, desenvolveram suas competências por mais tempo. Empresas afiliadas a grupos contam com todo o poder econômico de um grupo empresarial. Empresas rentáveis possuem alguma vantagem em relação aos concorrentes. O governo parece, portanto, não escolher empresas ruins.

Outro ponto que influencia positivamente é o fato de a empresa já ter sido identificada por um investidor estrangeiro (posição minoritária), o que corrobora a decisão em escolher empresas competitivas, uma vez que admitimos que esse investidor estrangeiro é um agente racional.

Apesar de essas questões técnicas parecerem afetar positivamente os critérios de escolha do governo, a variável política é muito significativa: EMB que são bem conectadas politicamente parecem ser boas candidatas a terem BNDESpar e Previ como acionistas minoritários.

A conexão política foi mensurada por uma medida indireta: o número de candidatos eleitos menos os derrotados em uma determinada eleição, divididos pelo total de candidatos financiados pela empresa naquela eleição. A conexão política mostrou-se importante de várias formas. Primeiro, ela foi significativa somente quando se leva em consideração o setor no qual a EMB atua. Logo, o efeito de se conectar politicamente na probabilidade de receber aporte de capital próprio do BNDESpar e Previ varia de setor para setor. Segundo, com o aumento do grau de conexão política, isto é, quando de uma eleição para outra a empresa consegue melhorar sua performance eleitoral, observa-se um aumento significativo na participação acionária de BNDESpar e Previ. Tomados em conjunto, isso mostra que o fenômeno de escolhas de empresas campeãs é tanto técnico como político.

No segundo estudo, investigamos os critérios de alocação do BNDES. Descobrimos que as alocações na média não alteram o perfil de investimento das empresas. Ou seja, são empresas boas e rentáveis que em tese não precisariam de recursos subsidiados, já que poderiam se financiar de outro modo. O banco não parece ser, portanto, hospital de empresas. Isso mostra de alguma forma o caráter técnico da escolha. Por outro lado, quando uma empresa melhora o grau de sua conexão política de uma eleição para outra, observa-se um aumento significativo na probabilidade de receber uma alocação do BNDES. Resultados convergentes entre os dois estudos nos ajudam a estabelecer consistência entre os resultados.

c) Estratégias políticas das EMB

Vimos que um dos critérios importantes para uma empresa ser escolhida é seu grau de conexão política. Mas o que vem a ser conexão política? Como uma empresa pode atuar para se conectar politicamente? Nos exemplos anteriores, mostrei um tipo de conexão, aquela por meio de financiamento de campanha. Nesta seção, apresento outras formas de atuação política.

Na verdade, esse tipo de atividade corporativa é muito mal compreendido no mundo inteiro. Quando se fala em atuação política da empresa, a primeira imagem que se vislumbra é a da corrupção. Sem dúvida, a corrupção é um mal mundial, que em nosso país é particularmente avassalador. Nos nossos estudos, não tratamos do fenômeno da corrupção, apesar de reconhecer que, devido à falta de transparência e de regulamentação, a linha que separa a atividade política legal de atividades ilegais é muito tênue; haja vista os escândalos que saem na mídia periodicamente. Porém consideramos apenas as atividades políticas que são desenvolvidas dentro da legalidade e por meio dos instrumentos legais disponíveis para a empresa: financiamento de campanha, informação, relacionamentos.

No caso das EMB, as estratégias de atuação política são vistas como uma forma de as EMB sinalizarem ao governo que estão dispostas a participar da implementação das políticas de desenvolvimento. Em nossos estudos junto a essas empresas e especialistas, podemos identificar as seguintes estratégias:

Financiamento de campanhas políticas: essa é talvez a forma mais direta de conexão, na medida em que a legislação brasileira permite o financiamento direto de empresas a candidatos. Os motivos pelos quais as empresas fazem essas contribuições são diversos, de acordo com nossos entrevistados. Para cargos majoritários como governador e presidente da República, normalmente financiam-se todos os candidatos de diferentes partidos. Para cargos representativos como o de deputado, tem-se uma escolha por bancada representativa do setor, ou, até mesmo, "doamos para quem aparece, pois não queremos ficar mal com ninguém". O fato é que não é um critério ideológico. Em outra pesquisa, descobrimos que empresas (não somente as EMB) com maiores endividamentos tendem a financiar mais partidos e candidatos diferentes, o que significa uma busca por algum tipo de seguro contra essa posição vulnerável.

Participação política do conselho de administração: outra prática comum é a contratação, geralmente com membros independentes, de profissionais para o conselho de administração com experiências significativas no governo, seja no Executivo, Legislativo ou Judiciário. Ex-ministros, ex-juízes, ex-políticos, ex-diretores de estatais ou de agências do governo figuram entre esses profissionais. Conselhos conectados não é um privilégio do Brasil, mas uma prática comum em vários países do mundo. Essas pessoas aportam para a empresa o conhecimento da máquina pública e informações importantes sobre possíveis cenários. Em outro estudo, mensuramos que, quando uma empresa passa a ter um conselheiro com esse perfil, há um aumento significativo no seu valor de mercado.

Serviços pessoais: esse tipo de atuação política ocorre quando o acionista controlador, ou empresário, decide concorrer às eleições ou é convidado para participar de algum cargo público. Se por um lado isso demanda atenção e dedicação por parte do empresário, por outro é garantia de acesso aos tomadores de decisão e formuladores de políticas do país.

Participação em associações: esta é uma forma de atuação coletiva e bastante tradicional. O associativismo é um meio importante de influência do setor privado, tanto pelas associações mais abrangentes (*peak*), como a Fiesp, como por associações setoriais com agenda mais específica.

Conexões pessoais: esta é talvez a forma de atuação política mais característica do Brasil. Diferentemente de países onde o pluralismo de grupos de interesse molda as relações entre o público e o privado, como nos Estados Unidos, aqui essa relação é moldada pelo personalismo e clientelismo, duas gramáticas da nossa política. Cabe ao empresário, portanto, desenvolver boas relações, não necessariamente de parceria, mas dentro de um jogo de poder e de dependência mútua. O que observamos em uma de nossas pesquisas é que as fronteiras entre público e privado não são claras para os empresários que entrevistamos. Logo, muitas vezes, as estratégias políticas não são decididas com um objetivo claro, mas difuso, com o objetivo de construir relações, acesso, que podem ser utilizados no futuro em alguma negociação.

Um ponto interessante é que o *lobbying* não apareceu nas nossas entrevistas, e apenas superficialmente (geralmente associado a um escândalo) nos dados publicados. Isso mostra como essa atividade ainda é um tabu no Brasil, devido principalmente à falta de regulamentação que molde a atuação desses profissionais.

d) O efeito das estratégias políticas na internacionalização das EMB

Mas cabe perguntar: qual o efeito dessas estratégias políticas para a internacionalização das EMB? Essa pergunta é muito difícil de ser respondida sem cairmos em um erro de atribuição de causas, já que o isolamento do efeito da estratégia política em relação aos outros fatores é uma tarefa complicada.

Como mostrei, o governo, em média, não decide investir em empresas que não apresentam um histórico de boa rentabilidade (apesar de alguns casos problemáticos de ampla divulgação na mídia). É possível que muitas das empresas escolhidas conseguissem se internacionalizar sem o governo. Mas é viável medir pelo menos o papel incremental do governo? Realizamos um estudo utilizando as eleições como um evento que nos permitia controlar justamente o ganho incremental antes e depois das eleições. Utilizamos novamente a amostra de 30 EMB listadas em bolsa que responderam ao questionário da Sobeet para mensuração do índice de transnacionalidade.

Nossas melhores estimativas indicam que entre um mandato de quatro anos e outro (seja de presidente, governador, senador, deputado federal e estadual), quando uma empresa melhora seu grau de conexão política elegendo um número maior de candidatos proporcionalmente ao total de candidatos financiados pela empresa, há um aumento significativo no seu índice de transnacionalidade. Uma característica que contribui para justificar o efeito incremental da estratégia política deve-se ao fato de o efeito na internacionalização ocorrer somente após o segundo ano do mandato, tempo necessário ao governo de preparar suas políticas e identificar seus parceiros.

Finalmente, identificamos que há uma associação positiva entre receber a participação acionária BNDESpar e Previ e a internacionalização. Esse tipo de participação acionária do governo mostrou-se o mecanismo mais eficiente no efeito da internacionalização quando comparado com a participação via estatais ou pelo próprio Tesouro.

4. Os impactos do estudo e um olhar à frente

A importância do governo do país de origem para as multinacionais domésticas é um fenômeno que ainda está longe de ser perfeitamente compreendido. Neste capítulo pude apresentar algumas tentativas de respostas às questões que normalmente nos fazemos: como o governo influencia? Como o governo escolhe as empresas? Como as empresas aumentam a chance de serem escolhidas? Qual o efeito da atuação política da empresa na sua internacionalização?

As respostas apresentadas neste capítulo, contudo, nos colocam novas dúvidas. O fenômeno das EMB, além de recente, é dinâmico. Como pesquisadores, nós temos a sorte de podermos acompanhá-lo em tempo real. Apesar de algumas empresas mais tradicionais já estarem internacionalizadas há algum tempo, muitas iniciaram esse processo recentemente. Precisamos de tempo para comparar os resultados das diferentes estratégias de internacionalização, como também do efeito do papel do governo local no desempenho internacional.

Além de questões internas, o mundo também passa por mudanças. A China acaba de se reformular, permitindo maior participação do capital privado em suas empresas estatais. A manufatura ameaça uma volta para os Estados Unidos. A Europa tenta sair da crise que coloca sua política socialista em xeque. Cada vez mais o debate entre governo *versus* mercado adquire novas formas, saindo de uma polaridade falsa e ideológica para a possibilidade de formas híbridas.

Nesse contexto, indico aqui algumas questões que poderão nortear a pesquisa sobre a influência política na internacionalização das empresas brasileiras:

Quando, como e quais efeitos terão as estratégias de saída do governo na participação acionária das EMB?

Como a governança das EMB pode ser aprimorada visando mais transparência quanto à sua atuação política e, principalmente, um melhor balanceamento entre os interesses políticos e os privados dos acionistas minoritários?

Qual o efeito do papel do governo local na criação, na velocidade de desenvolvimento e, principalmente, na transferência de novas competências organizacionais para outros países?

Qual a interação das diferentes estratégias políticas utilizadas pela empresa no aproveitamento dos mecanismos de influência do governo?

Como os mecanismos diretos e indiretos de influência do governo afetam as decisões de internacionalização das EMB no que concerne, por exemplo, o destino da localização, a forma de entrada e o *timing* da decisão?

Para ir além

AMSDEN, A. *The rise of "the rest"*: challenges to the West from late-industrializing economies. Oxford University Press, 2003.

ARREOLA, M.; BANDEIRA-DE-MELLO, R.; MARCON, R. *Breeding emerging multinationals*: the government as an indirect owner. Working Paper. Last Draft, nov. 2013.

BANDEIRA-DE-MELLO, R.; ARREOLA, M.; MARCON, R. The importance of nurturing political connections for emerging multinationals: evidence from Brazil. In: HADJIKHANI, A.; ELG, U.; GHAURI, P. *Business, society, and politics*: multinationals in emerging markets. Emerald, 2012.

BANDEIRA-DE-MELLO, R.; MARCON, R. The value of business group affiliation for political connections: preferential lending in Brazil. In: ANNUAL MEETING OF THE ACADEMY OF MANAGEMENT, 2, 2010, Montreal. *Annals...* Montreal: Aom, 2011.

BAZUCHI, K. et al. The role of home country political resources for Brazilian multinational companies. *Bar — Brazilian Administration Review*, Rio de Janeiro, v. 10, n. 4, out./dez. 2013.

CAMILO, S.; MARCON, R.; BANDEIRA-DE-MELLO, R. Conexões políticas e desempenho: um estudo das firmas listadas na Bm&Fbovespa. *Revista de Administração Contemporânea*, Curitiba, v. 16, n. 6, nov./dez. 2012.

EVANS, P. *Dependent development*: the alliance of multinational, State, and local capital in Brazil. Princeton: Princeton University Press, 1979.

GAMA, M.; BANDEIRA-DE-MELLO, R. *Unveiling the mechanisms of the effects of corporate political activity on business group diversification*. Working Paper. Last Draft, jan. 2014.

LAZZARINI, S. G. *Capitalismo de laços*. São Paulo: Campus, 2011.

____ et al. *What do development banks do?* Evidence from Brazil, 2002-2009. Working Paper. 2012.

NUNES, Edson. *A gramática política do Brasil*: clientelismo e insulamento burocrático. 3. ed. Rio de Janeiro: Zahar, 2003.

SCHNEIDER, B. R. A comparative political economy of diversified groups, or how states organize big business. *Review of International Political Economy*, v. 16, n. 2, p. 178-201, 2009.

QUEIROZ, M. V. *Grupos econômicos e modelo brasileiro*. Tese (doutorado em sociologia) — Faculdade de Filosofia, Letras e Ciências Humanas, Universidade de São Paulo, São Paulo, 1972.

Posfácio

Esta coletânea traz à tona o tema da competitividade, no seu sentido mais abrangente, e o segredo para dominá-la passa quase sempre pela melhoria da gestão — em seus processos, na governança e no aprimoramento dos profissionais.

Fala-se aqui em competitividade em relação aos recursos internos que as empresas devem criar e utilizar, mas também em referência a como se relacionar com outras organizações, privadas, públicas ou sociais, com o governo e com a sociedade em suas diversas faces. Competitividade da gestão pública, também, na formulação e execução de políticas que levem a uma qualidade superior na garantia dos direitos e da democracia, na prestação de serviços à população e no desenvolvimento da sociedade.

Os artigos aqui publicados contribuem para a compreensão desses vários aspectos da competitividade e servem de subsídios para a tomada de ação. Embora embasados em profundo conhecimento de teoria e modelos, são estudos que tratam da realidade brasileira, em sua complexidade e em suas peculiaridades.

A inovação, por exemplo, não pode ser compreendida apenas a partir da visão predominante voltada à criação de produtos novos. No caso brasileiro, as empresas competitivas internacionalmente que inovam o fazem principalmente em duas outras vertentes. Uma delas é o desenvolvimento de processos para redução de custos, especialmente nos setores primários em que o Brasil tem vantagem competitiva. A outra está relacionada à mudança no modelo de negócios, na forma de fazer gestão. São decisivos, portanto, no contexto brasileiro, não somente a tecnologia, mas o preparo dos gestores em lidar com as circunstâncias internas e externas às organizações, e a capacidade em aproveitar os recursos possíveis.

Mais que isso, os estudos desta coletânea mostram que os gestores das empresas que são competitivas internacionalmente conseguem fazer articulações. Erguem estruturas de governança para unir esforços em *clusters* e cadeias produtivas, buscam apoio em agências governamentais. A atuação desses gestores, ainda, é limitada ou alavancada por fatores institucionais, ou seja, sistema regulatório, efetividade das leis, taxas de juros, política fiscal, finanças públicas, acesso a financiamento, incentivos às empresas, estabilidade e previsibilidade política, entre outros aspectos.

Os estudos sobre gestão pública dão diversos subsídios para melhorar a qualidade das ações governamentais, por exemplo, com medidas para aumento da transparência e governança em todos os níveis do governo, com a introdução de metas e indicadores de qualidade que de fato sirvam para a sociedade cobrar melhores serviços públicos, e com a melhor formação e qualificação dos profissionais para ocupar os cargos públicos, sobretudo, mas não só, os comissionados. Geralmente, nas análises sobre o cenário institucional do país, nem sempre é enfatizada a formação das pessoas que vão ocupar as posições de gestão do Estado, e, neste aspecto, a FGV-Eaesp tem muito contribuído e a contribuir.

Com base nos estudos publicados nesta coletânea, gostaríamos de elencar dois desafios à frente para o país, em linha com duas missões da escola, que são: (1) manter a excelência no ensino para formação de gestores das áreas privada e pública, (2) desenvolver e disseminar conhecimentos de ponta em administração, para melhorar a qualidade de vida das pessoas e colaborar com o desenvolvimento econômico do Brasil. Em relação à terceira missão da FGV-Eaesp, (3) divulgar suas pesquisas e a de outras instituições que permitam à sociedade brasileira ter acesso aos novos conhecimentos na área de administração, a própria publicação das duas coletâneas comemorativas dos 60 anos da escola é um esforço nesse sentido, entre diversas ações de divulgação que a FGV-Eaesp vem promovendo.

Um dos desafios que desejamos destacar diz respeito às mudanças na formação de gestores, nas áreas privada e pública. Neste posfácio, vamos abordar quatro aspectos dessa transformação: o perfil cada vez mais multidisciplinar do administrador, a importância do papel empreendedor, o aumento da função de articulação de interesses diversos e a crescente necessidade de prestar contas a diferentes públicos.

Posfácio

As habilidades técnicas do gestor sempre foram essenciais, mas não são suficientes para uma área em que é preciso compreender as demandas, mutáveis cada vez mais, dos indivíduos, das organizações, da sociedade. Se a FGV-Eaesp sempre priorizou uma formação multidisciplinar em administração, hoje é necessário avançar nesse objetivo, para que as ações dos gestores alcancem os anseios do público, de fato, e não cumpram simplesmente modelos predefinidos que muitas vezes podem estar se descolando da realidade. Por exemplo, além de compreender as teorias e técnicas de produto, preço, praça e pontos de venda, um gestor em marketing precisa aprofundar o conhecimento sobre outro "P", o das pessoas, o que envolve entender a dinâmica de sociabilidade da classe C, para citar uma questão contemporânea.

O segundo aspecto é o do papel empreendedor do gestor. A formação em administração precisa contemplar mais e mais o empreendedorismo, seja no fomento a novos negócios, seja no protagonismo dentro das organizações. Em empresas privadas, em órgãos públicos ou instituições do terceiro setor, os administradores passam a ter que criar estratégias inovadoras a partir das contingências e oportunidades presentes, e levando em conta a opinião de diversos públicos.

O que nos leva ao terceiro aspecto, o da necessidade de articulação para a tomada de decisão. Se no passado havia um enfoque muito grande na liderança, atualmente destaca-se a capacidade de negociar projetos conjuntos com diferentes instâncias, não só dentro da organização como com outras empresas, órgãos e entidades da mesma área de atuação, e não só com os pares, como também com instituições públicas e da sociedade civil.

Lidar com diferentes públicos exige, por fim, também prestar a estes conta das ações, quarto aspecto da formação de gestores que desejamos destacar. Gestores de companhias privadas não devem mais satisfação unicamente aos acionistas, mas, internamente, a todos os funcionários, e, externamente, a uma diversidade de *stakeholders*: cadeia de fornecimento, clientes, organizações sociais, vizinhos de suas unidades, governos. Os gestores públicos, também, são acompanhados pela sociedade a partir do aprimoramento de indicadores dos resultados de suas ações, como mostram vários textos desta coletânea. A *accountability* dos gestores, públicos ou privados, será cada vez mais um elemento central para o sucesso de suas organizações.

O segundo desafio diz respeito ao papel da FGV-Eaesp em colaborar para melhorar a qualidade de vida das pessoas e o próprio desenvolvimento econômico do país. Os estudos de ponta da escola apontam para a necessidade de aprofundar a agenda de pesquisa em uma série de vertentes, das quais destacamos quatro.

A primeira vertente é explorar quais soluções institucionais podem melhorar o ambiente de competitividade empresarial. Essa questão envolve o entendimento de aspectos culturais e operacionais internos às empresas, obstáculos e apoios para transformar o ambiente brasileiro, e as formas que podem ser efetivas para articulação entre o público e o privado.

A segunda vertente é aprofundar a compreensão de que formas de governança são mais efetivas para o desenvolvimento dessas articulações, entre organizações em um mesmo ramo e, ainda com maior complexidade, entre entidades e públicos diversos da sociedade.

A forma de medir resultados, seja na área pública, seja na área privada, é um terceiro campo de estudos que consideramos importante. Várias pesquisas mostram que a adoção de metas e o acompanhamento de resultados melhoram a gestão e a transparência das ações dos gestores, mas ainda há muitas dúvidas em relação a como chegar a indicadores claros, simples e efetivos.

Sobre a questão da transparência, consideramos relevante, como quarta vertente, sugerir um aprofundamento de reflexões sobre os dilemas dos controles. Na administração pública, por exemplo, a prestação de contas melhorou muito nos últimos anos, mas há divergências sobre qual seria o ponto ótimo de controle, a partir do qual se garanta, ao mesmo tempo, que informações de qualidade cheguem à sociedade e que a gestão pública não fique engessada. Com a criação de aparatos de controle, seja conselhos de diversa natureza em empresas privadas, seja órgãos auxiliares da administração pública, questiona-se ainda como serão fiscalizados os próprios controladores.

Por fim, a quarta vertente diz respeito ao estabelecimento de uma própria "estratégia nacional de desenvolvimento", termo que tomamos a liberdade de tomar emprestado do estudo escrito pelo professor Luiz Carlos Bresser-Pereira para esta coletânea. Nesse sentido, um dos aspectos que fica claro quando se chega ao final da coletânea é o descompasso entre política e gestão. É preciso aprimorar a gestão na política, sem que isso afete as características que são próprias do processo democrático. Acreditamos que algumas sugestões dos textos aqui publicados, como selecionar melhor cargos comissionados e tornar o sistema de financiamento de campanhas políticas mais transparente, estejam em linha com um alinhamento entre gestão e política que só tem a contribuir com o desenvolvimento da sociedade brasileira.

Adriana Wilner
Fernando Luiz Abrucio

Sobre os autores

Afonso Fleury é professor titular do Departamento de Engenharia de Produção da Escola Politécnica da USP. E-mail: acfleury@usp.br.

Ana Cristina Braga Martes é professora do Departamento de Gestão Pública da FGV-Eaesp. E-mail: ana.martes@fgv.br.

Carlos Osmar Bertero é professor titular do Departamento de Administração Geral e Recursos Humanos da FGV-Eaesp. E-mail: carlos.bertero@fgv.br.

Ciro Biderman é professor da FGV-Eesp e da Eaesp e coordenador do Centro de Política e Economia do Setor Público (Cepesp) da FGV-Eesp. E-mail: ciro.biderman@fgv.br.

Cláudio Couto é professor do Departamento de Gestão Pública da FGV-Eaesp. E-mail: claudio.couto@fgv.br.

Clovis Bueno de Azevedo é professor do Departamento de Gestão Pública da FGV-Eaesp. E-mail: clovis.azevedo@fgv.br.

Eduardo Henrique Diniz é professor do Departamento de Informática e Métodos Quantitativos da FGV-Eaesp e editor-chefe da *Revista de Administração de Empresas* (RAE) e *GVexecutivo*. E-mail: eduardo.diniz@fgv.br.

Ely Laureano Paiva é professor do Departamento de Administração de Produção e de Operações da FGV-Eaesp. E-mail: ely.paiva@fgv.br.

Felipe Mendes Borini é professor da Faculdade de Economia, Administração e Contabilidade da USP. E-mail: fborini@usp.br.

Fernando Luiz Abrucio é professor do Departamento de Gestão Pública e coordenador do curso de graduação em Administração Pública e Governo da FGV-Eaesp. E-mail: fernando.abrucio@fgv.br.

Flávio Carvalho de Vasconcelos é diretor da FGV/Ebape. E-mail: flavio.vasconcelos@fgv.br.

Francisco Fonseca é professor do Departamento de Gestão Pública da FGV--Eaesp. E-mail: francisco.fonseca@fgv.br.

George Avelino é professor do Departamento de Fundamentos Sociais e Jurídicos da Administração da FGV-Eaesp. E-mail: george.avelino@fgv.br.

Hsia Hua Sheng é professor da FGV-Eaesp e da Eesp. E-mail: hsia.sheng@fgv.br.

Igor Tasic é mestre pela FGV-Eaesp e fundador e CEO da Atlantico Partners. E-mail: igor.tasic@atlanticoparterns.com.

João Carlos da Cunha é coordenador do Programa de Mestrado e Doutorado em Administração da Universidade Positivo. E-mail: jccunha@up.com.br; jccunhaifats@gmail.com.

João Luiz Piccioni Junior é doutor em administração de empresas pela FGV--Eaesp e gestor de carteira da Petra Asset. E-mail: jpiccionijr@gmail.com.

Lorena G. Barberia é professora do Departamento de Ciência Política da USP e pesquisadora do Centro de Estudos em Política e Economia do Setor Público (Cepesp) da FGV-Eaesp. E-mail: lorena.barberia@fgv.br.

Luciana Marques Vieira é professora e pesquisadora da Unisinos. E-mail: lmvieira@unisinos.br.

Luiz Artur Ledur Brito é diretor da FGV-Eaesp e professor do Departamento de Administração de Produção e Operações Industriais. E-mail: luiz.brito@fgv.br.

Luiz Carlos Bresser-Pereira é professor emérito da FGV-Eesp. E-mail: luiz.bresser@fgv.br.

Manuella Maia Ribeiro é mestre em administração pública e governo pela FGV-Eaesp. E-mail: manuella.ribeiro@fgv.br.

Marco Antonio Teixeira é professor do Departamento de Gestão Pública e vice-coordenador do curso de graduação em Administração Pública e Governo da FGV-Eaesp. E-mail: marco.teixeira@fgv.br.

Maria Rita Loureiro é professora titular do Departamento de Gestão Pública da FGV-Eaesp. E-mail: maria.loureiro@fgv.br.

Maria Tereza Leme Fleury é professora titular do Departamento de Administração Geral e Recursos Humanos e diretora da FGV-São Paulo. E-mail: mtereza.fleury@ fgv.br.

Marta Ferreira Santos Farah é professora titular do Departamento de Gestão Pública. E-mail: marta.farah@fgv.br.

Mayra Ivanoff Lora é professora da FGV-Eesp. E-mail: mayra.lora@fgv.br.

Otavio Prado é pesquisador do Centro de Estudos em Administração Pública e Governo da FGV-Eaesp. E-mail: otavio.prado@fgv.br.

Rafael Alcadipani é professor do Departamento de Administração Geral e Recursos Humanos da FGV-Eaesp. E-mail: rafael.alcadipani@fgv.br.

Regina Silvia Pacheco é professora do Departamento de Gestão Pública e coordenadora do Mestrado Profissional em Gestão e Políticas Públicas da FGV-Eaesp. E-mail: regina.pacheco@fgv.br.

Ricardo Bresler foi professor do Departamento de Gestão Pública da FGV-Eaesp.

Rodrigo Bandeira-de-Mello é professor do Departamento de Administração Geral e Recursos Humanos da FGV-Eaesp. E-mail: rodrigo.bandeira.demello@fgv.br.

Rogério Bastos Arantes é professor e coordenador da Pós-Graduação do Departamento de Ciência Política da USP. E-mail: rarantes@usp.br.

Sergio Bulgacov é professor do Departamento de Administração Geral e Recursos Humanos da FGV-Eaesp. E-mail: sergio.bulgacov@fgv.br.

Sieglinde K. da Cunha é professora da Universidade Positivo e da Universidade Federal do Paraná. E-mail: skcunha21@gmail.com.

Yára Lúcia Mazziotti Bulgacov é professora titular da Universidade Positivo e professora sênior da Universidade Federal do Paraná. E-mail: bulgacov@terra.com.br.

Impressão e acabamento:
Grupo Smart Printer
Soluções em impressão